Zwischen Selbstorganisation und Seniorenakademie

Weißensee Verlag

Beiträge zur Alterns- und Lebenslaufforschung

Herausgegeben von Martin Kohli

Band 4

Carola Sommer
Harald Künemund
Martin Kohli

Zwischen Selbstorganisation und Seniorenakademie

Die Vielfalt der Altersbildung in Deutschland

Weißensee Verlag

Bibliografische Information Der Deutschen Bibliothek
Die Deutsche Bibliothek verzeichnet diese Publikation in der Deutschen Nationalbibliografie; detaillierte bibliografische Daten sind im Internet über http://dnb.ddb.de abrufbar.

Gedruckt auf holz- und säurefreiem Papier, 100 % chlorfrei gebleicht.

Kreuzbergstr. 30, 10965 Berlin
Tel. 0 30 / 91 20 7-100
www.weissensee-verlag.de
e-mail: mail@weissensee-verlag.de

Umschlagbild: Vincenzo Catena – Hl. Hieronymus im Gehäus, erstes Drittel 16. Jhdt. (Ausschnitt).

Printed in Germany

ISSN 1610-5745
ISBN 3-89998-025-5

Inhalt

Vorwort

Mit diesem Buch legen wir die wesentlichen Ergebnisse unserer Arbeit am Forschungsprojekt „Bildung im Alter" vor. Das Projekt – im Jahre 1997 vom Bundesministerium für Familie, Senioren, Frauen und Jugend (BMFSFJ) öffentlich ausgeschrieben – sollte erstmals eine umfassende Bestandsaufnahme der außeruniversitären Bildung älterer Menschen in Deutschland sowohl auf der Nachfrage- wie auf der Angebotsseite geben, die Bedingungen des Lernens im Alter klären helfen und eine empirisch gestützte Einschätzung der künftigen Entwicklung in diesem Bereich liefern.

Auf Wunsch des Ministeriums wurden zwei der eingegangenen Angebote kombiniert und aufeinander abgestimmt: Die Forschungsgruppe Altern und Lebenslauf (FALL) an der Freien Universität Berlin erhielt den Auftrag, eine Literaturstudie, eine Sekundäranalyse zur Nachfrage nach Bildung im Alter, eine schriftliche Befragung von Anbietern im Feld der Altersbildung sowie eine Reihe von Fallstudien bei Seniorenakademien durchzuführen; infas Institut für angewandte Sozialwissenschaften GmbH (Bonn) erhielt den Auftrag für eine bundesweite Repräsentativbefragung über die Bildungsnachfrage älterer Menschen und eine Prognose ihrer zukünftigen Bildungsbeteiligung.

Für die beiden Projektteile wurden jeweils gesonderte Verträge geschlossen und Berichte verfasst. Unsere Berliner Forschungsgruppe begann mit der Projektarbeit Ende 1998 und legte Ende 2000 den Abschlussbericht vor. Dieser wurde in Absprache mit dem Ministerium im Sommer 2001 noch in einigen Punkten ergänzt und überarbeitet und wird mit diesem Buch nun weitgehend unverändert publiziert. Einzelne Befunde aus unserem Forschungszusammenhang sind zwischenzeitlich bereits in andere Veröffentlichungen eingeflossen – z.B. die Sekundäranalysen des Alters-Survey in den Beitrag zum Handbuch Altenbildung (Kohli/Künemund 2000a) und die Darstellung der Struktur einer Seniorenakademie in einen entsprechenden Artikel (Sommer 2002).

Die Forschungsarbeiten im Zusammenhang mit der Angebotsuntersuchung – insbesondere die telefonische Erhebung potentieller Anbieter von Altersbildung mit anschließender schriftlich-postalischer Befragung sowie die zehn Fallstudien ausgewählter Seniorenakademien – wurden unter der Leitung von Prof. Dr. Martin Kohli hauptsächlich von Dipl.-Soz. Carola Sommer durchgeführt. Bei der Antragstellung war zudem Dipl.-Soz. Tanja Schmidt beteiligt. Dr. Harald Künemund hat das Projekt von der Antragstellung bis zur Berichtslegung betreut. Bei der telefonischen Angebotserhebung erhielten wir Unterstützung von Catya de Laczkovich, Renate Bäuerlein und Gunda Jacoby. Neben ihnen gilt unser Dank insbesondere den vielen Teilnehmern unserer telefonischen und schriftlichen

Befragungen sowie unseren Gesprächspartnern in den Seniorenakademien, ohne deren bereitwillige und interessierte Mitarbeit dieses Projekt nicht möglich gewesen wäre. Schließlich sind wir auch Frau Dr. Zimmermann und Herrn Rickenberg vom BMFSFJ zu Dank verpflichtet, die das Projekt ausgeschrieben und unsere Forschungsarbeiten begleitet haben und uns nunmehr die Gelegenheit geben, die Ergebnisse einem breiteren Publikum zugänglich zu machen. Wir hoffen, damit – trotz einer gewissen Verspätung – einen fundierten und produktiven Beitrag zum aktuellen Altersbildungsdiskurs leisten zu können: Für das Angebot an – und zum Teil auch die Nachfrage nach – außeruniversitärer Altersbildung bietet dieses Buch die erste umfassende Informationsgrundlage.

C. S., H. K. & M. K.

1 Einleitung

Eine Untersuchung der Praxis der Bildung im Alter in der Bundesrepublik – im Folgenden der Einfachheit halber auch Altersbildung genannt[1] – ist ein anspruchsvolles Unternehmen: die Grundlagen dafür sind schwankend. Bereits die Klärung, was unter Bildung im Alter zu verstehen ist, eröffnet ein weites Feld von Begriffsbestimmungen. Handelt es sich bei Bildung im Alter um „Bildung für das Alter oder gegen das Altern" (Eierdanz 1992), liegt die Betonung eher auf dem Bildungs- oder stärker auf dem Altersaspekt, was sind die Ziele, die Inhalte und vor allem: wer sind die Adressaten? Zu diesen Fragen lassen sich ganz unterschiedliche Antworten und Positionen finden, allgemein akzeptierte Definitionen liegen nicht vor. Dies hängt auch damit zusammen, dass Altersbildung aus mehreren Richtungen beeinflusst wird: Sowohl bildungs- als auch altenpolitische Erwägungen und Interessen, Impulse aus verschiedenen Grundlagendisziplinen wie Gerontologie, Psychologie und Soziologie sowie aus anwendungsorientierten Gebieten wie Erwachsenenbildung und Sozialpädagogik zeigen in diesem Feld – in durchaus inkohärenter Weise – ihre Wirkung. Seit mehreren Jahren gibt es verschiedene Bemühungen, Bildung im Alter als Spezialfach „Geragogik", „Gerontagogik" oder „Sozialgeragogik" zu etablieren (Veelken 1992b, 1994; Bubolz-Lutz 2000), und dieser Prozess ist längst nicht abgeschlossen. Ebenso finden sich seit einiger Zeit Bestrebungen, Bildung im Alter aus der Sozialpädagogik herauszulösen und in die allgemeine Erwachsenenbildung zu integrieren, aber auch diese Entwicklung wird kontrovers diskutiert. Dazu kommen Anregungen, die von den Bildungsträgern und -nutzern selbst ausgehen. Bildung im Alter ist bislang weder in der Theorie noch in der Praxis präzise situiert.

Die neueren Veröffentlichungen zur Bildung im Alter sind entsprechend heterogen. Bislang dominieren Expertisensammlungen und Anthologien verschiedener wissenschaftlicher Disziplinen die Literaturlage. Auch das aktuelle Handbuch zum Thema (Becker et al. 2000) vereint eine Fülle von Ansätzen und Konzepten, ohne systematische oder programmatische Abgrenzungen zu ziehen. Darüber hinaus lassen sich etliche Studien, Forschungsberichte und Projektdarstellungen auf dem ‚grauen' Literaturmarkt finden, die ebenfalls kaum aufeinander bezogen sind.

1 In den neueren Publikationen werden verstärkt die Formulierungen „Altersbildung" oder „Alter(n)sbildung" verwendet. Die Konnotation liegt damit mehr auf einem dynamischen Aspekt, während der konventionelle Begriff der „Altenbildung" einen ausdrücklichen Adressatenbezug herstellt. Alternativ wird in der Literatur auch von „Seniorenbildung" oder „Bildung für ältere Menschen" gesprochen.

Eine Untersuchung von Bildung im Alter muss sich deshalb zunächst ihres Gegenstandes versichern. Wir beginnen unsere Darstellung daher mit einer Begriffsklärung, die insbesondere auch für die nachfolgenden empirischen Untersuchungsteile handlungsleitend war. Anschließend geben wir einem strukturierten Überblick zu zentralen Aspekten des aktuellen Diskussionsstands. Der Hauptteil des Berichts gilt dann der Darstellung der zentralen empirischen Ergebnisse des Forschungsprojekts, die jeweils durch systematische Darstellungen zum Forschungsstand eingeleitet werden. Dabei handelt es sich auf der Nachfrageseite um eine Sekundäranalyse des Alters-Survey, auf der Angebotsseite um eine schriftlich-postalische Befragung der Anbieter sowie zehn Fallstudien eines besonders innovativen Angebotstyps, nämlich der Seniorenakademie.

1.1 Begriffsklärungen

Der Bildungsbegriff ist – wie Schäfers (1995: 148f) in seinem Überblick über den gesellschaftlichen Wandel in Deutschland festhält – „einer der schillerndsten Begriffe der abendländischen Geistes- und Kulturgeschichte. Er erlangte in Deutschland seit der zweiten Hälfte des 18. Jahrhunderts eine in wohl keinem anderen Land und keiner anderen Sprache erreichte Bedeutungsfülle“ (ebd.; vgl. auch Becker 1989). Bildung gilt in unserer Gesellschaft als „postulativer Wertbegriff“: „Inhaltlich wurde und wird er in mehr oder minder expliziten Leitbildern und Bildungsidealen beschrieben“ (Gukenbiehl 1998: 85). Der Bildungsbegriff ist historisch variabel und abhängig von den jeweiligen Zielen, die anvisiert werden (Hörster 1998; Kade/Nittel 1998). Demzufolge kann der Bildungsbegriff nicht ein für allemal inhaltlich definiert werden, weil sich in ihm „das jeweilige Selbst- und Weltbild des Menschen widerspiegelt“ (Böhm 1994: 99). Entsprechende Bildungskonzepte haben meist einen beträchtlichen normativen Überschuss.

Der Begriff einer allgemeinen Bildung geht in der deutschen Tradition vor allem auf Humboldt zurück: Sich in sich zu bilden sei der Zweck des Menschen im Menschen; seine Beschäftigungen seien nie als Mittel zum Zweck zu betrachten. Gebildet sei derjenige, der „soviel Welt als möglich zu ergreifen, und so eng, als er nur kann, mit sich zu verbinden“ vermag (Humboldt 1960: 235). Bildung kann auch – unabhängig von konkreten Inhalten – als „Freiheit zu Urteil und Kritik“ oder als „Zwang zur Anpassung an vorgegebene Verhältnisse“ interpretiert werden (Notz 1997). Das gängige Anknüpfen an den Allgemeinbildungsbegriff im Feld der Bildungsangebote für Ältere zielt in diesem Zusammenhang auf die Überwindung eines ausschließlich instrumentellen Bildungsverständnisses, das sich auf die Vermittlung praktisch verwertbaren Wissens bezieht. Der im Allgemeinbildungsgedanken implizit enthaltene Universalismusanspruch kann heute jedoch nicht mehr ohne weiteres Aufrecht erhalten werden – ein Bildungsverständnis mit festem Kanon hat sich überlebt (Becker 1989). Der moderne Widerspruch besteht nunmehr darin, dass die beschleunigte Entwertung der gesammelten und angehäuften Erfahrungsgüter die Forderung eines Anhäufens von immer neuen Erfahrungen bzw. Wissen nach sich zieht (Hörster 1998). Das Konzept des lebenslangen Lernens trägt dieser Dynamisierung Rechnung (vgl. Abschnitt 1.3).

Der bildungstheoretische Hintergrund der Altersbildung wird zwar vorrangig von Anleihen aus dem Allgemeinbildungskonzept und dem Konzept des lebenslangen Lernens geprägt, aber auch innerhalb dieser Entwürfe gibt es einigen Interpretationsspielraum. Manche Autoren betonen das politisch-emanzipatorische Potential der Allgemeinbildung, andere rücken die individuellen Entfaltungs- oder Bewältigungsmöglichkeiten stärker in den Vordergrund (vgl. Abschnitt 1.2). Bildung kann aber auch – z.B. im Kontext der Alltagskompetenz – in kleinsten kognitiven Lernprozessen verortet werden. Gerade Bildung im Alter lässt sich daher nicht ohne weiteres über ein stringentes Bildungskonzept definieren.[2]

Jenseits dieser vielfältigen Interpretationen wird hier als operationale Definition für die empirische Erfassung von Angebot und Nachfrage Bildung als Partizipation in fremd- oder selbstorganisierten Gruppen verstanden, deren vorrangiges Ziel Lernen ist. Damit werden einerseits Bildungsprozesse, die quasi ‚en passant' in beliebigen Gruppen und Tätigkeitsfeldern vorfindbar wären, andererseits rein individuelle Bildungsanstrengungen außerhalb konkreter Gruppen ausgeschlossen. Eine solche Abgrenzung macht das Untersuchungsfeld empirisch handhabbar und lässt zugleich eine ganze Reihe verschiedener Inhalte, Interessen und Motive der Teilnahme zu.

Ebenso wenig wie auf einem einheitlichen Bildungsbegriff basiert Altersbildung auf einem einheitlichen Altersbegriff. Es besteht z.B. keine Einigkeit darüber, welche Altersgruppen zum Adressatenkreis gehören. Oft gilt die nachberufliche Phase als Bedingung, es finden sich aber auch Positionen, die unter Bildung im Alter auch Bildungsaktivitäten vor dem Eintritt in diesen Lebensabschnitt fassen, etwa zur Vorbereitung auf den Ruhestand oder für ältere Arbeitnehmer. Und es gibt speziell zugeschnit-

2 Wir vernachlässigen in dieser Übersicht sozialisationstheoretische Ansätze, da sie in der einschlägigen Literatur kaum Berücksichtigung finden. In dieser Perspektive wären vor allem Umwelten und ihr systematischer Anforderungscharakter – also auch andere Tätigkeitsfelder wie Ehrenamt oder Erwerbsarbeit – stärker in den Blick zu nehmen (Kohli 1984).

tene Angebote bzw. Konzepte z.B. für ‚alte Alte', ‚junge Alte' oder spezifische Lebens- und Problemlagen im höheren Alter.

Bereits der Begriff Alter selbst ist mehrdeutig und vielschichtig (Kohli 1998): Alter kann allgemein für jedes kalendarische Alter oder für eine spezifische Altersphase – eben höheres Alter – stehen, und es kann weiter zwischen biologischem, psychologischem und sozialem Alter differenziert werden. Aus der Perspektive einer Soziologie des Lebenslaufs können wir Alter aber – und dies dürfte in diesem Feld noch die breiteste Akzeptanz finden – als einen klar abgegrenzten Lebensabschnitt nach der Erwerbsphase bzw. nach der dafür gesellschaftlich institutionalisierten Grenze bestimmen (vgl. Kohli 1985). Mit dieser Operationalisierung ist als weitere Eingrenzung verbunden, dass Weiterbildungsmaßnahmen mit Blick auf die Partizipation am Arbeitsmarkt ausgeschlossen und nur solche Aktivitäten in den Blick genommen werden, die sich explizit an Personen in der nachberuflichen Lebensphase richten.

1.2 Begründungen und Zielsetzungen der Altersbildung

Wurde in der Vergangenheit die Altersbildung hauptsächlich über vorherrschende Altersbilder begründet, sind es gegenwärtig eher gesellschaftliche Wandlungsprozesse, die als Argumente herangezogen werden (Dettbarn-Reggentin/Reggentin 1992; Eirmbter-Stolbrink 1992). In früheren Jahren dominierte die Ansicht, dass sich mit zunehmendem Alter die Fähigkeiten negativ verändern. Basierend auf dem Defizitmodell – Alter als Abbau, Hilflosigkeit, Krankheit und Last – wurde Bildungsarbeit mit älteren Menschen vor allem als gesellschaftliche Betreuungs-, Fürsorge- und Kompensationsaufgabe verstanden. Gegen diese Defizittheorien setzte sich in den 80er Jahren ein neues Altersbild durch. Kompetenz- und Aktivitätsansätze betonten nun stärker die Möglichkeiten von Autonomie, Selbständigkeit und Chancen im Alter. Altersbildung propagierte in diesem Sinne das Leitbild der engagierten, selbstbewussten, aktiven Senioren, für die „Müßiggang ein Fremdwort ist" (Zeman 1989; Knopf/Schmidt 1992; Becker/Rudolph 1994). Mittlerweile wird auch die Einseitigkeit solcher Aussagen relativiert. Der gegenwärtige Altersdiskurs ist zunehmend von differenzierenden Positionen geprägt, die sowohl negative als auch positive Aspekte des Alter(n)s berücksichtigen.

Die aktuelle Legitimation der Altersbildung erfolgt mit stärkerem Hinweis auf die demographischen Veränderungen, die mit dem Begriff „Altern der Gesellschaft" (vgl. die Übersicht bei Kohli 1989) umschrieben werden. Diese führen nicht nur zu einer quantitativen Veränderung im

Altersaufbau der Bevölkerung, sondern ebenso zu qualitativen und strukturellen Veränderungen (Tews 1993). Im Durchschnitt erreichen die heutigen Älteren den Ruhestand in besserer gesundheitlicher Verfassung, mit deutlich besseren Qualifikationen und auch zumeist mit einer besseren materiellen Absicherung als frühere Kohorten. Zum Strukturwandel gehört zugleich ein Bedeutungswandel des Alters; er findet seinen Ausdruck darin, dass der Ruhestand seinen Charakter als ‚Restzeit', die es irgendwie zu durchleben gilt, verloren hat und zu einer eigenständigen Lebensphase geworden ist. Er erfordert den Entwurf neuer biographischer Projekte und stellt die Frage der Beteiligung am sozialen Leben in neuer Form (Kohli 1992). Diese gesellschaftlichen Entwicklungen unterstützend zu begleiten, zählt zum Anspruch gegenwärtiger Altersbildung.

Gemessen an der historischen Zunahme der Lebenszeit außerhalb des Bereichs der Erwerbsarbeit und der zunehmend besseren Ressourcenausstattung der Älteren ist die gesellschaftliche Produktivität des Alters noch unterentwickelt (Tews 1996). Die Älteren nutzen ihre Potentiale zu wenig, und die Opportunitätsstrukturen für eine produktive gesellschaftliche Beteiligung der Älteren sind zu wenig tragfähig (Riley et al. 1994). Deutschland fällt im internationalen Vergleich – etwa mit den nordamerikanischen Ländern – in dieser Hinsicht noch besonders ab (Kohli/Künemund 1996). Die Kluft zwischen den Potentialen und der faktischen Partizipation könnte sich weiter vergrößern. Altersbildung kann hier gegensteuern, indem sie Produktivität freisetzt und zur Verringerung dieser Kluft beiträgt.

Spezifischere Begründungen und Zielsetzungen der Altersbildung leiten sich sowohl aus gesellschaftlichen als auch individuellen Interessenlagen bzw. Erfordernissen ab; die dabei formulierten Zielsetzungen vielfältig und variabel. Meist handelt es sich um normative Vorgaben, nicht selten sind „ideologisch verkürzte Interessenstandpunkte" zu finden (Kade 1994b: 8). Eierdanz (1992) und Kade (1994b) z.B. ordnen die unterschiedlichen Zweckbestimmungen von Altersbildung politischen Bewegungen bzw. Strömungen zu. Eierdanz (1992) identifiziert dabei zwei grundlegende Erwartungshaltungen an eine Bildung im Alter: Zum einen die „konservativ-sozialtechnokratische" Variante, die darauf gerichtet sei, den Älteren zum „erfolgreichen Altern" – mit möglichst wenig sozialstaatlicher Sicherung und Unterstützung – zu verhelfen. Getreu dem Motto „Alt hilft Alt" sollen Lücken z.B. im Bereich der Betreuung von den Älteren selbst ausgefüllt werden. Zum anderen gibt es eine „sozialreformatorisch-emanzipatorische" Variante, die darauf abzielt, Altersbildung als Aufklärung zu begreifen. Ältere Menschen sollen in die Lage versetzt werden, ihre Rechte wahrzunehmen, um selbstbewusst und kompetent diese Lebensphase gestalten zu können. Eine so verstandene Altersbildung will tradierte Altersbilder in Frage stellen (ebd.: 177f).

Kade (1994b) unterscheidet drei Zielrichtungen der Altersbildung: *Bildungspolitische* Ziele basieren auf einem demokratischen Argument – Altersbildung sollte insbesondere der Förderung von bildungsbenachteiligten Alten gelten, um Chancengleichheit verwirklichen zu können. *Bildungssoziologische* Ziele resultieren sowohl aus utilitaristischen als auch sozialpolitischen Argumentationen – brachliegende Altersressourcen und -potentiale sollten in ein gesellschaftlich nützliches Engagement überführt werden, wobei z.B. die gesellschaftliche Integration der Älteren und die Solidarität zwischen den Generationen gestärkt werden kann. *Bildungsökonomische* Ziele schließlich beziehen sich auf gerontologische und geriatrische Argumente – die Förderung und der Ausbau rehabilitierender und vorbeugender Bildungsmaßnahmen folgt z.B. dem Bestreben, den Kostenanstieg im medizinischen Bereich zu dämpfen (ebd.: 8ff).

Als weitere Zielsetzungen bzw. Chancen der Altersbildung lassen sich der vorliegenden Literatur die folgenden entnehmen:

- Bildung hat zum einen die Aufgabe, die Antizipation des eigenen Alters sowie die Vorbereitung auf dieses zu fördern, zum anderen hat sie die Aufgabe, älteren Menschen die Möglichkeit zu eröffnen, die erworbenen Kenntnisse und Fertigkeiten umzusetzen und zu erweitern (Dettbarn-Reggentin/Reggentin 1992).
- Bildung könnte die Chance bieten, einen eigenen Altersstil zu entwickeln (Rosenmayr/Kolland 1992).
- Bildung kommt bei der Suche nach neuen Modellen der Partizipation und Integration eine zentrale Funktion zu (Kade 1994b).
- Bildung zielt auf Autonomie und Integration im Alter, auf Selbstbestimmung und Teilhabe an der Lebenswelt (vgl. Becker/Rudolph 1994; Kade 1994b; Kaiser 1994).
- Bildung hat die Aufgabe, die Transferprozesse zwischen einer sich ändernden Kultur, einer sich wandelnden Gesellschaft und einer sich entfaltenden Individualität herzustellen (Veelken 1990).
- Bildung trägt dazu bei, neuen Sinn zu entdecken (Veelken 1992a).
- Bildung dient dem Lernen des Älterwerdens (Kade 1994b).
- Bildung bewahrt bereits bestehende Selbständigkeit innerhalb sich verändernder Umweltbedingungen (Geißler 1990).
- Bildung kann dem Dialog der Generationen dienen und erfüllt allgemein das Recht auf Bildung (Kaiser 1997).
- Bildung sollte sich zum Ziel setzen, auf mögliche Krisen- und Grenzsituationen im Alter vorzubereiten (Kruse 1990).
- Bildung kann eine Form der Bewältigung von zentralen Zäsuren, von Lebenskrisen sein (Olbertz/Prager 2000).

Diese Aufzählung könnte noch durch weitere Aspekte ergänzt werden; die Zielsetzungen der Altersbildung sind mannigfaltig und nicht immer kohärent. Oft werden aber hohe Erwartungen gestellt: Bildung sei eine der „größten Altersressourcen" (Tews 1993: 240), und man könne in der „mit Bildungsprozessen verbundenen ‚Netzwerkbildung' über die Generationen hinweg die wesentlichen Ressourcen und Potentiale des Alterns" vermuten (Schmitz-Scherzer et al. 1994: 88). Aber auch kritische Stimmen sind zu vernehmen, etwa dass die Gründe und Ziele einer Altersbildung nicht durch gesellschafts- und sozialpolitische Erwägungen „diktiert" (Kade 1994b: 10) werden dürften. Auch Schäffter (2000: 77) gibt zu bedenken, dass keine gesellschaftlich „(legitime) Instanz" in der Lage sei, einen Lernbedarf „für andere abschließend und verbindlich zu definieren". Naegele (1992: 143) warnt davor, den Ruhestand als ein generelles „Bildungsproblem" zu verstehen, Knopf/Schmidt (1992: 195) befürchten, Altersbildung transportiere weiterhin „vordefinierte und anempfohlene Altersbilder und Lebensstile". Und Gronemeyer/Buff (1992: 28f) vermuten gar, künftige Altersbildung könne weniger als „Emanzipationshilfe" denn als „Zwangshilfe" für ältere Menschen gelten.

Die Zielsetzungen der Altersbildung knüpfen also an gesellschaftliche und individuelle Interessenlagen an und unterliegen einem zeitbedingten Wandel. Diese Vielfalt der Zielsetzungen dürfte sich auch in der Praxis der Altersbildung wiederfinden lassen – sowohl auf der Ebene des Angebotes (vgl. Kapitel 3) als auch auf der Ebene der Nachfrage (vgl. Kapitel 2). Der funktionalen, inhaltlichen und formalen Ausdifferenzierung der Altersbildung im Sinne einer allgemein als verbindlich akzeptierten Definition gerecht zu werden, ist nahezu unmöglich.

1.3 Das Konzept des lebenslangen Lernens

Ein weiterer, an Bedeutung gewinnender Begründungszusammenhang der Altersbildung speist sich aus der Diskussion um lebenslanges Lernen. Die Wissensexplosion der letzten zwei Jahrhunderte macht eine allumfassende Bildung unmöglich. Der Anspruch einer Allgemeinbildung mit universellem Hintergrund ist daher letztlich illusionär geworden,[3] und auch das traditionelle Bild eines ‚fertigen' Erwachsenen hat sich tendenziell überlebt. Seitter (1997: 325) konstatiert angesichts der Notwendigkeit des unablässigen Adaptierens sozialer und kultureller Veränderungen sogar eine Verflüssigung des „festgefügten Selbst". Nichtwissen, Ungewissheit oder Unsicherheit können heute im individuellen Bildungspro-

---

3 Becker (1989) formuliert pointiert das moderne Verständnis der gebildeten Person: „Man könnte ironisch sagen, gebildet ist heute der, der sich darüber klar ist, dass er auf den meisten Gebieten ungebildet ist" (ebd.: 72).

zess nicht mehr ausschließlich als negative, zu überwindende Zustände thematisiert werden, sondern müssen gewissermaßen als „Normalität" der Lebensführung in modernen Gesellschaften gelten (Kade, J. 1997: 113). Der Begriff des lebenslangen Lernens spricht diese prinzipielle Unabschließbarkeit von Lern- und Bildungsprozessen an (Frankenstein 1990; Seitter 1997). Die damit verbundene Absage an ein verbindliches ‚Bildungswissen' kann durchaus als Entlastung verstanden werden: „Lernvorhaben sind nun nicht mehr aufgrund schwer durchschaubarer Bildungsansprüche, sondern in Hinblick auf konkret beschreibbare und durch Lernen beherrschbare Anwendungssituationen konzipiert" (Schlutz 1992: 15).

Der Abschluss einer formalen Berufsausbildung bedeutet heute eine Entlassung in lebenslanges Lernen (Kolland 1997). Bildung wird nun nicht mehr als Vorbereitung auf das Leben, „sondern selbst als Leben erfahren" (Böhme 1999: 51). Dem gesellschaftlichen Anspruch, flexibel, anpassungsfähig und stets lernbereit zu reagieren, muss man sich individuell stellen. Dass die Anforderungen der „großen Lernoffensive" (Geißler 1999: 8) auch als eine Zumutung erlebt werden können, ist plausibel (Kade, J. 1997; Seitter 1997). Aber neben der ökonomischen Verwertbarkeit des erworbenen Wissens bietet die Perspektive des lebenslangen Lernens auch eine andere Funktion und Deutung: Individuelle Entwicklungsoptionen wie Selbstbestimmung, Individuierung und Sinnerfüllung geraten in das Blickfeld. Aus dieser Wendung bzw. Bewertung leitet sich das Lernen als eine permanente Aufgabe aller Lebensalter ab, und gerade in diesem Sinne wird Altersbildung häufig begründet (Frankenstein 1990; Breloer/Breloer 1994; Dohmen 1997). Lehr (1992: 62) bringt dies formelhaft auf den Punkt: „Heute müssen wir lernend altern und Altern lernen". Dabei werden Lernen und Bildung oft sehr weit gefasst. Saup (1997: 11) z.B. definiert Lernen wie folgt: „Lernen heißt, neue Erfahrungen sammeln, sich mit einer verändernden Umwelt und einer sich verändernden Leiblichkeit auseinander zusetzen, heißt sich selbst zu verändern".

Das Bildungsverständnis des lebenslangen Lernens wird von Knoll (1997: 33) in einem „4-Säulen-Modell" gefasst: „learning to know, learning to do, learning to be, learning to live together". Lernen wäre demnach nicht auf organisiertes und formales Lernen beschränkt – insbesondere das selbstgesteuerte Lernen in täglichen Lebens- und Arbeitszusammenhängen erfährt hier eine erhebliche Aufwertung. Nach Schätzung der Faure-Kommission (1973) soll der Anteil dieses von organisierten Bildungsveranstaltungen weitgehend unabhängigen Erfahrungslernens 70 Prozent aller menschlichen Lernprozesse ausmachen. Die verschiedensten Lernformen (z.B. formal wie informal, selbstgesteuert wie professionell organisiert, unmittelbar wie mediengestützt) werden inzwischen in das Konzept des lebenslangen Lernens integriert, und es besteht die bildungspolitische Forderung, dass die öffentliche Förderung nicht mehr getrennt nach den diversen Lernformen erfolgen sollte (Dohmen 1997). Optimistisch wird sogar damit gerechnet, dass sich das Lernen zu einer Art „Volkssport" entwickeln (ebd.: 20) und Lernen als „Lebensform" an Bedeutung gewinnen wird (Dieckmann 1998: 7).

1.4 Lernen im Alter

Die zunehmende Akzeptanz des lebenslangen Lernens wird flankiert durch den Einfluss neuerer Forschungsergebnisse, welche die Offenheit, Veränderbarkeit, Lernbereitschaft und Bildsamkeit des Erwachsenen betonen (Seitter 1997). Hartnäckig hält sich im Alltagsleben das Klischee vom zwangsläufig altersbedingten Abbau geistiger Fähigkeiten. Diesem Stereotyp widersprechen jedoch seit mehr als drei Jahrzehnten wissenschaftliche Forschungsergebnisse aus den Bereichen der Medizin, Psychologie und Pädagogik. Untersuchungen haben immer wieder nachgewiesen, dass interindividuelle Unterschiede Altersdifferenzen wesentlich überlagern können und im Alternsverlauf zunehmen (Reischies/Lindenberger 1996). Diese Unterschiede resultieren u.a. aus historischen bzw. kohortenspezifischen Bildungserfahrungen, der individuellen Bildungsbiographie, Übung bzw. Training, sozialem Umfeld und Lebensstilen sowie der Nutzung von Kompensationsmöglichkeiten. Die Thesen einer generell abnehmenden Lernfähigkeit und eines generellen Nachlassens geistiger Fähigkeiten konnten jedenfalls nicht bestätigt werden (Lehr 1991; Weinert 1992).

Aussagen zur Lern- und Leistungsfähigkeit im Erwachsenenalter und höheren Alter können anhand der Unterscheidung zwischen biologischen, psychologischen und sozialen Dimensionen getroffen werden. Bezüglich all dieser Dimensionen lassen sich sowohl Möglichkeiten als auch Grenzen der Entwicklung aufzeigen (vgl. die Überblicksdarstellung von Kruse/Rudinger 1997). Im Alter verringern sich die *biologische* Kapazität und die physische Funktionstüchtigkeit, die Adaptionsfähigkeit nimmt ab (Linke 1990). Dennoch gibt es in diesem Bereich Kapazitätsreserven – die positive Wirkung von Training für die Entwicklung bzw. Rehabilitation z.B. der körperlichen Leistungsfähigkeit wurde wiederholt belegt (Fries 1989). In der *psychologischen* Dimension sind altersspezifische Verluste vor allem hinsichtlich der fluiden Intelligenz nachweisbar (und zwar bereits ab dem frühen Erwachsenenalter), während die kristalline Intelligenz vornehmlich stabil bleibt (Reischies/Lindenberger 1996; Kruse/Rudinger 1997). Neuere Untersuchungen zeigen auch, dass bei entsprechendem Training selbst die fluide Intelligenz aufrechterhalten oder gar verbessert werden kann (Röhr-Sendlmeier 1990: 138; für eine skeptischere Sicht vgl. Baltes 1997). In Bezug auf die *soziale* Dimension schließlich werden vor allem gesellschaftliche Entwicklungen und Umweltbedingungen genannt, die Auswirkungen auf die Lern- und Leistungsfähigkeit im Alter haben können (Kruse/Rudinger 1997). Insbesondere für Menschen, die über den Lebenslauf zahlreiche Lernerfahrungen gewonnen und Lernstrategien entwickelt haben, ist das Lernen im Alter ein vertrauter Prozess. Expertenwissen, meist in beruflichen Zusammenhängen erworben, kann bis ins hohe Alter erhalten bleiben (Röhr-Sendlmeier 1990; Schmitz-Scherzer et al. 1994).

Eine Verzögerung kognitiver Prozesse, verminderte Aufnahmegeschwindigkeit von Informationen, zunehmende Störungen der Aufmerksamkeit und eine verringerte Kapazität des Arbeitsgedächtnisses zählen somit zwar grundsätzlich zu den altersbedingten Beeinträchtigungen kognitiver Basisoperationen (Reischies/Lindenberger 1996; Kruse/Rudinger 1997). Es wurde aber gezeigt, dass Gedächtnisfunktionen und psychomotorische Funktionen durch Training verbessert werden können (Kruse 1992a; Oswald et al. 1996). Alterstypische Reduktionen der Leistungsfähigkeit sind bei adäquaten Anregungen stark modifizierbar; sie können aufgehalten, zeitlich verlangsamt oder sogar für eine gewisse Zeit rückgängig gemacht werden (Baltes 1987).

Mit dem Konzept der Weisheit wird die Möglichkeit einer spezifischen Altersintelligenz thematisiert (Dittmann-Kohli 1984; Weidenmann 1991; Nittel 1992; Baltes 1997). Weisheit wird als Persönlichkeitsmerkmal angesehen, das sich – vor allem aufgrund der produktiven Bewältigung kritischer Lebensereignisse und Lebenskrisen – über den Lebenslauf hinweg entwickelt. Untersuchungen zeigen, dass ältere Menschen in dieser Hinsicht häufig besser abschneiden können (Weidenmann 1991). Sie können unter Umständen „ein vertieftes Urteilsvermögen, das Widersprüche zu verbinden vermag (Paradoxiekapazität)", und „die Fähigkeit, Unsicherheiten sowohl in der Wahrnehmung als auch im Urteil zu ertragen (Insekuritäts-Toleranz)", entwickeln. Zudem haben alte Menschen oft spezielle „schöpferische Fähigkeiten", die auf die Ausprägung individueller Originalität zurückzuführen sind (Rosenmayr/Kolland 1992: 77).

Aus der Durchsicht der vielfältigen Untersuchungsergebnisse lässt sich ableiten, dass die kognitive Lern- und Leistungsfähigkeit älterer Menschen sowohl von einigen Verlusten als auch möglichen spezifischen Gewinnen geprägt ist. Die potentiellen Defizite dürfen dabei nicht übermäßig dramatisiert werden; sie werden erst im sehr hohen Alter wirksam. Kompensationsmöglichkeiten sind vorhanden, und ein Großteil älterer Menschen verfügt über Leistungsreserven, die häufig ungenutzt bleiben.[4]

---

4 Allerdings sollten die Kompensationsmöglichkeiten auch nicht einseitig überbewertet werden. Selbst wo eine Kompensation defizitärer Lebenslagen prinzipiell möglich wäre, kann aus soziologischer Perspektive gefragt werden, ob nicht eher

Für das Lernen im Alter ergeben sich daraus einige spezifische Besonderheiten; Lernen im Alter ist jedoch prinzipiell möglich. Wichtige Einflussfaktoren auf die Lernleistungen im Alter können – in Anlehnung an Kruse/Rudinger (1997) – wie folgt zusammengefasst werden (vgl. hierzu auch Drinck 1990; Röhr-Sendlmeier 1990; Lehr 1991; Weidenmann 1991; Fleischmann/Gunzelmann 1992; Nittel 1992; Rosenmayr/Kolland 1992; Tietgens 1992a; Veelken 1992a; Dittmann-Kohli et al. 1997b; Kade, J. 1997; Saup 1997; Kavsek 2000):

- Vertrautheit mit dem Lernmaterial: Das Lernen älterer Menschen sollte auf ganzheitliche Sinnzusammenhänge ausgerichtet sein. Der Rückbezug auf das Gelebte und schon Bekannte als individuelle Anschlussmöglichkeit wirkt sich günstig auf das Lernen aus. Ältere lernen vor allem dadurch, dass sie von sich aus Wissen auswählen, mit schon Gelerntem verarbeiten und zu sich in eine neue Beziehung setzen, ihm eine neue Bedeutung geben. Eine zu starke Abweichung der neuen Informationen von dem bisher Gelernten kann eventuell nicht mehr angemessen verarbeitet werden.
- Strukturiertheit des Lernmaterials: Das Lernen Älterer wird dadurch erschwert, dass sie selten lernen konnten, wie Lernen konkret vor sich geht. Aufgrund ihrer mangelnden Lernstrategien sind sie oftmals darauf angewiesen, dass das Lernmaterial übersichtlich gegliedert ist. Wissen über konkrete Strategien des Lernens sollte daher verstärkt vermittelt werden. Die Gleichzeitigkeit verschiedener Informationen und Aufgaben vermindert ebenfalls die Lernleistungen älterer Menschen. Ist das Lernmaterial hingegen so angeordnet, dass die Möglichkeit besteht, sich auf einzelne Aufgaben zu konzentrieren, so nehmen die Leistungen erheblich zu.
- Unsicherheit in der Lernsituation: Geringe Vertrautheit mit Lernsituationen oder gar Ängste diesbezüglich, aber auch Mangel an Unterstützung können die Konzentrationsfähigkeit beeinträchtigen. Ein negatives Altersbild, aber z.B. auch die Anwesenheit von Jüngeren kann zu Lernblockaden führen. Zu einer effektiven Lernhilfe wird daher auch eine Aufklärung über Altersstereotype mit dem Ziel der Überwindung ungerechtfertigter Vorurteile gezählt.
- Lernen in Gruppen: Lernen findet in einem Kommunikationsprozess statt. Eine unterstützende Atmosphäre kann sich dabei positiv auf das Lernen älterer Menschen auswirken. Nach vorliegenden Erfahrungen können z.B. Lernhemmungen, die auf Erlebnisse in der

---

die konkrete defizitäre Lebenslage als die individuelle Kompensationskompetenz zu ändern wäre.

Vergangenheit zurückgehen, am ehesten überwunden werden, wenn die Chance bzw. die Bereitschaft besteht, in Lerngruppen darüber zu sprechen.

- Übung: Durch kontinuierliches Training können die Aufmerksamkeitsleistungen sowie die Flexibilität der Lernstrategien erheblich gefördert werden. Aufgrund des erhöhten Zeitbedarfs bei der Aneignung des Lernmaterials lernen Ältere unter Zeitdruck schlechter als Jüngere und benötigen längere Übungsphasen.
- Gesundheitszustand: Der Gesundheitszustand beeinflusst die kognitive Kapazität in Lernsituationen. Z.B. sind Aufmerksamkeits- und Konzentrationsleistungen abhängig von intakten Sinnesorganen.

Der notwendigen Umstrukturierung des Angebotes in Bezug auf das besondere Lernverhalten älterer Menschen wird in der Altersbildungspraxis vielfach, aber nicht durchgängig Rechnung getragen. Methodische und didaktische Konsequenzen fließen in die Gestaltung von Bildungsprozessen ein.

Einige kritische Stimmen warnen allerdings vor den Folgen einer uneingeschränkt optimistischen Bewertung kognitiver Altersleistungen. Es bestehe die Gefahr, dass ältere Menschen letztlich unter einen neuerlichen „Erfolgszwang“ (Thomae 1988: 221) gestellt würden. Und das Vergessen, welches im Alter auch „der Homogenisierung und Vereinheitlichung der Persönlichkeitsmerkmale“ des Individuums diene, dürfe nicht per se zu einer negativen Tätigkeit degradiert werden (Linke 1990: 192). Auch könne ein Lernresultat z.B. unspezifischer mentaler Trainingsprogramme („brain-jogging“) eine Störung von psychischen Prozessen sein (ebd.). Altersbildung sollte also auch nicht fraglos im Sinne eines ‚Allheilmittels‘ flächendeckend verordnet werden.

2 Die Nachfrage

2.1 Forschungsstand

2.1.1 Der Umfang der Partizipation

Zur Teilnahme älterer Menschen an Bildungsveranstaltungen liegt bislang nur wenig repräsentatives empirisches Datenmaterial vor. Die verfügbaren Quellen sind oft älteren Datums und die Ergebnisse weichen stark voneinander ab, was im Wesentlichen auf die unterschiedlichen Forschungsdesigns (Stichprobenziehung, Formulierung der Fragen und Antwortvorgaben) zurückzuführen ist. Insgesamt weist die Datenlage jedoch auf eine eher geringe Beteiligung hin:

- Wie sich einer Zusammenstellung von Tokarski (1989: 78) entnehmen lässt, ergab eine EMNID-Studie von 1974 nur einen Anteil von zwei Prozent der über 60jährigen, die als Freizeittätigkeit Weiterbildung oder den Besuch von Kursen erwähnten; eine Studie des STERN von 1984 ermittelte dagegen einen Anteil von neun Prozent.
- Eine repräsentative Befragung von 60-75jährigen Menschen (n=544) in Schleswig-Holstein ergab eine gelegentliche Beteiligung von immerhin 25 Prozent, jedoch mit der Einschränkung, dass davon nur sechs Prozent regelmäßig Bildungsveranstaltungen besuchen (Schütz/Tews 1991: 9).
- Die bundesweit repräsentative Untersuchung von Stadié (1987: 98) weist einen Anteil von sogar 30 Prozent der über 60jährigen Ruheständler aus, die Kurse und Vorträge besuchen, darunter neun Prozent, die dies etwa einmal im Monat tun (n=1.833). Allerdings enthält die Frageformulierung keine Eingrenzung des Zeitrahmens, so dass im Einzelfall auch die Erinnerung an eine einzige Teilnahme vor mehreren Jahren hinreicht, um mit „seltener" statt mit „nie" zu antworten. So gesehen überrascht sogar noch der hohe Anteil von 70 Prozent, der in dieser Studie mit „nie" antwortete.
- Einer regionalen Studie in einem arbeiterkulturell geprägten Stadtteil Kassels zufolge (Karl 1988) werden Kurse und Veranstaltungen selbst bei persönlicher Einladung nur von sieben Prozent der älteren Menschen besucht, etwa zehn Prozent sagten auf eine solche Ansprache hin eine Teilnahme zu (n=568).
- Röhr-Sendlmeier (1990) ermittelte bei einer Kölner Untersuchung, dass weniger als zehn Prozent der älteren Menschen (über 58 Jahre) Bildungsseminare besuchen (n=123).

Die in Befragungen ermittelten Quoten variieren also erheblich, weisen aber mehrheitlich eine Bildungsbeteiligung der Älteren von unter zehn Prozent aus. Eierdanz (1992) warnt deshalb vor einer grenzenlosen Bildungseuphorie, „die nicht berücksichtigt, dass immerhin ca. 90 Prozent der älteren Menschen sich der Weiterbildung – aus welchen Gründen auch immer – verweigern" (ebd.: 168).

Auch die Teilnehmerstatistiken des Deutschen Volkshochschulverbandes zeigen, dass die Bildungsbeteiligung älterer Menschen weit unter ihrem Anteil an der erwachsenen Bevölkerung liegt. Allerdings kann ein langsamer, kontinuierlicher Anstieg der Altersgruppe „ab 50" verzeichnet werden: 1978 betrug der Anteil der 50-64jährigen Teilnehmer an VHS-Veranstaltungen in den alten Bundesländern elf Prozent, der Anteil bei den über 64jährigen vier Prozent; im Jahre 1995 hingegen war der Anteil der 50-64jährigen auf 17 Prozent in den alten und etwa 15 Prozent in den neuen Bundesländern gestiegen, jener der über 64jährigen in den neuen und alten Bundesländern auf sechs Prozent (Pehl/Reitz 1996), und auch die Anzahl der Seniorenstudenten nimmt stetig zu (Malwitz-Schütte 1998). Gemessen an der öffentlichen Aufmerksamkeit handelt es sich speziell beim Seniorenstudium aber um ein ausgesprochenes Randphänomen. Die bislang ausführlichste Studie zum Seniorenstudium vom Wintersemester 1993/94 schätzt die Zahl der über 55jährigen, die an einer der deutschen Universitäten in irgendeiner Form studieren, auf 25.352 Personen (Saup et al. 1994). Dies entspräche einem Anteil von 1,2 Promille der über 54jährigen in der Bundesrepublik. Und die konstatierten Zunahmen der Anzahl der Seniorenstudenten wie auch der älteren Teilnehmer an Kursen der Volkshochschulen dürften zu einem erheblichen Anteil allein auf die steigende Zahl der Älteren insgesamt zurückzuführen sein, so dass von solchen Angaben nicht fraglos auf einen Anstieg der Quote der Bildungsbeteiligung Älterer geschlossen werden kann – diese könnte auch bei steigenden absoluten Zahlen rückläufig sein.

Die Bildungsbeteiligung Älterer ist also bislang offenbar verhältnismäßig gering ausgeprägt, und entsprechend könnte man auf eine geringe Lern- und Bildungsbereitschaft älterer Menschen schließen. Einem solchen Rückschluss von der faktischen Beteiligung auf die Bereitschaft bzw. Interessen der Älteren könnten aber zwei Argumente entgegengehalten werden: Erstens bedeutet die geringe Nachfrage nicht zwingend Inaktivität der Älteren in diesem Bereich – Röhr-Sendlmeier (1990) z.B. vermutet, viele Ältere gäben keineswegs das Lernen im Alter auf, sondern blieben lediglich institutionellen Bildungsangeboten fern. Die Berliner Altersstudie (Maas/Staudinger 1996: 553), die in ihrer Fragestellung beide Formen kombiniert, weist allerdings auch nur einen Anteil von etwa 13 Prozent der in Privathaushalten lebenden über 69jährigen aus, die „etwas lernen, sich weiterbilden, z.B. zu Hause oder durch den Besuch von Kursen oder

Vorträgen". Es ist also eher unwahrscheinlich, dass ein größerer Prozentsatz der Älteren zwar institutionellen Angeboten fernbleibt, sich aber zu Hause systematisch weiterbildet. Erst eine sehr weite Definition von Bildung, die z.B. auch das Studium einer Bedienungsanleitung einschließt, dürfte hier zu deutlich höheren Quoten führen. Zweitens bleibt offen, ob und inwieweit die geringe Beteiligung auf eine geringe Nachfrage oder nicht vielmehr auf ein fehlendes bzw. nicht zu den entsprechenden Interessen passendes Angebot zurückgeht. Hierzu lagen bislang überhaupt keine Angaben vor. Zwar stimmen laut einer Studie von Infratest et al. (1991: 80) 45 Prozent der 55-70jährigen der Aussage zu, „Es gibt zu wenige Einrichtungen, wo sich ältere Menschen weiterbilden könnten", aber aus einer solchen allgemeinen Einschätzung folgt nicht zwingend, dass ein größere Angebot auch zu einer höheren Beteiligung führen würde – die Schlussfolgerung der Autoren, „Es gibt bei den Älteren eine gewaltiges Potential von Nutzern neuer Angebote in Konsum und Bildung" (ebd.), ist durch diese Aussagen nicht belegt. Die anderen erwähnten Ergebnisse – etwa von Karl (1988), wo selbst bei persönlicher Einladung nur sieben Prozent teilnehmen, oder aus Berlin, wo den Älteren durchaus vielfältige Angebote offen stehen – deuten jedenfalls nicht in diese Richtung (zum Angebot an Altersbildung vgl. ausführlicher Kapitel 3).

2.1.2 *Die Teilnehmer*

Zu den Nutzern der Angebote der Altersbildung gibt es ebenfalls nur wenig empirisch gesichertes Wissen, repräsentative Daten liegen diesbezüglich kaum vor. Oft wird angenommen, dass es sich bei den Teilnehmern um „eine Minderheit von bildungsaktiven und finanziell besser gestellten Alten aus höheren Schichten handelt, die schon in ihren mittleren Lebensjahren ein hohes Maß an außerfamiliärem Engagement zeigten" (Prahl/Schroeter 1996: 152). Eierdanz (1992: 176f) beschreibt die Teilnehmer ähnlich als „weiterbildungserfahrene Mittelschichtsangehörige in gesicherten finanziellen Verhältnissen und gutem Gesundheitszustand". Zwar ist beispielsweise bekannt, dass Teilnehmende des Seniorenstudiums häufig eine sehr hohe berufliche Qualifikation aufweisen, und höhere Bildungsabschlüsse können als Indikator für weiterreichende Schichtzusammenhänge interpretiert werden.[5] Aber ob sich die typische Klientel der Altersbildung tatsächlich ausschließlich aus der „lernmotivierten unteren bis oberen Mittelschicht" (Frankenstein 1990: 41) rekru-

5 Nach Befunden von Malwitz-Schütte/Werth (1998: 263) haben z.B. rund 50 Prozent der Seniorenstudenten des Weiterbildungsprogramms „STUDIEREN AB 50" eine Hochschulzugangsberechtigung (die in diesem Fall nicht erforderlich ist).

tiert, muss fraglich bleiben: Auch wenn einzelne Befunde sowie Praxiserfahrungen in diese Richtung weisen – auf repräsentativer Basis sind solche Zusammenhänge noch kaum nachgewiesen worden.

Auch ältere Untersuchungen können zumeist keine Repräsentativität beanspruchen; sie haben zudem den Nachteil, dass unklar bleibt, wie weit sich die Verhältnisse inzwischen geändert haben. Ende der 70er Jahre (z.B. Eirmbter 1979) wurde festgestellt, dass die Inanspruchnahme von Angeboten der Altersbildung u.a. mit höherer Schulbildung korreliert. In der Konsequenz wurden vielfach – zum Teil mit Erfolg – Altersbildungsprojekte initiiert und gefördert, die sich an die Zielgruppe der sozial und bildungsbenachteiligten älteren Menschen wandten (Knopf 1987; Karl 1988). Es wäre daher zu untersuchen, ob das Bemühen um neue Zielgruppen in den letzten zwei Jahrzehnten gefruchtet hat und – infolge der Ausdifferenzierung von Angeboten – ältere Menschen tendenziell aller Lebenslagen erreicht werden. Anderenfalls wäre auch die bildungspolitische Forderung ernst zu nehmen, dass die Förderung von Bildung für das Alter „nicht der noch weiteren Förderung bereits bildungsgewohnter und kulturbeflissener Alter dienen" dürfe (Naegele 1994: 38).

Aus Mangel an verlässlichen und aktuellen Daten über die älteren Bildungsteilnehmer wird für die Bestimmung ihrer Merkmale häufig die bereits erwähnte Studie von Infratest et al. (1991) bemüht (z.B. Eierdanz 1992; Stadelhofer 1996; Saup 1997). Diese Untersuchung, die eine Klassifikation der verschiedenen Lebensstile und Lebensgrundeinstellungen der 55-70jährigen vornimmt, identifiziert den Typus der aktiven „neuen Alten", zu dem immerhin 25 Prozent dieser Altersgruppe gerechnet werden. Dabei handelt es sich um eine Gruppe, die u.a. überdurchschnittlich häufig (Weiter-)Bildungsangebote nutzt. Zu ihren weiteren Charakteristika gehören das Streben nach aktiver Nutzung von Chancen und Freiheiten der neuen Lebensphase, der Anspruch auf Selbstverwirklichung, Kreativität sowie Persönlichkeitswachstum und das Aufgeschlossensein für das Neue (Infratest et al. 1991: 86). Daraus wird häufig abgeleitet, dass Bildungsteilnehmer per se ein hohes Aktivitätsniveau besitzen und in einer eher positiven Lebenssituation stehen. Im Umkehrschluss werden auch Aussagen über die Nichtteilnehmenden gemacht: Diese seien eher inaktiv und befänden sich in ungünstigen Lebensverhältnissen. Solche Schlussfolgerungen sind aber problematisch: Die hier in Frage stehenden Gruppen von Teilnehmern und Nichtteilnehmern wurden selbst nicht direkt untersucht. Und so wenig gesicherte Erkenntnisse über die Nutzer von Bildungsangeboten vorhanden sind – noch weniger ist über die Personen, die nicht teilnehmen, und vor allem über die Gründe für deren Bildungsabstinenz bekannt.

Selbst bei vermeintlich ‚einfachen' soziodemographischen Merkmalen der Teilnehmer wie Alter und Geschlecht fällt die Interpretation der vorhandenen Befunde nicht immer leicht. Aus den VHS-Statistiken ist z.B. zu entnehmen, dass Frauen überproportional häufig (ca. 80 bis 90 Prozent der Teilnehmer) Kurse belegen (Tietgens 1992a; Kruse/Rudinger 1997). Ebenfalls ist bekannt, dass der Frauenanteil unter den Seniorenstudenten bei über 60 Prozent liegt (Sagebiel/Arnold 1998: 195). Eierdanz (1992: 187) schätzt, dass 75 Prozent der Teilnehmenden im gesamten Bereich der Altersbildung Frauen sind, und Kade (1994a) vermutet sogar einen Frauenanteil von 80 bis 90 Prozent. Demzufolge würden ältere Männer mit Bildungsveranstaltungen „so gut wie nicht erreicht", Altersbildung wäre im Prinzip „Frauenbildung" (ebd. 139).

Über die Gründe dieser geschlechtsspezifischen Abstufung der Teilnahme an der Altersbildung wird vielfach spekuliert. Nittel (1989) z.B. vermutet, dass die Akzentuierung des Bildungsangebotes mit dem hohen Stellenwert kommunikativer Kursaktivitäten Frauen in besonderem Maße anspricht, Tietgens (1992a) mutmaßt hinter der „auffälligen Abwesenheit der Männer" eine generationsspezifische Erfahrung, eine „Art von Selbsthilfestolz" (ebd.: 61f), Lischka (1997) argumentiert, dass in den neuen Bundesländern Frauen auch im Alter verstärkt Bildung nachfragen, da diese in der Mehrzahl beruflich tätig waren und berufliche Qualifikationen erworben hatten, und Becker/Rudolph (1994) deuten den Umstand, dass die existierenden Angebote der Altersbildung hauptsächlich von Frauen angenommen werden, dahingehend, „dass Frauen eher als Männer die Änderung von Lebensweisen und -aufgaben als Chance begreifen, an Interessen, Wünsche und Träume anzuknüpfen bzw. sie neu zu entdecken" (ebd.: 160). Häufig wird zur Erklärung auch auf den besonderen Bildungsnachholbedarf von älteren Frauen verwiesen (z.B. Kade 1994a; Sagebiel/Arnold 1998). Interessanterweise findet sich in der einschlägigen Literatur zur Altersbildung allerdings auch die Befürchtung, dass ältere Frauen – als gesellschaftlich marginalisierte Gruppe – mit Bildungsangeboten nicht hinlänglich erreicht werden und deshalb als Zielgruppe noch besonderer Förderung bedürften (z.B. Eierdanz 1992; Tews 1993).

Dabei muss zunächst bedacht werden, dass es wesentlich mehr ältere Frauen als Männer gibt und dass dieses Ungleichgewicht in den höheren Altersgruppen noch erheblich zunimmt, was im Anschluss an Tews (1989) als „Feminisierung des Alters" bezeichnet werden kann. Anstelle der bloßen Ermittlung des Frauenanteils in der Teilnehmerschaft wäre also wenigstens der jeweilige Anteil der Frauen und Männer in der Bevölkerung zu betrachten, der Bildungsangebote wahrnimmt, bevor derart weitgehende Schlussfolgerungen gezogen werden (vgl. hierzu Abschnitt 2.2).

Ähnlich stellt sich die Diskussionslage bei der Variablen ‚Alter' dar – die Befundlage scheint eindeutig, die Interpretationsmöglichkeiten sind vielfältig. Nach Kade (1994a), die sich auf VHS-Statistiken und Praxiserfahrungen beruft, sinken ab dem 65sten Lebensjahr die Teilnehmeranteile „in allen Bildungsinstitutionen rapide“ (ebd.: 139). Dabei wird vermutet, dass die Lernbereitschaft mit dem Lebensalter abnimmt. Koch-Straube (1992) mutmaßt dagegen, dass die Fokussierung der Altersbildungspraxis auf die ‚jungen Alten‘ eine Ausgrenzung der ‚alten Alten‘ begünstigt. Von einigen Autoren wird auch die These vom Rückzug im Alter (Disengagement im Sinne eines generellen Alterseffekts) zur Erklärung herangezogen. Steege (1992) hält hingegen einen Kohorteneffekt für entscheidend – „jede jüngere Geburtenkohorte ist jeweils bildungsfreudiger als die vorige“ (ebd.: 140). Durchschnittlich bessere Gesundheit, bessere Schulbildung und häufigere Weiterbildungserfahrungen könnten dem als weitere mögliche Kohorteneffekte hinzugefügt werden. Wahrscheinlich spielen auch alle diese Faktoren eine Rolle. Ihr Zusammenwirken wurde aber bislang nicht multivariat untersucht, so dass letztlich offen bleibt, worauf der beobachtbare Altersrückgang zurückzuführen ist. Schon für eine verlässliche Beschreibung der älteren Bildungsteilnehmer sind die bislang vorliegenden Daten in der Regel nicht ausreichend.

2.1.3 *Motive und Interessen*

Wirft man die Frage auf, wodurch das Interesse an Bildung im Alter bestimmt wird, eröffnet sich ein vielschichtiges Motiv- und Interessengemenge. Nach den bisherigen Forschungsergebnissen sind gleichermaßen individuelle und gesellschaftliche Aspekte ausschlaggebend, die nicht trennscharf voneinander geschieden werden können und die sich wechselseitig beeinflussen und verstärken.

Auch hinsichtlich der Bestimmung individueller Bildungsinteressen und -motive stellt sich aber das Problem, dass repräsentative Umfrageergebnisse so gut wie nicht vorliegen. Teilnehmerbefragungen beziehen sich meist auf spezifische bzw. konkrete Angebote und sind insofern nur schwer vergleich- und verallgemeinerbar. Vielfach werden Motive auch theoretisch aus der Lebenssituation älterer Menschen bzw. aus einem vermuteten Bildungsbedarf abgeleitet. In solche Spekulationen fließen dann gelegentlich normative Vorstellungen ein. Begriffliche Abgrenzungen etwa zwischen Interessen, Funktionen und Motiven oder zwischen dem Lernen an sich und der Teilnahme an Bildungsangeboten – dies fällt ja nicht zwingend zusammen – fehlen zumeist. Einige Autoren benennen einzelne Motive, Funktionen oder Interessen, andere bündeln diese nach systematischen Gesichtspunkten:[6]

---

6 Weitere Aspekte können auch den systematischen Übersichten des Angebotes (Kapitel 3) und dem folgenden Abschnitt zu fördernden und hemmenden Faktoren entnommen werden.

- Im Projekt „Aktiver Vorruhestand" wurden „Nachholen bzw. Ausgleich von erfahrenen Defiziten", „Suche nach Gemeinschaft" und „Gestaltung der persönlichen Freiheit" und Teilnahme zwecks „Bearbeitung einer umfassenden Sinnkrise" als Teilnahmegründe identifiziert (Nacke 1996: 108ff).
- Röhr-Sendlmeier (1990) befragte 1986/87 123 Personen aus Köln zwischen 58 und 92 Jahren nach ihren Motiven für Weiterbildung. 63 Prozent gaben an, „um auf dem laufenden zu bleiben, um bewusst und aktiv am Leben teilzuhaben", 41 Prozent der Befragten nannten „Fitbleiben, das Trainieren der Gehirnfunktionen" als Begründung (ebd.: 144).
- Nach Prahl/Schroeter (1996) sind hauptsächliche Beweggründe für eine Bildungsteilnahme „um am gesellschaftlichen Leben teilzuhaben, um soziale Gestaltungskraft zu entfalten, um sich auch in der nachberuflichen Phase sinnvoll betätigen zu können" (ebd.: 151).
- Kade (1994b) zufolge suchen Ältere Bildungsangebote auf, „um der Vereinzelung und dem Privatismus individueller Bildungsanstrengungen zu entkommen" (ebd.: 51).
- Nach Schlutz (1992: 21) eröffnet Bildung die Möglichkeit, etwas von der Zielstrebigkeit des Erwerbslebens fortzusetzen, eine herausfordernde Anstrengung auf sich zu nehmen, eine Zeitstruktur aufrechtzuerhalten oder wiederzugewinnen und sich selbst bestätigt zu finden.
- Lischka (1997) weist auf besondere Bildungsinteressen der älteren Menschen in den neuen Bundesländern aufgrund der veränderten sozialen Bedingungen hin: Hier besteht ein Bedarf nach bestimmten Bildungsinhalten, die früher praktisch nicht relevant waren oder erst jetzt besonders sinnvoll erscheinen (z.B. Völkerkunde und Sprachen).
- Sagebiel (1998) bündelt die vielfältigen Motive von Seniorenstudierenden nach „persönlichkeitsbildenden, wissenschaftlich-ökonomischen und altersbedingten Motiven" (ebd.: 81).
- Gösken et al. (1998: 138f) erwähnen eine Systematisierung nach Interessen: Demnach gibt es ein kompensatorisches Bildungsinteresse (für früher nicht erfüllbare Studienwünsche), ein sachorientiertes Bildungsinteresse (bezogen auf Gebiete wie Literatur, Geschichte etc.), ein personenorientiertes Bildungsinteresse (persönliche Orientierung, Lebenshilfe, Selbstverwirklichung), ein soziales Interesse (Wunsch nach Kontakten, nach Überwindung von Isolation, höheres Sozialprestige) und ein zielbezogenes Bildungsinteres-

se (auf einen formalen Abschluss orientiert, z.B. für eine quasiberufliche Tätigkeit).

- Tietgens (1992a: 64) spricht von „Motivbündelungen" älterer Menschen, die an VHS-Veranstaltungen teilnehmen. Als Gründe für die Nutzung dieser Angebote werden genannt: Eine Orientierung über Neues, dazu einen lockeren Austausch über gegenwärtige Erfahrungen und eine gelegentliche Erinnerung an gemeinsame Vergangenheiten; Zugang zu Informationen, die für die unmittelbare Daseinsbewältigung notwendig sind (z.B. Gesundheit und Recht); Möglichkeiten der Tätigkeit mit Anderen, die in ähnlicher Weise ein Bedürfnis nach Aktivität im begrenzten Rahmen haben und dazu auf Anstöße von außen angewiesen sind. Zu den weiteren Motiven gehört, sich ein bestimmtes Wissen/Können anzueignen, welches im bisherigen Lebenslauf nicht erworben werden konnte, sowie sich seiner selbst im Zusammentreffen mit anderen zu vergewissern.
- Tews (1993: 245) unterscheidet drei „motivationale Orientierungen": „Ich für mich", „Ich für mich mit anderen zusammen" und „Ich mit anderen zusammen für mich und für andere".

Die Palette ist also sehr vielfältig und ließe sich sogar noch erweitern – durch Bildung kann u.a. das Selbstbewusstsein gesteigert, ein gesünderes Altern und damit mehr Lebensfreude und ein längeres unabhängiges Leben erreicht werden. Bildung im Alter erfüllt zudem vergesellschaftende Funktionen (Kohli et al. 1993) wie etwa die Strukturierung von Zeit, die Konfrontation mit gesellschaftlichen Veränderungen und die Einbindung in soziale Interaktion und Kommunikation. Und selbst Weiterbildung mit Blick auf die Bedienung moderner Haushalts- und Kommunikationsgeräte kann für die Älteren hilfreich sein, sowohl im Sinne einer kompetenten Alltagsbewältigung als auch in Bezug auf die sozialen Beziehungen – etwa wenn die Enkel im Internet ‚surfen' und dies für die Großeltern kein ‚Buch mit sieben Siegeln' bleibt. Schließlich kann Bildung im Alter eine Erhöhung der Kompetenz im Umgang mit Krankheiten und alterstypischen Funktionseinbußen bedeuten (Kruse 1992b). Bildung im Alter steigert also offenbar auf verschiedensten Wegen die allgemeine Lebensqualität und kann daher auch als sozialpolitische Prävention betrachtet werden (Naegele 1991; Köster 1998). Zusätzlich zu einer Verbesserung der Lebensqualität – mit entsprechendem Potential für Kostenersparnisse bei der Versorgung und Betreuung Älterer – kann die Partizipation an Bildungsmaßnahmen im Alter das Bedürfnis nach ehrenamtlicher Tätigkeit entstehen lassen bzw. fördern, und bereits ehrenamtlich Tätige können weitere Qualifikationen durch gezielte Weiterbildung erlangen bzw. bestehende Kompetenzen erweitern. Diese Aspekte lassen also wiederum das gesellschaftliche Interesse an Bildung im Alter deutlich werden.[7]

Aus der Praxis ist zudem bekannt, dass ältere Frauen andere Bildungs- und Lerninhalte wählen als ältere Männer. Daraus lassen sich geschlechtsspezifische Bildungsinteressen und -motive ableiten (vgl. z.B. Tietgens 1992a; Becker/Rudolph 1994; Kade 1994b). Das Alter allein scheint jedenfalls kein hinreichend erklärender Faktor für die Interessen und Motive älterer Menschen. Auch im Alter sind Teilnahmemotive unterschiedlich und vielschichtig (Schneider 1993).

Grundsätzlich sind Motivanalysen für Bildungsanbieter von großem Interesse: Darauf aufbauend können Projektkonzepte genauer abgestimmt und begründet werden.[8] Zudem besteht die Hoffnung, auf solcher Grundlage durch gezielte Motivierung neue Teilnehmer gewinnen zu können. Schäffter (1992) weist allerdings darauf hin, dass die subjektiven Interessen, von denen her die Angebote ausgewählt und benutzt werden, oft reichlich diffus und ungeklärt sind. Auch Kolland (1992) merkt an, dass Bildungsmotive häufig unbewusst und latent bleiben. Der Besuch von Weiterbildungsveranstaltungen sei meist Bestandteil einer individuellen Suchbewegung: „Sie sind auf der Suche herauszufinden, was es zu suchen gibt" (Schäffter 1992: 92). Selbst in Bildungsberatungen bleiben Motive oft unbestimmt. Insofern erweist es sich als wenig sinnvoll, diesen Personenkreis nach besonderen Lerninteressen zu fragen. Wenn Motive noch ungeklärt sind oder zu intim erscheinen, würden vielmehr eher pragmatische Lerninteressen genannt. Becker/Rudolph (1994) hegen Zweifel, dass Bildungsinteressen und -motive von älteren Menschen problemlos abgefragt werden können. Praktische Erfahrungen hätten gezeigt, dass einigen Gruppen der Bevölkerung sowohl das Vorbringen als auch das Durchsetzen eigener Interessen keineswegs geläufig sei: „Die Vorstellung, dass Bedürfnisse nur in der Form ihrer aufgeklärten, d.h.

---

7 Wie an mehreren Stellen bereits angedeutet, lassen sich weitere Interessen in diesem Themenfeld ausmachen: neben den individuellen Bildungsinteressen der Älteren selbst auch die sozialpolitischen Interessen an einer hohen Partizipationsquote der Älteren im Bildungsbereich und die Interessen an spezifischen Qualifikationen von Seiten jener Organisationen, die auf das ehrenamtliche Engagement vor allem älterer Menschen angewiesen sind, darüber hinaus die Interessen der Anbieterorganisationen und nicht zuletzt die Interessen von Sozialwissenschaftlern und Pädagogen an Lehre und Forschung in neuen Tätigkeitsfeldern.

8 Von diesem durchaus üblichen Verfahren der Bildungseinrichtungen raten Percy/Withnall (1996) ab: Fließen Bildungs- und Lernmotivationen älterer Menschen in Angebotskonzeptionen ein, bestehe die Gefahr, die „Zugangsvoraussetzungen in einer bestimmten, restriktiven Richtung" zu forcieren (ebd.: 114). Sicher könnte eine strenge Ausrichtung des Angebotes an den ‚Mehrheitsinteressen' zu einer Diskriminierung eher ‚seltener' Interessenlagen führen, aber ein Angebot bar jeder empirisch fundierten Kenntnis kann in dieser Hinsicht wohl ebenso problematisch sein.

selbstsicheren Artikulation existieren, verrät eine mittelschichtspezifische Perspektive, der es schwer fällt, andere als reflektierte Äußerungs- und Entstehungsformen von Interessen wahrzunehmen" (ebd.: 196).

Diese Einwände sprechen allerdings nicht grundsätzlich gegen die Erhebung von Motiven. Sie machen lediglich deutlich, dass eine direkte und offene Frage nach der Teilnahmemotivation – etwa in einem Leitfadeninterview – in vielen Fällen wenig sinnvoll sein dürfte. Werden aber die Befragten mit einer Liste möglicher Motive konfrontiert, die nach persönlicher Bedeutsamkeit beurteilt werden sollen, so ist auch dort eine Entscheidung möglich, wo keine Klarheit über die eigene Motivation besteht oder diese spontan nicht formuliert werden kann.

2.1.4 *Fördernde und hemmende Faktoren*

Die Betrachtung der vielfältigen Motive und Interessen im vorherigen Abschnitt legt den Schluss nahe, dass Lernen und Bildung im Alter sehr sinnvoll und nützlich sein kann. Da die Bildungsteilnahme aber eher gering ausfällt, stellt sich insbesondere die Frage, welche Barrieren der Partizipation an Bildungsangeboten entgegenstehen können. Unterschieden werden können dabei hemmende Faktoren eher auf der individuellen (Nachfrage) oder der institutionellen Seite (Angebot).

Zu den „institutional barriers" (O'Hanlon/Camp/Osofsky 1995) bzw. situativen Hemmfaktoren (Lehr 1992) gehören neben einem generell fehlenden oder nicht zu den individuellen Interessen und Motiven passenden Angebot vor allem schlecht erreichbare Veranstaltungsorte, ungünstige Veranstaltungszeiten, zu hohe Teilnahmekosten sowie Teilnahmebeschränkungen auf konkrete Vereins- oder Verbandsmitgliedschaften (Kolland 1992). Frankenstein (1990) weist auch auf die „bürokratisch-rationale" Arbeitsweise der Institutionen mit Mindestteilnehmerzahl, Anmeldungsprozedere sowie mangelnder Kooperation und Koordination unter den verschiedenen Anbietern als hinderliche Faktoren hin. Daneben wird vermutet, die Bildungsbereitschaft sinke mit dem Verschulungsgrad einer Veranstaltung und erhöhe sich mit der Einbettung des zu Lernenden in den alltäglichen Lebenszusammenhang (Röhr-Sendlmeier 1990; Karl/Tokarski 1992). Barrieren werden auch im Mangel an ganzheitlichen Angeboten, die die Entwicklung von Lebensprojekten vorsehen, verortet: Institutionelle Anbieter trauen den Senioren nicht viel zu (Kalbermatten 1996: 197). Altersbildungsangebote können auch – etwas zugespitzt formuliert – als „bevormundende Lernzumutung" erlebt werden, die eine „intelligente Lernverweigerung" provozieren vermag (Schäffter 1999: 199).

Schließlich wird kritisiert, viele Angebote seien inhaltlich für ältere Menschen nicht attraktiv, selbst wenn sie objektiv betrachtet von großer

Bedeutung wären (Drinck 1990), zeitlich befristete Kurs- und Seminarangebote – sogenannte ‚Betonkurse' – verhinderten thematische Kontinuität und dauerhaften sozialen Kontakt (Kade, S. 1997), und die Heterogenität der Voraussetzungen sowie Interessen von Teilnehmenden könne zu Konflikten hinsichtlich des Lernverhaltens und letztlich zu Teilnehmerfluktuation führen (Gösken et al. 1998). Als Hindernis wird auch der Umstand verantwortlich gemacht, dass ein messbares Ergebnis (Zeugnis) „in den meisten Fällen von den Institutionen der Erwachsenen- und Altenbildung nicht erteilt wird" (Drinck 1990: 157).

Einige dieser Hemmfaktoren sind in gewisser Weise beeinflussbar und werden von Bildungsanbietern durchaus berücksichtigt. So schaffen telefonische Anmeldeverfahren oder die institutionelle Vernetzung der Anbieter mit gegenseitigem Weiterleiten von Nachfragern Abhilfe (O'Hanlon/Camp/Osofsky 1995). Der Aufbau von Netzwerken ermöglicht sowohl Bildungsanbietern als auch -nachfragern eine bessere Planung (Steege 1992). Gebäude mit nahe gelegenen Parkplätzen, Rampen und Aufzügen können verstärkt ausgewählt werden; spezielle Bildungsangebote können stärker als bisher von der „Komm-" zur „Bring-Struktur" (Karl 1988; Tews 1993) übergehen. Fahrdienste („Von Tür zu Tür") und tageszeitlich sinnvoll platzierte Kurse können ebenso Barrieren abbauen (Becker/Rudolph 1994). Ein breites Inhaltsangebot, das auch auf aktuelle Trends reagiert, gesonderte Zielgruppenarbeit, aber ebenso die Förderung von selbstorganisierten Aktivitäten in diesem Bereich unterstützen ebenfalls die Bildungsteilnahme (Lehr 1992). Die Methodenwahl – so wird vorgeschlagen – sollte sich mehr an den Bedürfnissen der Älteren orientieren, und kommunikationsfördernde Maßnahmen sollten in Bildungsangeboten stärker berücksichtigt werden (Röhr-Sendlmeier 1990; Browning 1995).

Auf der individuellen Seite fällt die Diskussion möglicher Barrieren noch vielfältiger aus. Die Erkenntnisse der Intelligenz-, Lern- und Gedächtnisforschung widersprechen zunächst dem verbreiteten Stereotyp von der generell geminderten Lern- und Weiterbildungsfähigkeit im Alter (vgl. Abschnitt 1.4). Dennoch kann dieses Stereotyp natürlich verhaltenswirksam sein: Die Existenz gesellschaftlicher Vorurteile gegenüber dem Lernen im Alter ist ein wesentliches Moment, das die individuelle Bildungsbereitschaft beeinflusst (Frankenstein 1990, Schiersmann 2000). Drinck (1990) vermutet, dass Gedächtnisschwund, Konzentrationsmangel u.ä. bei älteren Menschen eine „selffullfilling-prophecy" sei (ebd.: 149). Auf der anderen Seite warnt z.B. Tietgens (1992a) vor den möglichen Konsequenzen einer nunmehr uneingeschränkt optimistischen Beurteilung kognitiver Altersleistungen: „Mit der wissenschaftlichen Einsicht, dass die Lernfähigkeit im Alter nicht geringer, nur von einer anderen Art ist, ist zwar Richtiges erkannt, aber daraus die Aufforderung zur Altersaktivität abzuleiten, ist kurzschlüssig. Sie kann sehr leicht zu Minderwertigkeitsgefühlen" und damit zu Lernhemmungen führen (ebd.: 58). Auch Kalbermatten (1996) mahnt diesbezüglich vor überhöhten Erwartungen der Gesellschaft, die sich auf die individuelle Bildungsbereitschaft eher ungünstig auswirken können. Rosenmayr/Kolland (1992) wiederum schätzen die Folgen der von außen angetragenen Erwartungshaltungen ambivalent ein: Fremderwartungen können als Ermutigung oder Entmutigung auf den Prozess des Lernens wirken. Abwertende Fremderwartungen werden von sozial Schwächeren häufig zu Eigenerwartungen erhoben. Diese Ambivalenz gilt im Übrigen für viele der in der Literatur erwähnten Barrieren: Beispielsweise kann ein schlechter Gesundheitszustand eine Barriere, aber auch genau der Anlass bzw. das Motiv für eine Bildungstätigkeit sein. Eindimensionale Einschätzungen hierzu sind also mit Vorsicht zu behandeln.

Zu den „dispositional barriers" gehört jedenfalls eine negative Einstellung gegenüber dem Lernen im Alter: Fehlendes Selbstvertrauen in die eigene Leistungsfähigkeit oder der Glaube, zu alt zum Lernen zu sein, werden hierzu gezählt (O'Hanlon/Camp/Osofsky 1995). Es gibt bislang keine „Bildungstradition" für Ältere (Steege 1992), die Devise vom lebenslangen Lernen ist noch nicht sozial und kulturell verankert. Oft wird Lernen eher als etwas verstanden, das Personen betrifft, die belehrt werden müssen, die Lernen nötig haben. Ältere Menschen können daher Lernen als „wieder die Schulbank drücken müssen" begreifen und damit gewissermaßen einen Rückfall in abhängige und unselbständige Lebensphasen verbinden (Köster 1998: 140). Der Bildung im Alter kann auch die selbstkonstruierte Barriere entgegenstehen, eigentlich alles schon zu wissen und zu allen Problemen die Lösungswege bereits zu kennen (Kalbermatten 1996). Lernen kann im Alter auch Umlernen bedeuten, wobei vorhandene Kenntnisse in Frage gestellt werden müssen und wozu wiederum eine gewisse Bereitschaft existieren muss (Köster 1998).

Neben den sozialen Typisierungen des Alters und individuellen Altersbildern können auch andere Komponenten, wie z.B. der individuelle Gesundheitszustand, das konkrete soziale Umfeld, die Wohnsituation, die finanzielle Lage oder frühere Bildungserfahrungen zur Erklärung der Partizipation an Bildung im Alter beitragen (vgl. Lehr 1991; Real 1996). Lehr (1992) unterscheidet in diesem Zusammenhang biographische und epochale Hemmfaktoren (z.B. unangenehme Erfahrungen in der Schulsituation, Versagenserlebnisse, geringe Schul- und Berufsqualifikation, starke Familienzentriertheit während des ganzen Lebens), gesundheitsbedingte Hemmfaktoren (z.B. Einschränkungen der Sinnestüchtigkeit) und persönlichkeitsspezifische Hemmfaktoren (wie geringe intellektuelle Leistungsfähigkeit, eingeschränkter Interessenradius, geringe Anregbarkeit, Initiativlosigkeit und allgemeine Passivität, vor allem aber geringes Selbstvertrauen und ein negativ getöntes Selbstbild).

Empirische Daten hierzu liegen bisher jedoch kaum vor. Becker/Rudolph (1994) z.B. konnten mit qualitativen Interviews (n=22) nur einige dieser Barrieren finden: Die „Angst sich zu blamieren" (ebd.: 184), generelle Zweifel an der Sinnhaftigkeit von Bildung sowie Probleme mit den Veranstaltungszeiten und -orten wurden identifiziert. Ähnliches gilt für die fördernden Faktoren. Hier ist lediglich die Bedeutung vorgängiger (Weiter-)Bildungserfahrungen relativ unumstritten. Insofern die Biographie das Verhalten prägt, hat sie auch Lernfähigkeit, Motivierbarkeit und Bildungsinteresse mitbestimmt (Tietgens 1992a). Auch Karl/Tokarski (1992) sehen in der biographischen Verankerung von Lernen und Bildung einen entscheidenden Faktor: „Welche Erwachsenen an Kursen und Gruppen teilnehmen, hat wesentlich mit ihrer Lebensgeschichte, ihren Lebenszielen, dem vorherigen Beruf und den damit verbundenen Herausforderungen, Anregungen und Demotivierungen zu tun" (ebd.: 11). Empirische Befunde bestätigen die „Bildungskontinuitätsthese" wie auch das „Bildungs-Weiterbildungs-Syndrom" (Tews 1993: 235). Der Einfluss der Bildung wird z.B. von Mayer (1994) mit Hilfe der Lebensverlaufsstudie des Max-Planck-Institutes für Bildungsforschung nachgewiesen: „Es kann ferner als ein hoch gesichertes Ergebnis gelten, dass Bildungsaktivitäten im späteren Lebensverlauf am ehesten durch eine gute Allgemeinbildung gefördert werden" (ebd.: 531). Und im Rahmen der (nicht repräsentativen) Studie zum Dortmunder Modell wurde bei der Befragung von drei Studiengruppen des „Weiterbildenden Studiums" festgestellt, dass „weniger der erlangte allgemeinbildende Schulabschluss, als die Weiterbildungserfahrungen beruflicher und vor allem außerberuflicher Art entscheidende Einflussfaktoren für die Bildungsmotivation darstellen" (Becker/Rudolph 1994: 56). Auch einer Untersuchung von Veelken (1992a) zufolge entsteht das Bildungsbedürfnis während der beruflichen Zeit: Für viele Teilnehmer von Seminaren zur Vorbereitung auf Alter und Ruhestand war „Lernen immer schon ein Hobby" (ebd.: 77).

Dagegen stehen bildungsungewohnte Personen institutionellen Bildungsangeboten möglicherweise eher kritisch gegenüber, weil sie z.B. den Vergleich mit Teilnehmern scheuen, die über ausgeprägtere Bildungserfahrungen verfügen (Kruse/Rudinger 1997). Bildungsungewohnte, die meist aus sozial benachteiligten Bevölkerungsgruppen kommen, seien mit herkömmlichen Angeboten der Erwachsenen- und Altersbildung kaum zu erreichen (Stanjek/Steven 1992). Aus der Sicht solcher Gruppen erscheint Bildung unter Umständen als eine fremde Welt, die anderen Statusgruppen vorbehalten ist und in die einzutreten mit unwägbaren Risiken belastet ist (Rosenmayr/Kolland 1992).

Bildungsunterschiede können also über den Lebensverlauf hinweg eher zunehmen und durch Bildung im Alter noch verschärft werden (Mayer 1994; Naegele 1994). Um bestehende Ungleichheiten nicht zu vertiefen und zu verfestigen, könnten Korrekturen durch zielgruppenspezifische Bildungsförderung vorgenommen werden. Die Motivierung bildungsbenachteiligter älterer Menschen gehört schon seit den 70er Jahren zu den wesentlichen Aufgaben der Bildungs- und Altenpolitik (Frankenstein 1990; Naegele 1994). Verschiedene Projekte brachten positive Ergebnisse – bildungsungewohnte ältere Menschen werden offenbar zunehmend erreicht (vgl. Knopf 1987; Karl 1992a; Köster 1998). Wie sich diese Situation gegenwärtig darstellt, ist aber – wie bereits ausgeführt – eine weitgehend offene Frage.

2.2 Partizipation an Bildungsangeboten in der nachberuflichen Lebensphase: Eine Sekundäranalyse des Alters-Survey

Einige der hier aufgezeigten Forschungslücken konnten wir im Vorfeld der Angebots- und Nachfrageerhebungen durch eine Sekundäranalyse des Alters-Survey schließen. Dies betrifft zum einen die Beteiligungsquoten, für die der Alters-Survey erstmals Aussagen erlaubt, die für die ganze deutsche Bevölkerung – und nicht nur für einzelne Gruppen – repräsentativ sind, zum anderen eine nähere Charakterisierung der Teilnehmer an Bildungsangeboten in der nachberuflichen Lebensphase.

2.2.1 Datengrundlage und Methoden

Der Alters-Survey ist eine repräsentative Befragung der Geburtsjahrgänge 1911 bis 1956, die 1996 durchgeführt wurde.[9] Die Stichprobe wurde auf der Grundlage von Angaben der Einwohnermeldeämter aus 290 Gemeinden gezogen und nach Altersgruppen und Geschlecht geschichtet, so dass für beide Geschlechter der drei Altersgruppen der 40-54jährigen, der 55-69jährigen und der 70-85jährigen etwa gleich große Teilstichproben vorliegen. Nur so konnte eine ausreichende Fallzahl bei den über 70jährigen – und hier insbesondere bei den Männern – erzielt werden. Ein

---

9 Der Alters-Survey wurde unter der Leitung von Prof. Dr. Martin Kohli und Prof. Dr. Freya Dittmann-Kohli in Kooperation der Forschungsgruppe Altern und Lebenslauf (Berlin), der Forschungsgruppe Psychogerontologie (Nijmegen) und infas Sozialforschung (Bonn) durchgeführt und mit Mitteln des Bundesministeriums für Familie, Senioren, Frauen und Jugend (BMFSFJ) gefördert (vgl. Kohli/Künemund 2000b; Kohli et al. 2000; Dittmann-Kohli et al. 2001). Die Verantwortung für die folgenden Auswertungen liegt bei den Autoren.

Drittel der Stichprobe rekrutiert sich aus den neuen Bundesländern, zwei Drittel aus den alten. Diesem disproportionalen Stichprobenansatz wird durch eine entsprechende Gewichtung Rechnung getragen. Der Alters-Survey ist damit die erste wirklich repräsentative Datenquelle mit breitem Erhebungsprogramm für die deutsche Bevölkerung in der zweiten Lebenshälfte.

Im Alters-Survey wurden alle Personen gefragt, wie oft sie in den letzten zwölf Monaten Kurse oder Vorträge zur Fort- oder Weiterbildung besucht haben (für eine vollständige Dokumentation der Erhebungsinstrumente vgl. Dittmann-Kohli et al. 1997a). Die Antwortmöglichkeiten waren täglich, mehrmals in der Woche, einmal in der Woche, ein- bis dreimal im Monat, seltener und nie. Personen, die eine Partizipation in diesem Bereich angaben, wurden anschließend gefragt, ob sie dies meist allein oder gemeinsam mit anderen Personen (Partner/in, Verwandte, Freunde oder im Rahmen eines Vereins) tun. Neben dieser allgemein gehaltenen Frage wurden die über 50jährigen im Rahmen einer Erhebung der Partizipation an altersspezifischen Angeboten nach Teilnahme und ehrenamtlicher Tätigkeit in Seniorenuniversitäten, -akademien und Weiterbildungsgruppen gefragt. Schließlich wurden die Befragten aufgefordert anzugeben, ob sie in einem Verein, einer Gruppe oder einer Funktion in Zukunft stärker tätig sein wollen. Diese Frage wurde offen gestellt und bezog sich auf die zuvor aufgelisteten Gruppen, unter denen Seniorenuniversitäten, -akademien und Weiterbildungsgruppen genannt wurden.

Für die folgenden Auswertungen beschränken wir uns auf Personen, die zum Zeitpunkt der Befragung über 59 Jahre alt sind und sich in der nachberuflichen Lebensphase befinden (hauptberuflich Erwerbstätige und arbeitslos gemeldete Personen dieser Altersgruppe werden also ausgeschlossen). Bei Personen, die nie oder nur kurze Zeit erwerbstätig waren, ist die Entscheidung, welche von ihnen sich in der nachberuflichen Lebensphase befinden, weniger leicht zu treffen. Wir gehen hier davon aus, dass der Erwerbstatus des (Ehe-)Partners herangezogen werden kann, und schließen daher auch jene 60-85jährigen von den folgenden Analysen aus, deren (Ehe-)Partner noch voll erwerbstätig oder arbeitslos sind. Die folgenden Analysen basieren damit auf (ungewichtet) 2.062 Fällen.

2.2.2 *Ergebnisse*

Verglichen mit der öffentlichen Aufmerksamkeit, die den Seniorenakademien, Seniorenuniversitäten und Weiterbildungsgruppen Älterer gewidmet wird, handelt es sich um ausgesprochene Randphänomene – sie sind statistisch kaum nachweisbar. Nur 0,5 Prozent der 60-85jährigen, die sich in der nachberuflichen Lebensphase befinden, beteiligen sich an solchen Bildungsangeboten speziell für Ältere; eine hier ehrenamtlich tätige Person kommt in der Stichprobe überhaupt nicht vor. Auch was die Partizipationswünsche betrifft, stimmen die Daten des Alters-Survey eher skeptisch. Auf die offen gestellte Frage, in welchen Gruppen, Vereinen oder Verbänden sich die Befragten stärker engagieren wollen, nennt nur ein Einziger eine solche altersspezifische Gruppe.

Eine Partizipation an Bildungsangeboten insgesamt ist aber wesentlich häufiger. Von den 60-85jährigen Ruheständlern haben immerhin 14 Prozent in den letzten zwölf Monaten Kurse oder Vorträge besucht. Acht Prozent geben an, dies seltener als einmal im Monat zu tun, immerhin knapp sechs Prozent tun dies häufiger. Der Beteiligungsgrad der Frauen liegt geringfügig höher als jener der Männer (14,3 Prozent gegenüber 13,2 Prozent) und ist insgesamt im Osten Deutschlands geringer als im Westen (9,7 Prozent gegenüber 14,8 Prozent). Der Vergleich mit den Daten von Stadié (1987) ist zwar aufgrund des dort fehlenden Zeitrahmens in der Frageformulierung problematisch, aber einmal die Vergleichbarkeit unterstellt, deuten diese Anteile nicht in die Richtung einer Zunahme der Bildungsaktivitäten älterer Menschen in den letzten 15 Jahren. Die Zahl der älteren Teilnehmer mag in diesem Zeitraum aus demographischen Gründen gestiegen sein, der Anteil der Teilnehmer an der Bevölkerung dieses Alters ist es wohl eher nicht.

Um die Frage zu beantworten, wie die Bildungspartizipation im Alter mit individuellen Merkmalen wie Schul- und Berufsbildung, Familienstand oder Gesundheit zusammenhängt, vergleichen wir im Folgenden die Teilnehmer mit den übrigen Ruheständlern (vgl. Tabelle 2.1). Es zeigt sich, dass die Frauen aufgrund ihrer größeren Zahl unter den Teilnehmern mit 60,4 Prozent klar in der Mehrheit sind. Aber daraus darf nicht auf eine wesentlich höhere Beteiligungsquote geschlossen werden: Der Beteiligungsgrad der Frauen ist nur geringfügig höher als jener der Männer; der Unterschied liegt unterhalb der statistischen Signifikanzschwelle.

Hinsichtlich des Alters zeigen unsere Daten einen eindeutigen Zusammenhang: Im höheren Alter wird die Partizipation an Bildung zunehmend seltener. Ob es sich dabei um einen unmittelbar kausalen Zusammenhang handelt oder diese Korrelation auf einen anderen Faktor wie z.B. die gesundheitliche Situation zurückzuführen ist, kann freilich erst mit einer multivariaten Analyse entschieden werden.

In den neuen Bundesländern ist das Partizipationsniveau deutlich tiefer. Dies hängt offenbar nur zu einem sehr kleinen Teil mit deren vergleichsweise geringerer Siedlungsdichte zusammen: Zwar ist das Bildungsangebot in Großstädten sicher vielseitiger und die Partizipation dort (auch) aus diesem Grund etwas häufiger, aber der Zusammenhang zwischen den BIK-Regionen[10] und dem Besuch von Kursen und Vorträgen ist weder in den alten noch in den neuen Bundesländern statistisch signifikant. Man muss also auch unabhängig von der Siedlungsdichte von einer geringeren Beteiligung der Älteren in den neuen Bundesländern ausgehen.

Tabelle 2.1: Geschlecht, Alter und Region

	Teilnehmer (n=258)	Nicht-Teilnehmer (n=1804)
Geschlecht (n.s.: nicht signifikant)		
Männer	39,6 %	42,0 %
Frauen	60,4 %	58,0 %
Alter (p<.01)		
Arithmetisches Mittel (Bereich: 60-85 Jahre)	68,8	70,3
Standardabweichung	6,1	6,4
Region (p<.05)		
Westdeutschalnd	87,0 %	80,6 %
Ostdeutschland	13,0 %	19,4 %
BIK-Regionen (n.s.)		
Weniger as 2.000 Einwohner	8,6 %	9,8 %
2.000 bis unter 5.000 Einwohner	2,9 %	6,8 %
5.000 bis unter 20.000 Einwohner	13,6 %	17,7 %
20.000 bis unter 50.000 Einwohner	9,3 %	10,3 %
50.000 bis unter 100.000 Einwohner	4,9 %	4,5 %
100.000 bis unter 500.000 Einwohner	19,5 %	15,7 %
500.000 oder mehr Einwohner	41,2 %	35,3 %

Quelle: Alters-Survey 1996 (gewichtet).

Deutlicher ist der Zusammenhang mit dem Gesundheitszustand (vgl. Tabelle 2.2). Je schlechter der eigene Gesundheitszustand bewertet wird, desto unwahrscheinlicher ist der Besuch von Kursen oder Vorträgen. Dennoch nehmen auch Personen, die durch ihre Gesundheitssituation bei der Erfüllung alltäglicher Aufgaben – z.B. im Haushalt – erheblich behindert sind, solche Angebote in Anspruch; sie machen immerhin fast ein Zehntel der Teilnehmer aus. Dies setzt freilich voraus, dass die Veranstaltungsorte auch für diese Personen erreichbar sind.

Ledige, Geschiedene und getrennt Lebende besuchen deutlich häufiger Kurse und Vorträge als Verheiratete und Verwitwete. Es ist also nicht einfach das Fehlen eines Lebenspartners oder das Alleinleben, welches diese Unterschiede erklärt. Vielmehr scheint es sich um eine Differenz zwischen familienbezogenem und öffentlichkeitsbezogenem Lebensstil zu

10 Der BIK-Index ist eine Revision der *Bousted*-Klassifikation von Siedlungsgebieten nach Größe, Dichte und Struktur (vgl. allgemein zu diesen Indizes Hoffmeyer-Zlotnik 1994; speziell zur Konstruktion der BIK-Regionen BIK Aschpurwitz+Behrens 1992, 1993).

handeln. Möglicherweise verbergen sich dahinter aber auch komplexere Zusammenhänge z.B. mit dem Alter (die Verwitweten sind überwiegend älter) oder der Gesundheitssituation, deren Aufklärung wiederum eine multivariate Analyse voraussetzt.

Tabelle 2.2: Gesundheit und Familienstand

	Teilnehmer (n=258)	Nicht-Teilnehmer (n=1804)
Subjektive Bewertung des Gesundheitszustands (p<.01)		
Sehr gut	5,6 %	3,8 %
Gut	48,6 %	34,8 %
Mittel	37,5 %	41,9 %
Schlecht	6,3 %	16,4 %
Sehr schlecht	1,9 %	3,0 %
Behinderung durch Gesundheitszustand bei alltäglichen Aufgaben (p<.01)		
Überhaupt nicht	59,7 %	50,4 %
Ein wenig	28,9 %	32,1 %
Erheblich	9,8 %	17,5 %
Familienstand (p<.01)		
Verheiratet	58,2 %	62,6 %
Getrennt lebend	1,9 %	0,6 %
Geschieden	8,1 %	4,1 %
Verwitwet	22,6 %	28,7 %
Ledig	9,1 %	4,0 %
Lebenspartner vorhanden (n.s.)	61,2 %	64,6 %
Alleinlebend (n.s.)	36,0 %	31,2 %

Quelle: Alters-Survey 1996 (gewichtet).

Vorliegende Befunde haben wiederholt auf die zentrale Bedeutung der Bildung in früheren Lebensphasen für die Bildungspartizipation im Alter hingewiesen: Es sind überwiegend Personen mit höherer Schul- und Berufsausbildung, die Kurse oder Vorträge besuchen. Auch spätere Weiterbildungserfahrungen können sich positiv auf die Teilnahmebereitschaft auswirken. Bildung und Sozialisation im Lebenslauf stellt also einen Gesamtzusammenhang dar (Kohli 1991). Die Grundlagen für lebenslanges Lernen werden bereits in den frühen Bildungsphasen geschaffen. Dies hat auch zur Folge, dass Bildung im Alter die schon vorhandenen Ungleichheiten tendenziell verstärkt: besser Gebildete nehmen eher daran teil und lernen eher hinzu. Umso wichtiger ist es, die Partizipation bildungsungewohnter Schichten dadurch zu fördern, dass Bildungsangebote im Alter unter Aspekten einer „Bring-Struktur" (Karl 1988) konzipiert werden.

Der Alters-Survey bestätigt die große Bedeutung der Schul- und Berufsausbildung (vgl. Tabelle 2.3): Personen mit höherer Bildung nehmen diese Angebote weit überproportional häufig wahr. Dennoch hat fast die

Hälfte der Teilnehmer höchstens einen Volks- oder Hauptschulabschluss, und ebenfalls knapp die Hälfte hat lediglich eine Lehre oder gar keinen Berufsabschluss. Es ist also nicht so, dass *nur* Bessergebildete solche Angebote wahrnehmen, aber die Bildungsungleichheiten im Alter werden durch die gegenwärtigen Bildungsangebote für Ältere tatsächlich verstärkt.

Tabelle 2.3: Bildung und Einkommen

	Teilnehmer (n=258)	Nicht-Teilnehmer (n=1804)
Schulbildung (p<.01)		
Hilfs- oder Sonderschule	0,0 %	0,6 %
Volks- oder Hauptschulabschluss	46,2 %	75,5 %
Realschulabschluss (Mittlere Reife, Lyzeum)	27,8 %	11,9 %
Polytechnische Oberschule (8. Klasse)	1,7 %	2,9 %
Polytechnische Oberschule (10. Klasse)	1,2 %	1,0 %
Fachhochschulreife	2,0 %	1,2 %
Abitur, Hochschulreife, EOS	18,8 %	5,6 %
Anderen Abschluss	1,2 %	0,3 %
Keinen Schulabschluss	1,1 %	1,2 %
Berufsausbildung (p<.01)		
Teilfacharbeiter	1,1 %	3,1 %
Beruflich-betrieblich (Lehre)	30,5 %	36,8 %
Beruflich-schulisch (Fach-/Handelschule)	15,4 %	12,5 %
Fachschule, Meister-/Technikerschule	14,8 %	7,1 %
Fachhochschule	6,0 %	2,8 %
Hochschule	13,1 %	2,8 %
Andere	1,6 %	1,7 %
Keine Berufsausbildung	17,4 %	33,0 %
Äquivalenzeinkommen (p<.01)		
Arithmetisches Mittel	2.402,07	1.801,24
Standardabweichung	1.370,45	1.132,47
1. (unterstes) Quintil	11,5 %	21,2 %
2. Quintil	11,7 %	22,0 %
3. Quintil	14,2 %	20,7 %
4. Quintil	24,1 %	19,1 %
5. (oberstes) Quintil	38,5 %	17,0 %

Quelle: Alters-Survey 1996 (gewichtet).

Die soziale Ungleichheit in diesem Bereich wird besonders deutlich, wenn wir den Zusammenhang von Einkommen[11] und dem Besuch von Kursen oder Vorträgen betrachten: Im Durchschnitt haben die Teilnehmer ein um

11 Verwendet wird hier das Äquivalenzeinkommen, ein nach der Haushaltszusammensetzung bedarfsgewichtetes Haushaltseinkommen pro Kopf (vgl. allgemein Motel/Wagner 1993, zur Berechnung im Alters-Survey Motel/Künemund 1996 und Motel 2000).

mehr als 500 DM höheres Äquivalenzeinkommen. Fast 40 Prozent der Teilnehmer entstammen dem obersten Quintil der Einkommensverteilung, also den 20 Prozent ‚Bestverdienern'. Dies unterstreicht nochmals die hohe sozialpolitische Bedeutung von Bestrebungen, auch bildungsungewohnte Personen für Bildungsaktivitäten im Alter zu gewinnen (vgl. z.B. Karl 1988).

Tabelle 2.4: ‚Produktive' Tätigkeiten

	Teilnehmer (n=258)	Nicht-Teilnehmer (n=1804)
Erwerbstätigkeit im Ruhestand (p<.01)	8,4 %	3,2 %
Ehrenamtliches Engagement (p<.01)	17,2 %	7,7 %
Pflegetätigkeit (p<.01)	16,3 %	10,3 %
(Enkel-)Kinderbetreuung (n.s.)	27,1 %	22,6 %
Informelle Unterstützungsleistungen (p<.01)	33,6 %	22,8 %

Quelle: Alters-Survey 1996 (gewichtet).

Eine weitere eingangs skizzierte Frage betrifft die Weiterbildung für konkrete ‚produktive' Tätigkeiten wie z.B. Pflege und ehrenamtliches Engagement. Wie Tabelle 2.4 zeigt, sind Personen, die auch im Ruhestand noch einer Erwerbstätigkeit nachgehen oder ehrenamtlich tätig sind, unter den Teilnehmern überproportional häufig zu finden. Selbst Personen, die (mindestens) eine andere hilfe- oder pflegebedürftige Person betreuen, sind – obwohl sie über weniger Zeit verfügen – häufiger Besucher von Kursen und Vorträgen. Und allgemein unterstützen die Teilnehmer häufiger andere Personen wie z.B. Nachbarn instrumentell, und sie betreuen – wenn auch nicht signifikant – häufiger ihre Enkelkinder bzw. solche von Nachbarn, Freunden oder Bekannten. Auch wenn wir nicht wissen, ob die Weiterbildung konkret mit Blick auf diese Tätigkeitsfelder praktiziert wird, kann festgehalten werden, dass ein positiver Zusammenhang zwischen ‚produktiven' Tätigkeiten und Bildungsaktivitäten im Ruhestand besteht.

Eine Analyse ausschließlich auf der Grundlage der bisher dargestellten Kreuztabellen kann allerdings in die Irre führen, denn die hier betrachteten Zusammenhänge sind nicht unabhängig voneinander. Beispielsweise werden auch einige der produktiven Tätigkeiten deutlich häufiger von Personen mit höherer Schul- und Berufsausbildung, besserer Gesundheit usw. ausgeübt (vgl. Künemund 1999, 2001). Es wäre daher denkbar, dass sich die Stärke des Zusammenhangs zwischen dem Ausüben produktiver Tätigkeiten und dem Besuch von Kursen oder Vorträgen verringert, wenn wir diese anderen Variablen kontrollieren. Auch der Alterseffekt könnte auf die durchschnittlich schlechtere Gesundheit der Älteren oder deren durchschnittlich geringere Schul- oder Berufsausbildung zurückzuführen sein. Erst in einer multivariaten Betrachtung lassen sich solche Zusammenhänge klarer herausarbeiten. Im Folgenden wird daher anhand logistischer Regressionen[12] gezeigt, welche der hier untersuchten Variablen kontrolliert für die jeweils anderen Variablen einen Effekt auf die Wahrscheinlichkeit haben, Kurse oder Vorträge zu besuchen. In einem ersten Schritt werden die bereits bivariat betrachteten Merkmale (in zum Teil vereinfachenden Zusammenfassungen) in das Modell aufgenommen. In einem zweiten Schritt wird geprüft, ob die Partizipation im Bereich der produktiven Tätigkeiten kontrolliert für diese Variablen noch einen eigenständigen erklärenden Effekt auf den Besuch von Kursen oder Vorträgen hat. Die erste Spalte der Tabelle 2.5 gibt die bivariaten Zusammenhänge – also nicht kontrolliert für die anderen Variablen im Modell – wieder.

Grundsätzlich bestätigt die multivariate Analyse die bivariat ermittelten Ergebnisse: Mit Ausnahme des Geschlechts haben alle hier betrachteten Variablen einen signifikanten Einfluss auf die Bildungsbeteiligung. Ruheständler höheren Alters und solche aus den neuen Bundesländern besuchen deutlich seltener Kurse oder Vorträge als Jüngere und Ruheständler aus den alten Bundesländern; Ledige, Geschiedene und getrennt Lebende wiederum deutlich häufiger als Verheiratete und Verwitwete. Dass der Alterseffekt auch nach Berücksichtigung der übrigen Faktoren wie Gesundheit, Bildung, Einkommen und Familienstand signifikant bleibt, ist überraschend und bedarf einer weiteren Klärung. Offenbar gibt es mit zunehmendem Alter auch unabhängig von den individuellen Kapazitäten und der Verfügbarkeit von ökonomischen und kulturellem Kapital eine gewisse Tendenz zum Rückzug (‚Disengagement') von solchen Tätigkeiten.

Die Gesundheitssituation bleibt ebenfalls wirksam, wobei der Unterschied zwischen keiner und geringer gesundheitlicher Behinderung allerdings kaum ins Gewicht fällt und erst eine erhebliche Behinderung zu einem signifikanten Rückgang der Bildungspartizipation führt. Der Effekt der Gesundheitssituation wird bei Aufnahme der produktiven Tätigkeiten in das Modell etwas abgeschwächt, da die Gesundheitssituation auch für diese Tätigkeiten ein relevanter Prädiktor ist – beide Variab-

12 Logistische Regressionsmodelle ermöglichen für dichotome abhängige Variablen die Schätzung eines multivariaten Modells (vgl. Hosmer/Lemeshow 1989; DeMaris 1992). In der Tabelle werden (mit Ausnahme der Konstanten) die ‚odds-ratios' (Exponenten der Regressionskoeffizienten) wiedergegeben. Koeffizienten <1 bedeuten im Vergleich zur (mit 0 bezeichneten) Referenzgruppe eine geringere, Koeffizienten >1 eine höhere Wahrscheinlichkeit, Kurse oder Vorträge zu besuchen. Personen mit fehlenden Angaben in einer verwendeten Variablen (mit Ausnahme des Einkommens) wurden von der Berechnung ausgeschlossen. Starke, aber dennoch nicht oder nur mäßig signifikante Effekte verweisen auf geringe Fallzahlen (z.B. getrennt Lebende in diesem Modell: n=15).

len verlieren durch diese Korrelation etwas an Erklärungskraft, bleiben aber signifikant.

Tabelle 2.5: Logistische Regressionen

	Exp.(B) bivariat	Exp.(B) multivariat	
		Schritt 1	Schritt 2
Frauen (0 = Männer)	1,07	1,27	1,26
Alter	0,96***	0,96***	0,96***
Neue Bundesländer (0 = Alte Länder)	0,58***	0,61***	0,61***
Behinderung durch Gesundheit (0 = Überhaupt nicht)			
Ein wenig	0,80	0,94	0,93
Erheblich	0,50***	0,58**	0,65*
Familienstand (0 = Verheiratet)			
Getrennt lebend	2,72*	2,88*	2,68
Geschieden	2,03***	1,91**	1,97**
Verwitwet	0,83	0,94	0,96
Ledig	2,49***	1,77**	1,91**
Bildung (0 = Höchstens Volksschule ohne Ausbildungsabschluss)			
Max. Volksschule u. Ausbildung oder höhere Schulbildung ohne Ausbildung	1,97***	1,97***	71,96***
Höhere Schul- u. Ausbildung	7,17***	5,85***	5,64***
Äquivalenzeinkommen (0 = 1. und 2. Quintil)			
3. Quintil	1,36	1,26	1,24
4. und 5. (oberstes) Quintil	3,34***	2,08***	2,11***
Keine Einkommensangabe	1,62*	1,36	1,42
Min. eine der ‚produktiven' Tätigkeiten	1,95***	-	1,69***
Konstante (B)	-	-,13	-,94
Pseudo R^2 (McFadden)	-	,11	,12

*Quelle: Alters-Survey 1996 (n=1981, ungewichtet; *: p<.10, **: p<.05, *** p<.01).*

Als weitaus stärkster Prädiktor einer Partizipation an Bildungsangeboten im Ruhestand erweist sich das Bildungsniveau. Die Älteren, die auf eine höhere Schul- und Ausbildung zurückblicken können – also insbesondere die Hoch- und Fachhochschulabsolventen – haben eine deutlich höhere Wahrscheinlichkeit, Bildungsangebote zu nutzen, als diejenigen, die höchstens die Volksschule ohne Ausbildungsabschluss erreicht haben. Es steht also außer Frage, dass Bildungsungleichheiten durch den Besuch von Kursen oder Vorträgen derzeit eher verstärkt werden. Etwas weniger stark, aber immer noch gewichtig fällt der Effekt der Einkommenssituation aus. Die Ruheständler der oberen 40 Prozent der Einkommensverteilung haben – kontrolliert für die anderen Variablen – eine ebenfalls deutlich größere Wahrscheinlichkeit, Kurse und Vorträge zu besuchen, als jene der unteren 40 Prozent.[13]

13 Der Einfluss der Kategorie „keine Einkommensangabe" liegt erwartungsgemäß etwa auf dem Niveau desjenigen der mittleren Einkommen. Die Aufnahme dieser

Die Hinzunahme der Partizipation im Bereich der produktiven Tätigkeiten führt dennoch zu einer signifikanten Modellverbesserung (p<.01). Es ist also nicht so, dass die stärkere Partizipation dieser Personengruppe im Bildungsbereich nur indirekt durch ihre durchschnittlich bessere Gesundheit oder Schulbildung bedingt ist, sondern sie besuchen tatsächlich häufiger Kurse und Vorträge als die anderen Ruheständler.

Diese Ergebnisse geben somit erstmals eine gesicherte Grundlage für die Abschätzung des Einflusses jedes einzelnen der hier genannten Faktoren. Die uns zur Verfügung stehenden Querschnittsdaten erlauben es allerdings nicht, die Kausalrichtung dieser Zusammenhänge zu untersuchen, also zu klären, ob Bildungstätigkeiten zu einer höheren ‚Produktivität des Alters' führen oder umgekehrt z.B. ein ehrenamtliches Engagement zu einer verstärkten Bildungspartizipation anregt.

Die bisherigen Prognosen der zukünftigen Bildungsnachfrage von älteren Menschen fallen unterschiedlich aus. Manche Autoren (z.B. Eierdanz 1992; Dohmen 1997) schätzen die kommende Entwicklung eher skeptisch ein und warnen vor einer Altersbildungseuphorie: So habe sich gezeigt, dass trotz vieler Bemühungen auch im Jahr des lebenslangen Lernens die Motivation neuer Gruppen für die Teilnahme an Weiterbildungsveranstaltungen nicht wesentlich vorangekommen sei (Dohmen 1997). Ein ausdrückliches Lerninteresse könne bei der Gesamtheit der älteren Menschen nicht erwartet werden (Frankenstein 1990). Andere Autoren sind optimistischer und rechnen – bedingt durch Bildungsexpansion und ständig wachsende Anforderungen an berufliche Weiterbildung – mit einem steigenden Interesse an Bildung im Alter (z.B. Veelken 1992a; Mayer 1994). Im Vergleich zu früheren Kohorten wird das Ruhestandsalter mit zunehmend besserer Bildung, besserer Gesundheit und besserer materieller Absicherung erreicht. Dies wird sich – wenn die hier aufgezeigte Bedingungsstruktur weiter Geltung behält – positiv auf die Teilnahme an Bildung auswirken und zu einer erheblichen Steigerung der Partizipationsquoten führen.

Aussagen über die Interessen und Motive der Älteren an Bildung und eine Prognose der zukünftigen Entwicklung ihrer Teilnahmebereitschaft stellt die gesonderte Befragung Älterer durch infas (Schröder/Gilberg 2001, 2002) bereit. Dabei wurden im Sommer 1999 knapp 2.000 Personen zwischen 50 und 75 Jahren telefonisch nach ihrer Bildungsbeteiligung seit dem fünfzigsten Lebensjahr sowie speziell nach dem Besuch von entsprechenden Veranstaltungen in den letzten drei Jahren befragt. Dabei wurden – anders als bei der Frage im Alters-Survey – neben Kursen, Seminare, Vorträge auch z.B. Bildungsreisen einbezogen, und auch berufliche (Weiter-)Bildung konnte genannt werden. Demzufolge besuchten 18

Gruppe in das Modell soll lediglich verhindern, dass diese Fälle von der Berechnung ausgeschlossen werden müssen (n=218).

Prozent der Befragten mindestens eine nicht-beruflich bedingte Bildungsveranstaltung – ein Wert, der trotz des längeren Zeitrahmens, der jüngeren Befragtengruppe und auch des weiter gefassten Bildungsbegriffs nur geringfügig höher liegt, als der genannte Anteil des Alters-Survey (14 Prozent). Die Zusammenhänge mit Geschlecht, Alter, Schulbildung und der Ausübung von ehrenamtlichen Tätigkeiten weisen ebenfalls in die gleiche Richtung. Darüber hinaus wird deutlich, dass die Bildungsbeteiligung in den jüngeren Kohorten auch bei den nicht-beruflichen Angeboten höher liegt. Insofern weisen alle hier betrachteten Bedingungsfaktoren der Altersbildung in die Richtung einer zukünftig ansteigenden Partizipation.

Eine diesbezügliche Prognose bis zum Jahr 2015 geht aber auch schon allein aufgrund der demographischen Entwicklung von einem Anstieg der Nachfrage um knapp 20 Prozent der 50-75-Jährigen aus.[14] Werden zusätzlich die beobachtete Zunahme der Bildungsbeteiligung, die höhere Schulbildung usw. in Rechnung gestellt, steigt der prognostizierte Anteil sogar auf 40 bis 50 Prozent. Die mit Abstand stärksten Anstiege verzeichnen dabei zwar die 50-54-Jährigen, aber insgesamt könnten im Jahr 2015 demnach zwischen 6,7 und 8,7 Millionen Ältere zwischen 50 und 75 Jahren innerhalb von drei Jahren mindestens eine Bildungsveranstaltung besuchen – ein entsprechendes Angebot einmal vorausgesetzt (vgl. Schröder/Gilberg 2001: 134).

Über dieses Angebot war bislang allerdings nur wenig bekannt. Die im folgenden Kapitel präsentierten Ergebnisse stellen die erste systematische und repräsentative Erfassung des Angebots an Altersbildung in der Bundesrepublik dar.

---

14 Konkret erwartet infas ein Anstieg von 4,1 auf 4,9 Millionen Personen im Alter zwischen 50 und 75 Jahren, die innerhalb von drei Jahren mindesten eine Bildungsveranstaltung besuchen (vgl. Schröder/Gilberg 2002: 6).

3 Das Angebot

3.1 Entwicklungstendenzen und Innovationen in der gegenwärtigen Altersbildung

Eine repräsentative Beschreibung der gegenwärtigen Altersbildungspraxis war bisher nicht hinlänglich möglich. Zum einen fehlten verlässliche Daten über die konkreten Angebote, zum anderen ist die Praxis von vielerlei Ungleichzeitigkeiten geprägt: Neue Konzepte mit Modellcharakter existieren neben herkömmlich sozialpädagogisch ausgerichteten Bildungsangeboten, experimentelle Bildungsprojekte mit dem Anspruch der Selbstorganisation neben traditionellen Informationsveranstaltungen unterschiedlichster Anbieter. Erschwerend kommt hinzu, dass konkrete Aktivitäten unter verschiedenen Schlagworten thematisiert werden können (z.B. Selbsthilfe, Produktivität, Generationensolidarität), wobei die Begriffe unterschiedlich weit ausgelegt werden. Insgesamt ist „ein inflationärer Umgang mit dem Etikett Altersbildung zu beobachten: Jeder Seniorennachmittag mit Lichtbildervortrag, jeder Seniorentanznachmittag, jedes Gedächtnistraining wird flugs zu einer Veranstaltung der Altenbildung erklärt" (Eierdanz 1992: 168). Werden dann auch kleinste kognitive Bildungsprozesse berücksichtigt, könnte im Extremfall jede Tätigkeit im Alter auch unter dem Aspekt der Bildung thematisiert werden. Eine Übersicht zu Angebot und Teilnahme an Altersbildung wäre dann vollends unmöglich.

Wir haben eingangs erläutert, wie wir Altersbildung für unsere Zwecke operationalisieren. Der Vielfalt an (zumeist impliziten) Definitionen muss aber auch die vorliegende Untersuchung gerecht werden, will sie nicht weite Bereiche der Praxis ausklammern. Um die Breite dieses Spektrums zu verdeutlichen, wollen wir hier die wichtigsten Entwicklungstendenzen und Innovationen der gegenwärtigen Altersbildung unter einigen häufig verwendeten Schlagworten typisieren. Dabei greifen wir vor allem jene Schlagworte auf, mit denen in der Literatur ein Paradigmenwechsel in der Altersbildung behauptet wird.

Zu neuen Konzepten und innovativen Projekten in der Altersbildung ist eine große Anzahl von Berichten und Begleitforschungen vorhanden. Verbindliche Patentrezepte gibt es dabei offenbar nicht – vieles wird probiert, einiges gleich wieder verworfen. Dennoch lassen sich eine Reihe von Parallelen zwischen den unterschiedlichen Ansätzen erkennen und somit auch Entwicklungstrends bestimmen. Im Folgenden sollen konzeptionelle Gemeinsamkeiten, aber auch divergierende Positionen herausgestellt und darüber die wichtigsten aktuellen Entwicklungstendenzen in der Altersbildung aufgezeigt werden.

Teilnehmerbezug – Lebensweltbezug – Handlungsbezug

Die Kriterien Teilnehmer-, Lebenswelt- und Handlungsbezug gehören zu den übergeordneten Leitideen der neueren Altersbildungsdiskussion. Im Mittelpunkt der Bildungsprozesse sollen die Teilnehmer mit ihren konkreten Lebenssituationen, ihren individuellen Problemlagen und Bedürfnissen stehen. Bezugspunkt dieses Bildungsverständnisses sind also nicht abstrakte, von außen angetragene Anforderungen, sondern ausschließlich die teilnehmenden Personen selbst. Deren Biographie, Lebenswelt, Alltag und Erfahrungen sind eine programmatische Orientierung (Kade 1989; Eierdanz 1992; Kade 1994b; Kaiser 1994; Zeman 1997). Damit – so eine Hoffnung – werde Bildung tendenziell „zweckfrei" – nicht auf externe Verwertungszwecke ausgerichtet – und diene ausschließlich den Interessen der älteren Menschen und deren „Selbstfindung" im Alter (Geißler 1990; Eirmbter 1992). Und es wird letztlich zur Aufgabe der Älteren, Bildungssinn selbst zu definieren (Kade 1994b: 21).

Die klare Absage an normativ gesetzte Bildungsinhalte – und letztlich auch Bildungsformen – ist verbunden mit einer maßgeblichen Bedeutungsverschiebung: Es geht nicht mehr in erster Linie um Wissensvermittlung oder Belehrung, sondern vielmehr um „Selbstbildung" der Teilnehmenden (Veelken 1992a; Kaiser 1994; Nacke 1996). Subjektive Alltagserfahrungen, individuelle Ressourcen, Potentiale und vor allem Kompetenzen älterer Menschen treten in den Vordergrund (Olbrich 1992). Es werden Aspekte konkreter Handlungskontexte der Adressaten aufgegriffen, um „Handlungsfähigkeit zu sichern, wieder herzustellen oder weiterzuentwickeln" (Kaiser 1994: 58). In diesem Sinne verstehen z.B. auch Becker/Rudolph (1994) „handlungsorientierte Seniorenbildung" (ähnlich auch Kalbermatten 1996).

Zeitgemäße Altersbildung dient nach dieser Konzeption also weniger dem intellektuellen Konsum, sondern erklärtes Ziel ist nun die unterstützende Aktivierung der älteren Menschen (Frankenstein 1990; Fürstenberg 1990; Veelken 1992a; Becker/Rudolph 1994; Zeman 1997). Die Funktion der Professionellen in diesem Zusammenhang wäre z.B. Beratung, Begleitung und Moderation von Verständigungsprozessen über Lebenswelten (vgl. Veelken 1992a; Kade 1994b). Daraus ergibt sich natürlich eine gewisse Nähe zur sozialen Arbeit mit Älteren insgesamt: Altersbildung steht konzeptionell aber auch oft in der Tradition von Volks- oder Arbeiterbildung, weniger in der Tradition der Weiterbildung für primär berufliche Zwecke (Breloer 1997).

Erfahrungswissen – Produktivität

Die Orientierung an den Kriterien Erfahrung, Produktivität und Engagement gilt als richtungweisend für die zukünftige Entwicklung der Altersbildung. Beispielsweise soll Erfahrungswissen genutzt bzw. sollen den Berufskompetenzen älterer Menschen neue Wirkungsmöglichkeiten eröffnet werden. Berufliche Erfahrungen und Fähigkeiten sollen aus einem einseitigen ökonomischen Verwertungszusammenhang gelöst und neu produktiv eingesetzt werden (vgl. Becker/Rudolph 1994; Kade 1994b; Zeman 2000). Derartige Konzepte, die sich dem Kompetenzmodell verpflichtet fühlen, bieten dabei die Chance, Teilnehmer zu gewinnen, die bislang von den konventionellen Angeboten der Altersbildung nicht erreicht wurden (Becker/Rudolph 1994). Gerade der Funktions- und Sachbezug macht dieses Bildungsangebot insbesondere für ältere Männer attraktiv (Kade 1994b: 174).

Diese Nähe zur Diskussion um die ‚Produktivität des Alters' führt gelegentlich dazu, dass der Altersbildung eine exponierte Stellung im Bereich der Partizipation der Älteren zugesprochen wird: Voraussetzung für die Vermittlung und soziale Nutzung der Altersproduktivität sei, dass Initiativen und Orte geschaffen werden, die Anbieter und Interessenten zusammenbringen. Diese „Vernetzung der Produktivität im Alter ist Aufgabe von Bildungseinrichtungen" (ebd.: 179).

Viele der Projekte in diesem Zusammenhang sind keinesfalls neu, neu ist aber oft die starke Betonung des Bildungsaspekts. Neben dem Werkhaus-Konzept werden Seniorenbeiräte, Seniorenbüros, Handwerkerinitiativen, Stadtteilgruppen und einige ehrenamtliche Initiativen dazu gezählt (Kade 1994b; Zeman 1997). Dabei ist auffallend, wie vielfältig und weitreichend die möglichen Aktivitätsfelder und Inhaltsbereiche sein können. Das Konzept „Erfahrungswissen nutzen" bleibt so gesehen durchaus unscharf und setzt keine Entscheidung über (Bildungs-)Inhalte voraus (Knopf/Schmidt 1992).[15] Diese Offenheit des Experimentierens – „ein Gütesiegel von Praxis" (ebd.: 193) – entspricht der zeitgemäßen Forderung nach Selbstbestimmung und -gestaltung durch die Teilnehmenden.

Der bei älteren Menschen vermutete und vorausgesetzte Bedarf nach sinnvollem bzw. erfüllendem Einsatz lebenslang erworbener Kompetenzen korrespondiert mit allgemeinen Interessen: Freiwilliges Engagement von älteren Menschen ist zweifellos von gesellschaftlichem Nutzen. Insofern genießen auch derartige Projekte Förderung und Unterstützung. Dabei besteht jedoch die Gefahr, dass die öffentlichkeitswirksame Forcie-

15 Wie Knopf/Schmidt (1992) zu Recht feststellen, ist es für außenstehende Beobachter schwer, in derartigen Projekten das ‚emphatisch Neue' zu entdecken: Viele Aspekte erinnern frappant an die Konzepte der 70er Jahre, die speziell für sozial- und bildungsbenachteiligte ältere Menschen entwickelt wurden.

rung einer Altersproduktivität von den Adressaten als Zumutung und fremdbestimmte Verpflichtung erlebt wird. Explizite Appelle können kontraproduktiv sein und sich negativ auf die Teilnahmebereitschaft auswirken. Modellprojekte haben gezeigt, „dass Bedürfnisse nach sozialen Engagement bei älteren Menschen vorhanden sind, aber sie zeigen auch, wie behutsam daran angesetzt werden muss, will man sie stärken und ihre Umsetzung in gesellschaftliche Aktionsfelder fördern" (Zeman 1997: 281).

Selbstorganisation – Selbsthilfe

Das Prinzip der Selbstorganisation, das an die Potentiale der älteren Menschen anknüpft, wird als zentrales Gestaltungsmoment in der Altersbildung diskutiert. Die Förderung von selbstorganisierten Bildungsinitiativen gilt als eine konsequente Umsetzung des Teilnehmer- und Lebensweltbezuges. Aus den USA und England ist bekannt, dass selbstinitiierte und -organisierte Aktivitäten großen Zulauf durch die älteren Menschen finden (Mayer 1994; Donicht-Fluck 1998). In Deutschland sind derartige (Bildungs-)Projekte offenbar noch nicht allzu verbreitet, auch wenn eine steigende Tendenz vermutet wird (Naegele 1992).

Die Offerte von Projekten, die gänzlich ohne Vorstrukturierung durch die Anbieter auskommen, überlässt den Teilnehmern allein die inhaltliche und formale Gestaltung. Sie sind offen für die Interessen derer, die sie nutzen; diese Aktivitäten können zur „eigenen Sache" werden (Becker/Rudolph 1994). Eirmbter-Stolbrink (1994) z.B. berichtet von einer derartigen Modellmaßnahme, die in der Akademie für Senioren in Bernkastel-Kues durchgeführt wurde. Die vielfältigen Zielsetzungen von Altersbildung – etwa Förderung von Kompetenz und Engagement, gesellschaftlicher Partizipation und Integration usw. – werden hier sogar deutlich zurückgestellt: „Die Bildung ist in dieser Einrichtung lediglich dem sich bildenden alten Menschen zugeeignet, sie dient keiner sozialutilitären, keinen präventiven, keinen qualifikatorischen Funktionen, sondern nur der Bildung Älterer, ihren Interessen und Bedürfnissen selbst" (ebd.: 105). Dennoch zielen viele Initiativen explizit auf Selbsthilfe oder ehrenamtliches Engagement (Dettbarn-Reggentin 1992; Reggentin/Dettbarn-Reggentin 1992). Das Themen- und Interessenspektrum ist breit, Bildungsangebote sind dabei entweder der Projektidee untergeordnet, werden beiläufig angeboten oder aber als qualifizierender Anteil in das Projekt integriert (Naegele 1992).

Die Möglichkeiten selbstorganisierten Lernens sind meist ohne institutionelle Gegebenheiten nicht denkbar (Naegele 1994; Nuissl 1997; Dohmen 1999). Orientierung und Unterstützung bei der praktischen Umsetzung zu bieten, sei „kein Verstoß gegen das Leitbild der Selbstverantwortung der Älteren, nicht zuletzt deshalb, weil sie aus ihr gar nicht entlassen werden können" (Becker/Rudolph 1994: 196).[16] Becker/Rudolph (1995) mahnen allerdings auch an, dass das Konzept der Selbstorganisation nicht zum „Patentrezept für alle Fälle" und zum „unumstößlichen Dogma" erhoben werden darf, sondern als ein mögliches Anliegen unter vielen zu behandeln sei (ebd.: 121).

Altershomogenität – Altersheterogenität

Die Diskussion über altershomogene oder altersheterogene Lerngruppen zählt in der Praxis nicht zu den vordringlichen Problemen der Altersbildung, dennoch ist auffallend, wie häufig dieser Aspekt in den einschlägigen Publikationen Erwähnung findet. Gemäß dem Postulat der spezifischen Zielgruppenarbeit wären altershomogene Bildungsangebote eine folgerichtige, praktische Konsequenz. Auch nach dem Prinzip der effektiven Teilnehmerrekrutierung gilt es, an individuelle lebensgeschichtliche und lebensweltliche Bezüge anzuknüpfen und diese in curriculare Konzepte einzubeziehen. Bildung orientiert sich damit am praktizierten Leben der Älteren (Eirmbter 1992). Daneben argumentiert z.B. Malwitz-Schütte (1998): „Für die wissenschaftliche Weiterbildung älterer Erwachsener kann das kohortenzentrierte, Schlüsselereignisse berücksichtigende Konstrukt für die Planung von Kursen/Angeboten sehr fruchtbar sein, weil aufgrund der Kenntnis des zeitgeschichtlichen Hintergrunds eher eine gesicherte Prognose des Lernverhaltens bzw. der kognitiven Kompetenz definierter Alterskohorten möglich sein wird" (ebd.: 103).

Schlutz (1992) vermutet dagegen, dass Altersbildung als Zielgruppenarbeit indirekt der Entwicklung von „Alten-Ghettos" Vorschub leistet. Karl (1992b) vertritt – Bezug nehmend auf Trilling (1989) – die These, dass Altersbildungskonzepte „zum Prozess der Entsolidarisierung der Generationen beitragen, wenn ihr Ziel nicht die menschliche Kontaktförderung, sondern die isoliert gesehene Aufrechterhaltung der Selbständigkeit im Alter sein sollte" (Karl 1992b: 44). Und nach Eierdanz (1992) ist Weiterbildung „beinahe die einzige Instanz, die die Begegnung und den Diskurs der Generationen organisieren und begleiten kann" (ebd.: 192; vgl. auch Venth 1992). Aus solchen Argumenten leiten sich also Forderungen nach altersintegrierten Bildungsangeboten ab (vgl. Becker/Rudolph 1994; Kade 1994b; Naegele 1994; Steinhoff 1997). Einige Vertreter des altersintegrier-

16 Naegele (1994) und Köster (1998) warnen auch davor, die Bildungsarbeit allein den Betroffenen selbst oder sogenannten Berufssenioren zu überlassen: „Die geforderte Mitwirkung der Älteren (...) bedarf nicht ausschließlich in der Altersperspektive verhafteter Älterer" (Naegele 1994: 45), und für die Organisation und Planung von Bildungsprozessen könne „keinesfalls auf Professionalität verzichtet werden" (Köster 1998: 148).

ten Lernens plädieren sogar perspektivisch für die Auflösung der Altersbildung als isoliertem Bereich: „Von einer abgetrennten institutionell separat verankerten Altersbildung halte ich nichts. Sie bedeutet letztlich die Kapitulation vor der zunehmenden Tendenz der Generationenisolierung" (Koch-Straube 1992: 128).

Ob sich durch altersheterogene Lernansätze und Bildungsbemühungen tatsächlich das Verständnis zwischen den Generationen verbessert, bleibt abzuwarten. Solche Effekte werden in der Literatur „mehrfach behauptet, aber selten nachgewiesen" (Steinhoff 1997: 139). Vereinzelt werden sogar gegenteilige Effekte postuliert. Tews (1993) z.B. warnt vor Lernbarrieren bei Älteren durch die Anwesenheit von Jüngeren und Bildungsgewohnten; Becker/Rudolph (1994) raten von einer aufgezwungenen Konkurrenz mit Jüngeren ab. Generell dürfte die Entscheidung für altershomogene oder altersheterogene Gruppen stark von den Zielsetzungen und Inhalten der jeweils konkreten Veranstaltung abhängen.

3.2 Zur Angebotspraxis

Die bisherigen Ausführungen haben deutlich gemacht, mit welchen Schwierigkeiten eine schlüssige Auflistung der vorhandenen Bildungsangebote für ältere Menschen konfrontiert ist. Ein weiterer Punkt kommt hinzu: Seit den 80er Jahren hat sich ein Weiterbildungsmarkt entwickelt, der zunehmend von Verteilungskämpfen und Reprivatisierungstendenzen bestimmt wird und eine außerordentliche Pluralität von Bildungsofferten hervorgebracht hat (Faulstich 1997; Kade/Nittel 1998).[17] Parallel zu den öffentlichen und andern traditionellen Bildungsinstitutionen hat sich eine Fülle von neuen kommerziellen Anbietern etabliert, die neben „hochspezialisierten Angeboten auch entgrenzte und vermischte Angebote zwischen Kultur, Bildung, Begegnung, Geselligkeit, Bewegung, Unterhaltung und Kulinarik bereitstellen" (Seitter 1997: 318).[18] Diese Vervielfältigung des Bildungsangebotes und der zugrundliegenden Interessen, die sich in einer fortwährenden Ausdifferenzierung von Lernorten und Lerninhalten niederschlägt, bildet ein zusätzliches Hindernis für eine systematische Erfassung und Beschreibung der bestehenden Praxis.

---

17 Auch die Konkurrenz um knappe Gelder der öffentlichen Hand hat offenbar den Nebeneffekt, dass neue Bildungsangebote für ältere Menschen bereitgestellt werden: „Es entsteht nicht selten der Eindruck, dass im Bereich bestehender pädagogischer Einrichtungen Tätige in den Älteren und Alten ein willkommenes neues Klientel sehen, mit dessen Hilfe eine ansonsten drohende Reduktion ihrer Institution verhindert werden könnte" (Geißler 1990: 10).

18 Deren formale, inhaltliche und methodische Vielfalt lässt auch Rückschlüsse darauf zu, „wo es in der offiziell organisierten Bildung Leerstellen gibt" (Steffen 1999: 281).

Dies hat dazu geführt, dass über das Bildungsangebot für ältere Menschen repräsentatives, systematisches Material bisher nur in Ausschnitten vorhanden ist. Lediglich das universitäre Seniorenstudium ist gut dokumentiert (z.B. Neufeld 1995; Stadelhofer 1996; Saup 1997; Gösken et al. 1998; Graeßner 1998; Malwitz-Schütte 1998; Sagebiel/Arnold 1998; Seidel/Siebert 1998; Steinhoff/Lehmann-Rommel 1998). Viele Begleituntersuchungen – u.a. in Hannover, Bielefeld, Dortmund, Marburg, Oldenburg, Ulm und Frankfurt am Main – geben Auskunft über die unterschiedlichen Curricula und die Nutzer dieser Angebote (vgl. z.B. Eierdanz 1992).

Hingegen ist über die Angebote außeruniversitärer Einrichtungen – mit Ausnahme des Deutschen Volkshochschulverbandes – wenig bekannt. Auch von vielen traditionellen Institutionen – etwa den Kirchen, Parteien, Gewerkschaften und Verbänden der freien Wohlfahrtspflege – sind keine detaillierten Übersichten über ihre Altersbildungsangebote vorhanden. Es gibt zwar eine große Anzahl einzelner Projektberichte und Forschungsstudien zu einzelnen Altersbildungsmaßnahmen (z.B. Karl 1992a; Oberle/Tippelt 1992; Nacke 1996; Köster 1998), aber daraus lässt sich kein hinlänglich präzises und vollständiges Wissen über die derzeitige Altersbildungspraxis ableiten. Das kürzlich erschienene Handbuch zur Altenbildung (Becker et al. 2000) unternimmt deshalb den Versuch, sowohl das institutionelle Feld als auch die Anwendungsgebiete abzustecken. Außerdem liegen zwei Veröffentlichungen vor, die einen Überblick über innovative Tendenzen und Modellprojekte im Bereich der (Weiter-)Bildung für Ältere geben: Becker/Rudolph (1994) und Kade (1994b). In diesen Publikationen sind jedoch keine quantitativen Informationen über Angebot und Teilnehmer enthalten, und sie bleiben hinsichtlich der berücksichtigten Konzepte sehr selektiv.

Becker/Rudolph (1994) tragen unterschiedlichste Projekte zusammen, die die Handlungskompetenzen älterer Menschen erhalten, pflegen, weiterentwickeln und fördern. Neben universitären Modellen werden beispielsweise Wissensbörsen, Beratungsprojekte, Modelle zur Ausbildung für nachberufliche Tätigkeitsfelder oder Erzählcafés beschrieben. Systematische Unterschiede werden jedoch nicht explizit herausgearbeitet. Kade (1994b: 48ff) strukturiert die vielfältigen Angebote, die dem Kriterium Lebensweltbezug entsprechen, nach Lerndimensionen, die zugleich mit spezifischen Lern- und Handlungspotentialen verbunden sind: Sie unterscheidet das Lernfeld *Biographie* (Sinnfindung, biographische Kompetenz), das Lernfeld *Alltag* (die Bewältigung des Alltags im Dienste einer autonomen Lebensführung, lebenspraktische Kompetenz), das Lernfeld *Kreativität* (Selbstausdruck und Austausch mit anderen über einen kulturellen Bedeutungszusammenhang, kreative Kompetenz) und das Lernfeld *Produktivität* (sozialer Zweck, aufgabenbezogene Kompetenz). Diesen Dimensionen werden jeweils einige derzeit existierende Veranstaltungsangebote, die zum Teil detailliert beschrieben werden, zugeordnet.

Daneben finden sich in der Literatur einige andere Systematisierungsversuche, die jedoch nicht auf konkret vorhandene Projekte Bezug nehmen, sondern nur beispielhaft illustrierend die jeweiligen Klassifikationen begründen. Das Vorgehen ist dabei recht unterschiedlich: Meist dominieren entweder inhaltliche oder zielgruppenspezifische Kategorien. Über die Anzahl entsprechender Angebote oder die Anzahl der Teilnehmer liegen bei all diesen Ansätzen keinerlei Informationen vor.

Eierdanz (1992), Tietgens (1992a), Venth (1992) und Eirmbter-Stolbrink (1994) unterscheiden die Altersbildungspraxis vorrangig nach inhaltlichen Kriterien. Eirmbter-Stolbrinck z.B. typisiert die Angebote nach *erfahrungsorientierten* (Wissensbörsen, Dienstleistungen durch Ältere), *politisierenden* (Seniorenverbände, Interessenverbände), *kulturpädagogischen* (Stadtteilkulturen, -aktivitäten) und *ästhetisierend-kreativen* (Theater, Werkstätten) Merkmalen (ebd.: 101). Venth (1992) und Tietgens (1992a) differenzieren übereinstimmend vier verschiedene Angebotsvarianten: Gesellige Treffen, die mit Bildungsarbeit verbunden sind, systematisches Lernen Älterer unter sich, Möglichkeiten des Sich-Erprobens bei verschiedenen Tätigkeiten sowie Angebote, die thematisch auf die Lebensverhältnisse und die Probleme der Älteren Bezug nehmen. Auch dieser Gliederung fehlt jedoch eine methodische Stringenz; „Mischformen" (Tietgens 1992a: 67) sind nicht ausgeschlossen. Eierdanz (1992) wiederum ordnet das breite Spektrum der Altersbildung nach Inhalten und Zielsetzungen in sechs Bereiche:

- Altersbildung als Vermittlung von Kenntnissen vornehmlich über Alter und Altern,
- Gesprächskreise und Veranstaltungen mit kommunikativen Anteilen in altershomogenen Gruppen,
- Lernangebote speziell für Ältere,
- Vorbereitung auf Alter und Ruhestand,
- Vorbereitung Älterer auf nachberufliche Tätigkeiten,
- Allgemeine und politische Weiterbildung (ebd.: 178ff).

Naegele (1994) schlägt vor, die Bildungsangebote aufgrund der Nachfrageklientel zu systematisieren. Dabei unterscheidet er drei Gruppen: eine stärker berufsbezogene, eine stärker nachberufliche sowie eine dazwischenliegende Gruppen. Die Bildungsinhalte variieren entsprechend dieser Einteilung. Sind (Weiter-)Bildungsangebote, die auf Wiederaufnahme einer beruflichen Tätigkeit zielen, der ersten Gruppe zugeordnet, werden Bildungsangebote mit stärkerem Freizeit-, Altenhilfe- und explizit gesellschaftspolitischem Bezug (z.B. altersintegrierte Bildungsarbeit zum

Abbau von Generationenkonflikten) dem nachberuflichem Feld zugeordnet. Der dazwischen liegenden Gruppe werden Angebote mit Lebensweltbezug, Teilnehmer- und Erfahrungsorientierung zugeschlagen (ebd.: 40).

Schäuble (1995) gliedert außeruniversitäre Bildungsangebote für Ältere nach den Funktionen im Sinne einzelner gerontologischer Ansätze. Auch diese Typologie nimmt keinen Bezug auf die institutionellen Träger, sondern auf die Inhalte der Bildungsangebote und die anvisierten Zielgruppen. Unter den *traditionellen Ansatz* von Betreuung, Unterhaltung und Beschäftigung von Älteren fallen beispielsweise Dia-, Gesangs-, Musik- und andere Vorträge, die primär in Altentages- und Begegnungsstätten, Altenclubs, Altenheimen, Einrichtungen der Wohlfahrtsverbände, Vereinen und Kirchen angeboten werden. Diese zielten vor allem auf „alte Alte, d.h. eher eingeschränkte Selbstkompetenz, untere Lebenslagengruppen, sozial Benachteiligte, bildungsferne, bildungsentwöhnte und bildungsbenachteiligte Teilnehmende“ (ebd.: 241). Bildungsangebote, die dem *kognitiven Ansatz* zugeordnet werden, also auf Informations- und Wissensvermittlung abzielen, bieten Themen wie beispielsweise Erb- und Rentenrecht, Ernährung, Gesundheit, Geschichte des Alters, technische und soziale Neuerungen sowie politisches Geschehen an. Unternehmen, Volkshochschulen, Universitäten, Akademien, freie Bildungsträger und Wohlfahrtsverbände stellen solche Angebote primär für „junge Alte“, „Bildungshungrige“ und aktive Ältere bereit (ebd.: 242). Dem *Aktivierungsansatz*, der Hilfe zur Selbsthilfe und Eigentätigkeit aktivieren will, werden Angebote beispielsweise zum Umgang mit neuen Haushaltsgeräten, neuen Techniken oder zum Erlernen der Strukturierung der Zeit nach eigenen Interessen zugeschlagen. Diese Angebote gibt es von allen Veranstaltern mit altenspezifischen Bildungsabteilungen. Sie sollen alle älteren Menschen ansprechen, jedoch bevorzugt diejenigen, die zur selbständigen Lebensführung in der Lage sind. Die vierte Kategorie bilden Angebote nach dem *Biographie- und Identitätsansatz*, bei dem Themen aller Art (z.B. Ökologie, Politik oder Rollenproblematik) mit Bezug zur eigenen persönlichen Geschichte bearbeitet werden. Akademien, Volkshochschulen, ambulante und teilstationäre Dienste, Altenheime und private Veranstalter bieten dieses Programm allen Altersgruppen an (ebd.: 248). Einen neueren *Erlebnisansatz* schließlich, bei dem mit Hilfe von erlebnisorientierter Bildung z.B. durch Natursportarten wie Bergtouren oder Trekking Bewusstsein und Lebenssinn gefunden und gestärkt werden soll, identifiziert Schäuble bei (alternativen) Seminarhäusern. Zielgruppe sind alle (mobilen) älteren Menschen (ebd.: 251).

Solche Systematisierungsansätze bieten eine gewisse Orientierung, eine trennscharfe Zuordnung von konkreten Gruppen ist aber nicht immer möglich. Einen Ausweg aus diesem Dilemma kann ein gröberes Vorgehen bieten. So findet sich bei Dohmen (1997) eine Systematik, die – in Rückgriff auf das „nordische Modell" (eine Typologie, die sich in den skandinavischen Ländern durchgesetzt habe) – nach den Formen des Lernens unterscheidet: das *formale* Lernen (organisiert, strukturiert, mit Examen abschließend und Berechtigungen vermittelnd), das *nonformale* Lernen (organisiert und strukturiert, aber nicht auf formal Abschlüsse und Berechtigungen bezogen) und das *informelle* Lernen (offen, unorganisiert, unstrukturiert) (ebd.: 19). Eine solche Struktur ist sowohl für divergierende Lerninhalte und Lernziele, verschiedene Lernorte, alternative Didaktiken als auch für unterschiedliche Teilnehmergruppen relativ offen.

Auch über diese Angebotstypen fehlen bisher jegliche quantitative Aussagen. In der Literatur lassen sich nur vereinzelte und vage Einschätzungen finden, die zum Teil widersprüchlich ausfallen. Einige Autoren (Eirmbter-Stolbrink 1994; Kade 1994b; Köster 1998) diagnostizieren z.B. ein großes Bildungsangebot im betreuerischen und sozialpädagogischen Bereich: „Kennzeichnend ist, dass das Programmangebot bis heute mehrheitlich durch Betreuung, Belehrung und Training bestimmt wird" (Kade 1994b: 19). Naegele (1994) zufolge zielen hingegen „die meisten Angebote der Altenbildung auf die Befriedigung von Freizeit- und kulturellen Interessen" (ebd.: 44). Bildungsangebote, die dem Prinzip des lebenslangen Lernens verpflichtet wären (Eirmbter-Stolbrink 1994) oder die lebensweltorientierte Perspektive beachten, sind bislang aber wohl nicht in der Mehrheit (Kade 1994b).

Andere Autoren (Koch-Straube 1992; Mayer 1994; Naegele 1994) weisen darauf hin, dass die derzeitige Altersbildungspraxis nur mangelhaft die alten Alten berücksichtige: Bildungsangebote „mit stärkerem Altenhilfebezug, also mit Kriseninterventionsfunktionen, (sind) stark unterentwickelt" (Naegele 1994: 44). Eierdanz (1992) nimmt an, dass sich die speziellen Bildungsangebote, die der Vorbereitung auf Alter und Ruhestand dienen, in der Praxis nicht bewährt hätten und aufgrund der geringen Nachfrage zusehends eingeschränkt würden; Naegele (1992) fordert gerade auf diesem Gebiet – basierend auf einer vermutet hohen Nachfrage – den stärkeren Ausbau des Angebotes.

Über die Verbreitung von selbstorganisierten Bildungsinitiativen gibt es bisher ebenfalls kein gesichertes Wissen. Die Forderung nach der Unterstützung derartiger Bildungsangebote ist jüngeren Datums (Mayer 1994; Dohmen 1997), und es kann noch kaum abgeschätzt werden, welche Akzeptanz sowohl bei Anbietern als auch bei Nachfragern derzeit tatsächlich besteht. Ebenso wenig lassen sich Aussagen darüber treffen, in welchem konkreten Ausmaß sich die mannigfaltigen Impulse in Gestalt konzeptioneller Vorschläge und Forderungen in der Praxis der gegenwärtigen Altersbildung niederschlagen und bewähren. In vielen Fällen liegt der Verdacht nahe, dass die Kluft zwischen Konzepten und praktischer Umsetzung noch längst nicht überbrückt ist.

3.3 Die Angebotserhebung: Datengrundlage und Methoden

Die Ausgangslage für unsere Angebotserhebung ist damit sehr anspruchsvoll: Das Feld ist konzeptuell über-, aber empirisch unterdeterminiert. Da die Grundgesamtheit der Bildungsanbieter unbekannt war, konnte keine entsprechende Stichprobe gezogen werden, sondern es musste zunächst eine solche Grundgesamtheit ermittelt werden. Die quantitative Erhebung des Bildungsangebotes für ältere Menschen erfolgte daher in zwei Schritten. Zunächst wurden potentielle Altersbildungsanbieter in den von infas ausgewählten 150 Gemeinden recherchiert und telefonisch zwecks Abklärung des faktischen Angebotes kontaktiert. Danach wurden die so ermittelten faktischen Anbieter schriftlich-postalisch befragt.

3.3.1 *Die telefonische Erhebung*

Für die Auswahl der Untersuchungsgruppe im Feld waren zwei Kriterien relevant: Zielgruppenspezifik (für Menschen in der nachberuflichen Lebensphase) und vorhandenes Bildungsangebot im außeruniversitären Rahmen (kleinster Nenner: regelmäßig angebotene Einzelveranstaltungen wie z.B. Vorträge).[19] Entsprechende Angebote sind nicht nur in Bildungs- und Senioreneinrichtungen zu finden, sondern auch bei Trägern, deren vordergründige Aufgaben weder im Bildungs- noch im Seniorensektor liegen (z.B. Parteien, Gewerkschaften, Stiftungen). Da für unsere Untersuchung ein Schwerpunkt auf den neuen Formen selbstorganisierter Bildungsaktivitäten – insbesondere Seniorenakademien – liegt, wurden über die Gemeindestichprobe hinaus möglichst alle weiteren derartigen Ein-

19 Bildungsangebote, die allen Altersgruppen offen stehen, wurden nicht aufgenommen, da es sich nicht speziell um Bildung für Ältere handelt. Während aus der Sicht der Teilnehmer auch dort von Altenbildung gesprochen werden kann, wo eine ältere Person einen normalen Sprachkurs an einer entsprechenden Sprachenschule besucht oder an einer normalen Bildungsreise teilnimmt, ist dies aus der Perspektive der Anbieter weder sinnvoll noch praktikabel, sollen unter dem Etikett Altersbildung nicht sämtliche Angebote erfasst werden, von denen Ältere nicht explizit ausgeschlossen werden. Anbieter, die mit Nachdruck generationsübergreifendes Lernen präferieren, aber in diesem Kontext der Altersbildung zugerechnet werden können, wurden aber einbezogen (zur Abgrenzung der Begriffe Bildung und Alter vgl. Abschnitt 1.1).

richtungen ermittelt. Den Seniorenakademien gilt ein gesonderter Untersuchungsteil (Kapitel 4).

Im Vorfeld der telefonischen Erhebung wurden für die Ermittlung von potentiellen Altersbildungsanbietern verschiedene Medien genutzt. Größtenteils konnten relevante Adressen über Telefon-CD-ROM ermittelt werden (DT-Info, Deutsche Telekom). Dabei wurde insbesondere nach folgenden Schlagwörtern in den entsprechenden Gemeinden gesucht: *Senior, Bildung, Lernen, Alte, Wissen* und *Akademie.* Für die Suche von Volkshochschulen erwies sich zudem das Internet als hilfreich (z.B. www.die-frankfurt.de). Ferner wurden das Taschenbuch des Öffentlichen Lebens (Oeckl 1998) und das Deutsche Handbuch der Erwachsenenbildung (Hacker/Olzog 1998) hinzugezogen. Der auf diesen Wegen gewonnene Adressenpool potentieller Anbieter war die Ausgangsbasis für die telefonische Kontaktierung.

Während der telefonischen Erhebung wurden zusätzlich regionale Adressensammlungen und Informationsbroschüren bei folgenden Einrichtungen – soweit in den Gemeinden vorhanden bzw. erreichbar – akquiriert: *Seniorenbüros, Seniorenbeirat, Seniorenberatung, Seniorenbeauftragte* und *Sozialamt.* Nach den ersten telefonischen Gesprächen zeichnete sich ab, dass die *Wohlfahrtsverbände* (insbesondere *DRK, AWO, DPWV, Caritas, Diakonie, Volkssolidarität*) und *Kirchen* häufig Angebote offerieren. Entsprechend wurde nach diesen Schlagwörtern erneut über Telefon-CD-ROM recherchiert. Um mögliche Lücken der Ermittlung zu schließen und um insbesondere selbstorganisierte Projekte zu finden, wurde zudem nach dem Schneeballprinzip verfahren, d.h. die kontaktierten Einrichtungen wurden jeweils gefragt, ob im entsprechenden regionalen Umfeld solche Anbieter existieren. Insbesondere in kleinen Gemeinden (unter 2.000 Einwohner), in denen keine oder nur sehr wenige potentielle Anbieter per CD-ROM ermittelt werden konnten, zählten die Gemeindeverwaltung und/oder die Bürgermeister zu den ersten Kontaktadressen.

Die so ermittelten potentiellen Anbieter von Bildungsmaßnahmen für Ältere wurden vollständig telefonisch kontaktiert, um das tatsächliche Angebot an Bildung für Ältere zu identifizieren. Die telefonische Erhebung wurde in den Monaten Mai bis August 1999 durchgeführt. Da sich der Erhebungszeitraum partiell mit den Schulferien einzelner Bundesländer überschnitt, war die telefonische Erreichbarkeit einiger Anbieter schlecht. Dies erhöhte den Aufwand der Kontaktaufnahme. Auch konnte nicht immer mit den zuständigen Personen direkt gesprochen werden, sondern es musste gelegentlich auf stellvertretende Auskünfte zurückgegriffen bzw. vertraut werden. In dieser Phase wurden ca. 2.200 potentielle Anbieter von Altersbildung kontaktiert. Die telefonischen Gespräche waren durch einen Leitfaden strukturiert (vgl. Anhang). Etwa die Hälfte der recherchierten Adressen erwies sich im Sinne der Untersuchungseinheit als unzutreffend, d.h. bei diesen Anbietern fand sich entweder kein Bildungs- oder kein entsprechendes Zielgruppenangebot.

Grundsätzlich war ein beachtliches Interesse an der Untersuchung und eine große Teilnahmebereitschaft bei den Anbietern zu verzeichnen. Die Telefonate gestalteten sich oftmals als ausgeprägte ‚Experteninterviews'. Vielfach wurde der Wunsch geäußert, über die abschließenden Ergebnisse informiert zu werden. Nur in seltenen Fällen gab es Skepsis gegenüber dem Forschungsvorhaben,[20] in wenigen Ausnahmen (fünf Fälle) wurde die Beteiligung schon im Vorfeld verweigert. Allerdings kündigten einige ehrenamtlich geleitete Einrichtungen und Projekte an, aufgrund von Arbeitsüberlastungen möglicherweise den Fragebogen nicht beantworten zu können.

Die Suche nach weiteren, insbesondere kleinen und selbstorganisierten Projekten bzw. Angeboten mittels des ‚Schneeballprinzips' erwies sich als sinnvoller und praktikabler Rechercheweg. Die Effizienz dieses Vorgehens war dabei abhängig vom Vernetzungsgrad der Bildungs- und Seniorenarbeit in den entsprechenden Gemeinden. Aufgrund der beachtlichen Kooperations- und Unterstützungsbereitschaft der kontaktierten Anbieter konnten vielfach Angebote erfasst werden, die mit einschlägigen Adressdateien nicht zu ermitteln waren.[21] Gelegentlich ließen sich Kontaktpersonen finden, die für bestimmte Bereiche oder Institutionen (z.B. einen Wohlfahrtsverband) einer Gemeinde eine zentrale Verteilung der Fragebögen übernehmen konnten.

Unsere Vermutung, dass das Spektrum der Altersbildungspraxis sehr stark ausdifferenziert ist, bestätigte sich während der telefonischen Erhebung: Die Bandbreite reicht von hochspezialisierten bis hin zu eher ‚niedrigschwelligen' Angeboten,[22] von Einzelgruppen bis hin zu Großeinrichtungen mit jährlichen Teilnehmerzahlen von über 200.000 älteren Menschen, von ausschließlich öffentlich geförderten bis hin zu rein kommerziell arbeitenden Einrichtungen. Entsprechend zeigten sich bereits hier mannigfaltige Unterschiede bezüglich der Organisationsstrukturen, der angebotenen Themenschwerpunkte und der Veranstaltungsformen.

---

20 Zum einen handelte es sich um generelle Vorbehalte gegenüber der Forschung und deren praxisrelevantem Nutzen, zum anderen gab es Befürchtungen, dass Interna abgefragt würden, die nicht an die Öffentlichkeit gelangen sollten. Nicht immer half der Hinweis auf die streng vertrauliche Behandlung der Angaben.

21 Auf diesem Wege wurden beispielsweise auch zuständige Volkshochschulen in ländlichen Gebieten recherchiert, die aufgrund von CD-ROM- und Internetrecherche oft nicht eindeutig den Gemeinden der Stichprobe zugeordnet werden konnten (Zweck- und Kreisverbände der Volkshochschulen).

22 Vermischte Angebote, die primär der Kommunikation und Geselligkeit dienen, aber auch Bildungsaspekte beinhalten.

Tabelle 3.1: Anbieter nach Bundesländern

Bundesland	Anzahl der ermittelten Anbieter
Schleswig-Holstein	35
Hamburg	77
Niedersachsen	66
Bremen	19
Nordrhein-Westfalen	374
Hessen	81
Rheinland-Pfalz	29
Baden-Württemberg	98
Bayern	108
Saarland	19
Berlin	166
Brandenburg	37
Mecklenburg-Vorpommern	29
Sachsen	51
Sachsen-Anhalt	23
Thüringen	35
Gesamt	1247

Quelle: Bildung im Alter – Anbietererhebung 1999.

Insgesamt konnten 1.247 Anbieter in den 150 Gemeinden identifiziert werden. Neben den regionalen Anbietern wurden dabei vereinzelt auch überregionale Anbieter einbezogen (z.B. Landeszentralen für politische Bildung, Stiftungen und Gewerkschaftsverbände), die jedoch – wie auch die 17 weiteren Seniorenakademien außerhalb der 150 Gemeinden – nicht in die eigentliche Stichprobe eingingen. Tabelle 3.1 zeigt die Verteilung der Anbieter nach Bundesländern.

3.3.2 *Die schriftlich-postalische Erhebung*

Im zweiten Untersuchungsschritt wurden jene Anbieter, die Bildung für ältere Menschen offerieren, mit einem standardisierten schriftlichen Instrument befragt. Diese schriftlich-postalische Befragung hatte im Wesentlichen zwei zentrale Aufgaben zu leisten: die Erfassung der *gegenwärtigen* Praxis der Altersbildung und die Erhebung der *zukünftigen* Planungen in diesem Bereich. Zum einen sollten grundlegende Kenntnisse über Ausmaß und Gestaltung dieser zielgruppenspezifischen Bildungsarbeit erhoben werden und zum anderen Trends der Angebotsentwicklung.

Der Fragebogen deckt eine Reihe von Grundfragen zum Angebot ab: zu den Inhalten und Formen des Angebotes (Themenschwerpunkte, Veranstaltungsformen, Häufigkeit und Auslastung des Angebotes), den Adressaten und Teilnehmenden der jeweiligen Angebote sowie zum Arbeits-

und Organisationsprofil des Anbieters (Arbeitsschwerpunkte, personelle und finanzielle Ausstattung sowie gegebenenfalls Trägerschaften). Zu den Hypothesen der Untersuchung zählte, dass die bislang eher gering einzuschätzende Bildungsteilnahme älterer Menschen auch auf institutionelle Barrieren zurückzuführen ist (vgl. Abschnitt 2.1.4). In diesem Zusammenhang wurden folgende Aspekte erhoben: Veranstaltungszeiten, Erreichbarkeit der Veranstaltungsorte, Voraussetzung für die Teilnahme (z.B. Mitgliedschaft), Gebühren bzw. Kosten der Veranstaltungen, Erteilung von Zertifikaten bzw. Abschlüssen sowie Art der Bekanntmachung des Angebotes. Darüber hinaus wurden Fragestellungen entwickelt, die Auskünfte hinsichtlich des Vernetzungsgrades und der systematischen Unterscheidbarkeit der Angebote einholten (vgl. den vollständigen Fragebogen im Anhang).

Mit einem Pretest wurde die Verständlichkeit der Frageformulierungen, die Handhabbarkeit und Übersichtlichkeit des Fragebogens geprüft. Der Pretest wurde ausschließlich in Berlin durchgeführt; Experten und Vertreter von unterschiedlichen Einrichtungstypen konnten dafür gewonnen werden. Im Ergebnis wurden einige Modifikationen von Frageformulierungen vorgenommen; weitere Änderungen und Ergänzungen erfolgten in Absprache mit dem Bundesministerium für Familie, Senioren, Frauen und Jugend.

Der Versand der 1.247 Fragebögen erfolgte am 6. September 1999. Der Fragebogen wurde mit einem adressierten und frankierten Umschlag für die Rücksendung sowie einem Anschreiben versandt (vgl. Anhang). Sechs Wochen nach der Versendung startete eine telefonische Erinnerungs- bzw. Mahnaktion. Am 16. Dezember 1999 wurde die Erhebung beendet, später eingehende Fragebögen konnten nicht mehr berücksichtigt werden. Zu diesem Zeitpunkt lagen 720 verwertbare Fragebögen vor, was bezogen auf die bereinigte Nettostichprobe der Anbieter in den 150 Gemeinden (n=1.145) einer Rücklaufquote von 62,9 Prozent entspricht. In Anbetracht der schwierigen Ausgangssituation und der Heterogenität der Untersuchungsgruppe kann dies als ein gutes Ergebnis gewertet werden.[23] Ungefähr einem Drittel aller zurückgesandten Fragebögen lag weiterführendes Informationsmaterial über die entsprechenden Einrichtungen und Projekte bei.

23 Der Termin für die Fragebogenversendung wurde bereits bei der telefonischen Kontaktierung von etlichen Anbietern als ungünstig erachtet, da in diesem Zeitraum – nach Beendigung der Sommerpause – erhöhte Arbeitsanforderungen anstehen. Aufgrund der Terminvorgaben des Forschungsprojektes konnte das Zeitfenster für die Erhebung aber nicht verändert werden.

3.4 Ergebnisse

Im Folgenden werden die Ergebnisse der schriftlichen Befragung vorgestellt. Die vollständigen Frage- und Antwortformulierungen sind dabei nicht immer im Text gesondert erwähnt, sie können jedoch dem Fragebogen im Anhang entnommen werden. Auf die jeweiligen Fragenummern ist im Text verwiesen.

3.4.1 *Inhalte und Formen der Bildungsveranstaltungen*

Welche Themen und Veranstaltungsarten die aktuelle Altersbildungspraxis prägen, gehört zu den grundsätzlichen Fragen der Anbieteruntersuchung. Diese erlaubt nicht nur eine inhaltliche Charakterisierung der Angebotsstruktur. Erst anhand dieser Basisinformationen lässt sich auch klären, ob das vorhandene Angebot überhaupt den Interessen und Bedürfnissen der Nachfrageseite entspricht. Hierzu können die Befunde der Nachfrageuntersuchung von infas (vgl. ausführlich Schröder/Gilberg 2001) zum Vergleich herangezogen werden. Dabei bleibt allerdings im Einzelfall zu berücksichtigen, dass dort zumeist berufliche Bildung eingeschlossen ist, während wir diese aus den einleitend genannten Gründen ausschließen.

Die Ergebnisse unserer Angebotsuntersuchung verweisen auf eine große inhaltliche Bandbreite. Neben den 23 als Antwortvorgaben bereits gegebenen Schwerpunkten wurden vielfach weitere Themen aufgezählt, die ein weites Spektrum umreißen. Die Palette reicht dabei von autogenem Training über Sicherheitsschulungen bis hin zu interkulturellem Lernen. Insgesamt nutzten 15 Prozent der Befragten diese zusätzliche Antwortmöglichkeit (vgl. Frage 16: „sonstige Themen“), wobei 26 zusätzliche Bereiche genannt wurden. Dieses sehr breite Inhaltsangebot, das durchaus auch zeitgemäße Trends berücksichtigt (z.B. Aktien- und Börsenkurse), sollte ein breites Publikum ansprechen können.

Die Anbieter wurden über die Programminhalte hinaus danach gefragt, welche dieser Bildungsthemen – nach den Erfahrungen der Anbieter selbst – besonders große oder geringe Resonanz finden (Fragen 17 und 18, jeweils drei mögliche Nennungen). Mit diesen Angaben lassen sich drei Rangordnungen bezüglich der Themenschwerpunkte bilden und als solche zueinander in Beziehung setzen. Die Rangfolge der Häufigkeit der einzelnen Themenangebote sowie jene der jeweils starken und schwachen Nachfrage aus der Sicht der Anbieter zeigt beträchtliche Übereinstimmungen (vgl. Tabelle 3.2). Nur in wenigen Fällen sind auffallende Abweichungen zu verzeichnen, mehrheitlich sind die Angaben jedoch in sich konsistent.

Abbildung 3.1: Verteilung der Themenschwerpunkte (Frage 16)

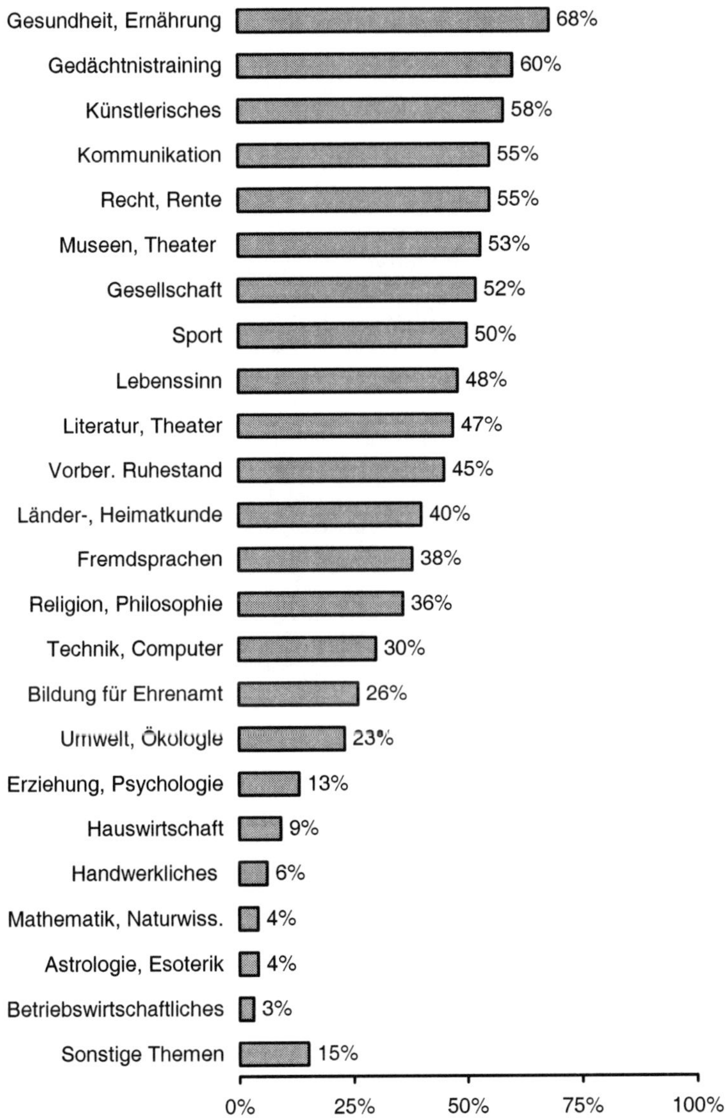

Quelle: Bildung im Alter – Anbietererhebung 1999.

Die Rangliste der angebotenen Themenschwerpunkte wird deutlich angeführt vom Bereich „Gesundheit, Ernährung": Mehr als zwei Drittel der befragten Anbieter offerieren Veranstaltungen in diesem Bereich (vgl. auch Abbildung 3.1). Dies korrespondiert mit den Angaben zu jenen Themenfeldern, bei denen eine besonders große Nachfrage registriert wird: Bei der Aufzählung der Inhalte, die – nach Einschätzung der Anbieter – von den älteren Menschen besonders häufig nachgefragt werden, steht „Gesundheit, Ernährung" ebenfalls an erster Stelle. Die klare Vorrangstellung dieses Themas ist sicherlich nicht unerwartet. Dass mit zunehmendem Alter Gesundheit immer wichtiger wird, ist das Ergebnis zahlreicher Untersuchungen (z.B. Opaschowski 2000), und dass sich daraus ein unmittelbarer Lernanlass ableitet, mutet plausibel an. „Je älter man wird, um so mehr muss man lernen, mit Krankheiten zu leben, und um so mehr sucht man Kenntnisse für gesunde Lebensführung, Prophylaxe und Prävention" (Pöggeler 2000: 471). Deshalb scheint das Sachgebiet „Gesundheit, Ernährung" ein geradezu unerlässliches Themengebiet der Altersbildung zu sein.

Dieser Befund steht aber nicht ohne weiteres in Übereinstimmung mit den Ergebnissen der Nachfrageuntersuchung: Hinsichtlich der manifesten Interessensbekundungen belegen Gesundheit und Ernährung dort Rang zwei – 43 Prozent aller Befragten geben an, mit großer Wahrscheinlichkeit in den folgenden zwei Jahren an einer solchen thematischen Bildungsveranstaltung teilnehmen zu wollen – während der Bereich Kunst, Musik, Konzerte, Museen von Seiten der Älteren noch stärker nachgefragt wird (45 Prozent; vgl. Schröder/Gilberg 2001, Tabelle 4.1). Die Anbieter verorten diesen Themenbereich erst an sechster Stelle. Diese Differenzen in den Interessengebieten, die die Älteren selbst angeben, und jenen, die auf Seiten der Anbieter von Altersbildung registriert werden, stehen aber nicht im Widerspruch zueinander. Vielmehr ist anzunehmen, dass die Älteren sich mit ihrem Informationsbedürfnis etwa hinsichtlich Kunst, Musik, Konzerte, Museen tatsächlich nicht unbedingt an die Anbieter von Altersbildung wenden.

Mit etwas Abstand folgt auf Platz zwei des faktischen Angebotes das Thema „Gedächtnistraining". Nach den Auskünften der Veranstalter zu urteilen, ist auch die entsprechende Nachfrage recht gut. Dass das Thema in der Liste der eher schlecht besuchten Veranstaltungen weit hinten steht (Rang 21), ist ebenfalls ein Indiz für die verbreitete Attraktivität bei den Nutzern. Da dieser inhaltliche Schwerpunkt in der Nachfrageuntersuchung leider kein eigens ausgewiesener Themenbereich ist – die Antwortvorgabe „Gedächtnistraining" fehlte in der Liste –, kann eine direkte Gegenüberstellung der Ergebnisse in diesem Fall nicht vorgenommen werden. Es gibt allerdings einen Befund, der als Indiz für eine weitgehende Entsprechung gelesen werden kann: Nach den Motiven der Bildungsteilnahme befragt, wurde die Antwortvorgabe „Training der geistigen Fähigkeiten" von 87 Prozent der Interviewten genannt. Dieser Punkt stellt für die Gesamtheit der Befragten den größten Anreiz für einen Veranstaltungsbesuch dar (Schröder/Gilberg 2001, Tabelle 4.7). Daraus lässt sich auch auf einen großes Interesse an explizitem Gedächtnistraining schließen, was die Spitzenstellung im Angebotsspektrum erklären kann.

Tabelle 3.2: Rangfolgen der Themenschwerpunkte (Fragen 16, 17 und 18)

	Faktisches Angebot (Rang)	Starke Nachfrage (Rang)	Geringe Nachfrage (Rang)
Gesundheit, Ernährung	1	1	18
Gedächtnistraining	2	6	21
Künstlerisches Gestalten, Basteln, Knüpfen, Töpfern	3	3	12
Kommunikation, Konfliktbewältigung, Sozialkompetenzen	4	9	9
Recht, Versicherungs-, Rentenfragen	5	7	20
Kunst, Musik, Konzerte, Museen	6	5	23
Gesellschaft, Geschichte, Politik	7	10	10
Sport	8	2	16
Daseins-Fragen, Lebenssinn	9	12	17
Literatur, Theater	10	13	19
Aspekte des Alterns, Vorbereitung auf den Ruhestand	11	15	13
Länder-, Heimatkunde	12	8	22
Fremdsprachen	13	4	7
Religion, Philosophie	14	14	15
Technik, Computer	15	11	4
Vorbereitung bzw. Fortbildung für ehrenamtliche Tätigkeit	16	17	14
Umwelt, Ökologie	17	19	6
Erziehung, Psychologie	19	23	8
Hauswirtschaft, Haushaltsführung	20	20	11
Praktische handwerkliche Kenntnisse und Fähigkeiten	21	18	5
Mathematik, Naturwissenschaft	22	21	2
Astrologie, Esoterik	23	24	3
Betriebswirtschaftliches, Kaufmännisches	24	22	1
Sonstige Themen	18	16	24

Quelle: Bildung im Alter – Anbietererhebung 1999.

Zu den thematischen Favoriten können weiterhin „Künstlerisches Gestalten", „Kommunikation, Konfliktbewältigung, Sozialkompetenzen", „Rechts-, Versicherungs-, Rentenfragen", „Kunst, Musik, Konzerte, Museen" sowie „Gesellschaft, Geschichte, Politik" gerechnet werden. Mehr als die Hälfte der Veranstalter haben diese Inhalte in ihrem Programm. Wird die Hierarchie dieser tatsächlich angebotenen Themen mit den beiden Rangfolgen der Nachfrageabschätzung verglichen, zeigen sich wiederum überwiegend Übereinstimmungen. In der Regel wird bei diesen Inhalten eine große Nachfrage verzeichnet, bei der Bewertung der wenig besuchten Veranstaltungen rangieren sie hingegen im hinteren Feld. Nur der Bereich „Kommunikation, Konfliktbewältigung und Sozialkompetenzen" ist in der Einschätzung etwas unbestimmt. Es hat den Anschein, als gäbe es diesbezüglich mehr Angebote, als Nachfrage verzeichnet wird. Möglicherweise sind diese Angebote für ältere Menschen inhaltlich nicht so interessant, selbst wenn sie objektiv betrachtet von großer Bedeutung wären. Diese Annahme kann durch die Ergebnisse der Nachfrageerhebung gestützt werden: Das latente Bildungsinteresse an diesem Thema ist ungleich höher als das manifeste:[24] In Hinblick auf ein grundsätzliches bzw. latentes Interesse belegt dieser Inhaltskomplex zwar den zweiten Platz mit 27 Prozent, doch bei der Frage nach der wahrscheinlichen Realisierung dieses Bildungswunsches rückt er in das hintere Mittelfeld auf Platz zwölf mit 19 Prozent (vgl. Schröder/Gilberg 2001, Tabelle 4.1). Eine ähnliche Diskrepanz lässt sich auch bei den tatsächlich besuchten Veranstaltungen des aktuellen Dreijahreszeitraum beobachten: Im Sektor der beruflichen Bildung, in dem die Teilnahme oft Verpflichtungscharakter hat, rangiert der Themenschwerpunkt „Kommunikation, Erziehung, Psychologie" mit ganz vorn, im Kontext der nicht-beruflichen Bildung zählt er hingegen eher zu den Schlusslichtern (Schröder/Gilberg 2001, Tabelle 3.6).

Mit etwas unter 50 Prozent gehören des Weiteren „Sport", „Literatur, Theater" sowie „Daseins-Fragen, Lebenssinn" zu den zehn am häufigsten angebotenen Themenbereichen. Die Nachfrage nach sportlichen Betätigungsfeldern ist vermutlich höher als das derzeitige Angebot. Zu denken ist an die vielen Trendsportarten, die sich in den letzten Jahren durchgesetzt haben, und die einen intensiven Lern- und Übungsaufwand abfordern. So stellen z.B. Tauchen und Skaten keineswegs exklusive Domänen junger Leute dar. Die Befragungsergebnisse der Nachfragestudie gehen in ähnliche Richtung. Sport genießt hohe Aufmerksamkeit und hat hinsichtlich der manifesten Bildungsinteressen oberste Priorität.

Knapp ein Drittel der Anbieter offeriert Veranstaltungen im Bereich „Technik, Computer". Allem Anschein nach finden die Technik- und Computerkurse der befragten Anbieter nicht die gewünschte und erwartete Publikumsresonanz, denn dieses Thema wird gleich an vierter Stelle der schlecht besuchten Veranstaltungsinhalte genannt. Auch dies steht in einem gewissem Gegensatz zu den Ergebnissen der Nachfrageerhebung: Technik- und Computeranwendungen liegen auf der Beliebtheitsskala der Nachfrageseite im mittleren Feld auf Rang neun, 24 Prozent aller

24 Die Unterscheidung zwischen latent und manifest stützt sich dort auf die Angabe, ob das bekundete Interesse „unter entsprechenden Voraussetzungen mit großer Wahrscheinlichkeit zu einer konkreten Nachfrage führt" oder „noch deutlich weiter von einer Realisierung entfernt ist" (Schröder/Gilberg 2001: 91).

Befragten formulieren ein entsprechend manifestes Bildungsinteresse (Schröder/Gilberg 2001, Tabelle 4.1). Es kann vermutet werden, dass in diesem Fall andere Veranstalter bevorzugt besucht werden, die nicht dem Feld der Altersbildung zuzurechnen sind, bzw. die Anbieter der Altersbildung in diesen Fragen nicht ‚die erste Wahl' darstellen. Computeranwendungen sind eher die Domäne der traditionellen Weiterbildungsinstitutionen – bei den besuchten beruflichen Bildungsveranstaltungen nimmt dieser Bereich die absolute Spitzenstellung ein (Schröder/Gilberg 2001, Tabelle 3.6).

„Fremdsprachen" haben fast 40 Prozent der befragten Anbieter im Programm. Auch hier weist die Datenlage auf eine gewisse Unstimmigkeit hin. Fremdsprachen rangieren sowohl bei den stark als auch bei den gering nachgefragten Themenschwerpunkten auf den vorderen Plätzen. Das Argument, dass in den neuen Bundesländern Sprachen stärker nachgefragt werden als in den alten, hat keine Erklärungskraft: Zwischen den Regionen zeigt sich kein signifikanter Unterschied. Dies schließt freilich nicht aus, dass jeweils andere Fremdsprachen favorisiert werden. Die Nachfrage nach diesem Themenbereich ist aber vermutlich sehr stark vom ‚Image' des Veranstalters abhängig. Anhand der Befunde lässt sich erkennen, dass Fremdsprachen vorwiegend bei bestimmten Anbietertypen nachgefragt werden, vor allem bei Volkshochschulen, weniger hingegen z.B. bei kirchlichen Anbietern. Dies dürfte die Diskrepanz zwischen den Angaben zur starken und schwachen Nachfrage erklären.

Auf den hinteren Rängen des Angebotes (unter zehn Prozent) liegen die Themen „Hauswirtschaft, Haushaltsführung", „Mathematik, Naturwissenschaften", „Betriebswirtschaftliches, Kaufmännisches" und „Astrologie, Esoterik". Das geringe Angebot dieser Inhalte ist wenig überraschend. Insbesondere die drei erstgenannten Schwerpunkte haben eher Weiterbildungscharakter, d.h. sie sind vor allem im Sektor der beruflichen Bildung von Belang. Die geringe Nachfrage scheint zu bestätigen, dass es sich dabei um sehr spezielle Angebote handelt. Die Resultate der Nachfrageerhebung weisen in die gleiche Richtung. Auf der Skala der manifesten Bildungsinteressen sind diese Themen ganz unten platziert (vgl. Schröder/Gilberg 2001, Tabelle 4.1).

Im Verhältnis zu der großen Aufmerksamkeit, die den Handwerksinitiativen in der neueren Literatur zur Altersbildung zukommt, sind die Angebote im Bereich „Praktische handwerkliche Kenntnisse und Fähigkeiten" überraschend selten. Möglicherweise steht dies auch in engem Zusammenhang mit dem Selbstverständnis derartiger Projekte. Auch wenn diese konzeptionell der Altersbildung zugeschlagen werden können, verstehen sie sich in der Praxis oft nicht als Bildungs- oder Lerngruppen.[25]

Bei den „sonstigen Themen" dominieren „Entspannungstechniken", „Seniorentanz" und „Sicherheitsschulungen, Selbstverteidigung" – diese Themen wurden jeweils von mehr als 10 Prozent derer angegeben, die an dieser Stelle weitere Eintragungen vornahmen. Insgesamt liegen diese Bereiche damit zwar am Ende der Rangfolge der Themenschwerpunkte (jeweils unter zwei Prozent), dennoch könnte es sich hier um tendenziell vernachlässigte Bereiche handeln. Eine Vernachlässigung des Themas „Sicherheit (und Kontroll)bewußtsein" in den gegenwärtigen Altersbildungskonzeptionen konstatiert z.B. Kaiser (2000: 435): „Pionierarbeit ist gefragt".

Tabelle 3.3: Anzahl der Veranstaltungen, Kurse und Seminare (Frage 13)

	Einzel-veranstaltungen	Kurse	Blockseminare
Anzahl der Veranstaltungen:			
Eine bis 5	17 %	23 %	17 %
6 bis 10	17 %	11 %	4 %
11 bis 30	30 %	19 %	4 %
31 bis 100	13 %	9 %	1 %
Über 100	6 %	5 %	0 %
Keine	18 %	34 %	76 %

Quelle: Bildung im Alter – Anbietererhebung 1999.

Bei den Angebotsformen dominieren Einzelveranstaltungen deutlich, z.B. Vorträge oder Eintagesseminare. 82 Prozent der befragten Anbieter haben somit ein Programm, das auch einen einmaligen Veranstaltungsbesuch möglich macht. Turnusveranstaltungen, wie sie z.B. fortlaufende Kurse oder thematische Reihen darstellen, offerieren etwa zwei Drittel der Anbieter. Blockseminare sind seltener und prägen in knapp einem Viertel der Fälle das Veranstaltungsprogramm mit. Die Angebotshäufigkeit der verschiedenen Veranstaltungsformen variiert beträchtlich (vgl. Tabelle 3.3): Einzelveranstaltungen werden am häufigsten zwischen elf und 30 mal pro Jahr angeboten. Fortlaufende Kurse gibt es weniger; allerdings offeriert knapp ein Fünftel der befragten Anbieter zwischen elf und 30 Kursen pro Jahr.

Nach den Befunden der Nachfrageuntersuchung bevorzugen ältere Menschen Reisen und Besichtigungen. Dies sind die Spitzenreiter der besuchten Bildungsveranstaltungen (vgl. Schröder/Gilberg 2001, Tabellen 3.5 und 3.6). Im Verhältnis dazu mutet das Programm der befragten

25 Diesem Umstand musste auch die telefonische Angebotserfassung Tribut zollen: In zwei Fällen wurde die Befragung aus diesem Grunde abgelehnt.

Veranstalter eher etwas bescheiden an. Mit etwa 55 Prozent (Besichtigungen) und 40 Prozent (Bildungsreisen) der Anbieter sind diese Veranstaltungsformen vermeintlich schwach vertreten (vgl. Tabelle 3.4). Auch hier ist aber darauf hinzuweisen, dass Reiseangebote – auch solche mit ausgewiesenen Bildungsanteilen – in erster Linie das Metier der Tourismusbranche sind und entsprechend auch vor allem dort nachgefragt werden. Wie z.B. auch Museen oder Lesungen stehen Bildungsreisen in der Regel allen Altersgruppen offen, und nur ein Teil der Interessenten wird sich hier einen expliziten Altersbezug wünschen und solche Angebote im Bereich der Altersbildung nachfragen. Insofern ist der Anteil der angebotenen Reisen und Besichtigungen bei den Veranstaltern im Bereich der Altersbildung sogar als überraschend hoch einzuschätzen.

Tabelle 3.4: Anzahl der Besichtigungen und Bildungsreisen (Frage 13)

	Besichtigungen	Reisen
Anzahl der Veranstaltungen:		
Eine	5 %	11 %
2 bis 5	24 %	19 %
6 bis 10	12 %	5 %
11 bis 20	9 %	3 %
Über 20	5 %	2 %
Keine	45 %	60 %

Quelle: Bildung im Alter – Anbietererhebung 1999.

3.4.2 *Adressaten und Teilnehmer*

Aufgrund der für die Untersuchung getroffenen Auswahlkriterien konnte vorausgesetzt werden, dass alle Befragten entsprechende Bildungsveranstaltungen für ältere Menschen im Programm haben, d.h. diese Anbieter orientieren sich auch oder ausschließlich zielgruppenspezifisch (vgl. Abschnitt 3.3). Um weitere Differenzierungen vorzunehmen, wurde gefragt, welche Adressaten insbesondere erreicht werden sollen (Frage 10, Mehrfachnennungen). Die Vermutung, dass einzelne Anbieter auch Veranstaltungen für jeweils unterschiedliche Zielgruppen kreieren, kann bestätigt werden: Die hohe Ausprägung der Mehrfachantworten legt diesen Schluss nahe.

Ein Großteil der Anbieter offeriert Bildungsveranstaltungen generell für alle älteren Menschen, über 75jährige werden von einem Drittel der Anbieter als besonderer Adressatenkreis genannt, 60-75jährige von knapp der Hälfte (vgl. Abbildung 3.2). Mehr als die Hälfte der Anbieter orientiert sich dabei auf die Klientel im engeren Einzugsbereich. 22 Prozent haben spezielle Bildungsangebote für Mitglieder einer Organisation – hier kann es sich um Vereinsmitgliedschaften, aber auch um Zugehörigkeiten zu Parteien oder Gewerkschaften handeln. Bildungsungewohnte werden immerhin von einem Fünftel der Anbieter als besondere Zielgruppe erwähnt. Dieser Befund kann als positives Signal bewertet werden: Etliche Anbieter stellen sich nunmehr der bildungspolitischen Aufgabe, benachteiligte ältere Menschen zu motivieren. 28 Prozent der Befragten möchten darüber hinaus noch weitere bzw. andere Zielgruppen ansprechen, insbesondere „junge Alte" (50-55 Jahre) und „alle Altersgruppen". Hinter der letztgenannten Antwort (11 Prozent) stehen vorzugsweise altersintegrierende Lernkonzepte (vgl. auch Abschnitt 3.1).

Abbildung 3.2: Adressaten der Bildungsangebote (Frage 10)

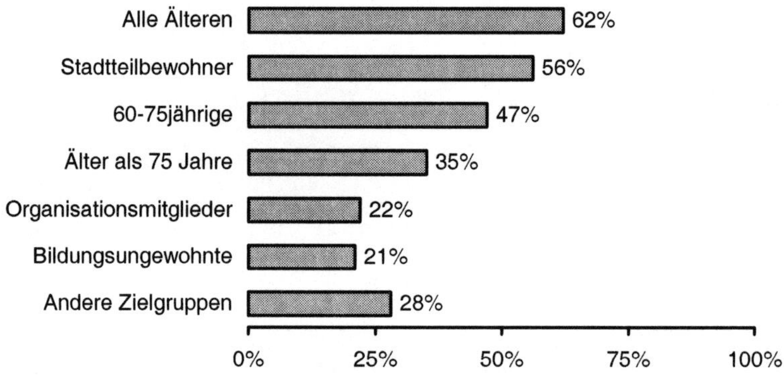

Quelle: Bildung im Alter – Anbietererhebung 1999.

Neben den Adressatengruppen, auf die die Veranstalter zumeist gezielt ihr Angebot ausrichten, wurden die tatsächlichen Teilnehmergruppen erfragt. Hinsichtlich der Altersstruktur der Teilnehmenden dominiert die mittlere Gruppe der 66-75jährigen. 82 Prozent der Anbieter erreichen diese Altersgruppe (Frage 26, Mehrfachnennungen). 54 Prozent haben (auch) ein jüngeres Publikum, in 48 Prozent der Fälle sind die Teilnehmer der Bildungsveranstaltungen (auch) über 75 Jahre alt. Von Jüngeren werden offenbar spezielle inhaltliche Angebote bevorzugt: Hier handelt es sich vor allem um die Themen Technik und Computer, Fremdsprachen sowie Erziehung und Psychologie. Der Bereich Religion und Philosophie wird hingegen anscheinend besonders von den Ältesten frequentiert. Die Nachfrageuntersuchung liefert keine direkten Vergleichsdaten hierzu, d.h. die besuchten Veranstaltungsthemen wurden nicht nach Altersgruppen untergliedert. Dafür kann aber eine Verbindung zu den erhobenen altersspezifischen Bildungsinteressen hergestellt werden, und es zeigen sich diesbezüglich einige übereinstimmende Ergebnisse. Die Befragung der Nachfrageseite erbrachte eine ausgeprägte Altersspezifik bei den inhaltlichen Präferenzen: So fällt das Interesse für die meisten Themenbereiche in der obersten Altersgruppe der 70-75jährigen oft rapide ab, während in den darunter liegenden Altersgruppen ein vergleichbar hoher Anteil an Interessierten zu finden ist. Bei einigen Themen, so z.B. auch Fremdsprachen, geht das Bildungsinteresse bereits ab Mitte 60 kontinuierlich zurück. Für den Schwerpunkt „Religion, Philosophie" wird allerdings ein gleich bleibendes Interesse bei allen Altersgruppen konstatiert (Schröder/Gilberg 2001, Tabelle 4.1).

Neben den Altersgruppenanteilen wurde auch der Frauenanteil der Teilnehmenden erfragt. Bezüglich der geschlechtsspezifischen Bildungsbeteiligung im Alter war die Datenlage bislang diffus und gab Anlass für vielfältige Spekulationen. So können z.B. die Volkshochschulen – die im Übrigen auch im vorliegenden Sample enthalten sind – einen Frauenanteil von 80 bis 90 Prozent für die Kursbesuche ausweisen. Von solchen Fakten lässt sich leicht die Annahme ableiten, dass vorzugsweise Frauen im Alter ihre Bildungswünsche realisieren. Unsere Sekundäranalyse des Alters-Survey (vgl. Abschnitt 2.2) weist dagegen darauf hin, dass die aktuelle Bildungsbeteiligung älterer Menschen eher geschlechtsunabhängig ist, d.h. die tatsächliche Bildungsteilnahme ist bei beiden Geschlechtern etwa gleich stark ausgeprägt. Allerdings gibt es durchaus Unterschiede zwischen den Geschlechtern nach Art und Inhalt der Angebote. Wird etwa zwischen beruflichen und nicht-beruflichen Bildungsmaßnahmen unterschieden, zeigt sich, dass Frauen an letzteren etwas stärker als Männer partizipieren: So geben 41 Prozent der weiblichen Befragten an, dass sie seit dem 50. Lebensjahr an mindestens einer nicht-beruflichen Bildungsveranstaltung teilgenommen haben, bei den männlichen Befragten liegt die entsprechende Beteiligungsquote hingegen bei 37 Prozent (Schröder/Gilberg 2001, Tabelle 3.1). Insofern ist es nicht überraschend, bei den befragten Anbietern markant hohe Frauenanteile vorzufinden. Auch wenn zu bedenken gilt, dass es wesentlich mehr ältere Frauen als Männer gibt und dieses Ungleichgewicht in den höheren Altersgruppen noch erheblich zunimmt,[26] sind die gegenwärtigen Angebote des Altersbildungsbereiches, die zumeist Allgemeinbildungscharakter tragen, stärker von Frauen als von Männern nachgefragt.

---

26 Zum Vergleich: In Deutschland beträgt der generelle Frauenanteil in der Altersgruppe 60-70 Jahre 52,2 Prozent und in der Altersgruppe 70-80 Jahre bereits 64 Prozent. In der Gruppe 80 Jahre und älter sind es sogar 73,7 Prozent Frauen (Statistisches Bundesamt 2000: 34).

Nach den Auskünften der Anbieter liegt der Anteil der Frauen im Durchschnitt bei ca. 81 Prozent. Die Spannweite ist jedoch sehr hoch, d.h. die Quoten fallen unterschiedlich aus. Bei knapp einem Viertel der Anbieter liegt der Frauenanteil unter 71 Prozent, bei einem Fünftel beträgt er über 90 Prozent (vgl. Tabelle 3.4).

Tabelle 3.4: Frauenanteil (Frage 25)

Bis 50 Prozent	5 %
51 bis 70 Prozent	18 %
71 bis 80 Prozent	25 %
81 bis 90 Prozent	33 %
91 bis 100 Prozent	19 %

Quelle: Bildung im Alter – Anbietererhebung 1999.

Folglich stellt sich aus der Perspektive einiger Anbieter die Altersbildung quasi als ‚Frauensache' dar. Es sind vor allem Veranstalter aus dem kirchlichen Sektor und aus dem Bereich der Wohlfahrtsverbände, die fast ausschließlich von Frauen besucht werden. Veranstaltungen von Parteien und Gewerkschaften können hingegen einen überproportional hohen Männeranteil verzeichnen: Mehr als die Hälfte dieser Angebote hat mindestens 50 Prozent männliche Teilnehmer.

Tabelle 3.5: Verhältnis von Angebot und Nachfrage (Frage 19)

Überwiegende Übereinstimmung	37 %
Teils größere, teils geringere Nachfrage	40 %
Eher größere Nachfrage	10 %
Eher geringere Nachfrage	13 %

Quelle: Bildung im Alter – Anbietererhebung 1999.

Insgesamt ist das Bildungsangebot für ältere Menschen offenbar überwiegend gut ausgelastet und hat genügend Teilnehmer (vgl. Tabelle 3.5). Aus der Sicht der Veranstalter ist das Verhältnis von Angebot und Nachfrage größtenteils ausgewogen. Ein Zehntel hat eine größere Nachfrage und kann nicht immer alle Interessenten für Veranstaltungen berücksichtigen. In ca. 13 Prozent der Fälle finden einige Veranstaltungen wegen zu geringer Teilnehmerzahlen nicht statt. Bei den Anbietern mit tendenziell geringer Auslastung handelt es sich nicht selten um Einrichtungen mit den vergleichsweise geringsten jährlichen Teilnehmerzahlen.

Die Gruppierung nach den jährlichen Gesamtteilnehmerzahlen[27] in den befragten Einrichtungen macht deutlich, dass es sich um ein heterogenes

27 Die Frage nach den jährlichen Gesamtteilnehmerzahlen wurde in 35 Prozent der Fälle nicht beantwortet. Häufig wurde dies mit dem Argument begründet, dass

Feld handelt (vgl. Abbildung 3.3). Die knappe Mehrheit der Anbieter registriert weniger als 500 Teilnahmen pro Jahr, am häufigsten werden zwischen 250 und 500 Teilnahmen genannt. Die Teilnehmerzahlen bei den einzelnen Veranstaltungsformen liegen im Durchschnitt bei 15 Personen pro Kurs und bei knapp 20 Personen pro Blockseminar (Frage 24). An Besichtigungen nehmen in der Regel 20 bis 30 Personen und an Bildungsreisen durchschnittlich 35 Personen teil. Bei Einzelveranstaltung variieren die Teilnehmerzahlen erwartungsgemäß am stärksten – durchschnittlich handelt es sich um knapp 35 Teilnehmende (Minimum 4, Maximum 350).

Abbildung 3.3: Gesamtteilnehmerzahlen (Frage 24)

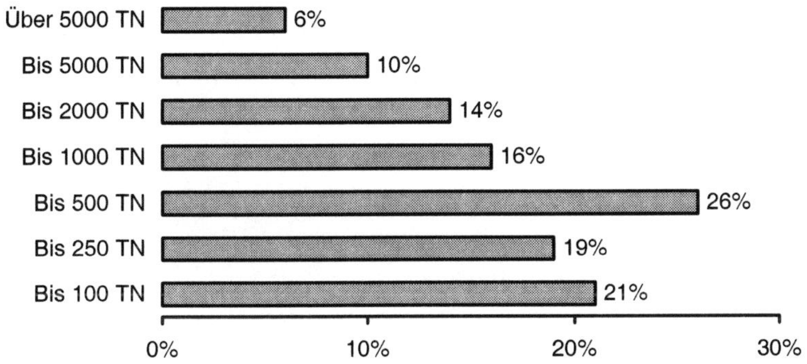

Quelle: Bildung im Alter – Anbietererhebung 1999.

3.4.3 *Institutionelle Barrieren*

Es sind nicht allein die Inhalte und Formen, die ein Bildungsangebot attraktiv machen. Für die Nutzer sind Zugangs- und Rahmenbedingungen ebenfalls von großer Bedeutung. Oftmals entscheiden Veranstaltungspreis, -termin oder -ort über eine Teilnahme oder Nicht-Teilnahme. Solche Aspekte können also mögliche Hemmfaktoren einer Bildungsbeteiligung sein und das Passungsverhältnis von Angebot und Nachfrage nachhaltig beeinträchtigen. In der Altersbildungspraxis gelten insbesondere ungünstige Veranstaltungszeiten, schlecht erreichbare Veranstal-

keine Statistiken geführt würden. Da in einigen Fällen aber die Anzahl der jährlichen Veranstaltungsformen und die entsprechenden Teilnehmerzahlen angegeben wurden, konnten manche der fehlenden Angaben von uns ergänzt werden.

tungsorte und hohe Teilnahmekosten als institutionelle Barrieren (vgl. auch Abschnitt 2.1.4). Inwieweit diese situativen Hemmnisse das Veranstaltungsangebot nachteilig prägen, blieb bislang allerdings ungeklärt. Mit unserer Untersuchung kann nun geprüft werden, in welchem Ausmaß das Angebot an den entsprechenden Bedürfnissen der Nachfrageseite orientiert ist.

Hinsichtlich der zeitlichen Platzierung der Veranstaltungen zeigt sich ein recht eindeutiges Bild (Frage 11, Mehrfachnennungen): Bildungsangebote für ältere Menschen finden vorzugsweise wochentags statt. 94 Prozent der Anbieter offerieren Veranstaltungen am Nachmittag, 65 Prozent am Vormittag. Ein Drittel der befragten Einrichtungen bietet Abendveranstaltungen an (vgl. Abbildung 3.4). Es hat den Anschein, als würde dies dem Bedarf vieler älterer Menschen entsprechen. Zumeist werden Veranstaltungen analog zu den üblichen Geschäftszeiten gewünscht, die überdies vor Einbruch der Dunkelheit enden sollen. Es ist bekannt, dass Anbieter diesen Umstand bei der Planung immer stärker berücksichtigen und z.B. Veranstaltungstermine im Winter vorverlegen.

Abbildung 3.4: Veranstaltungszeiten (Frage 11)

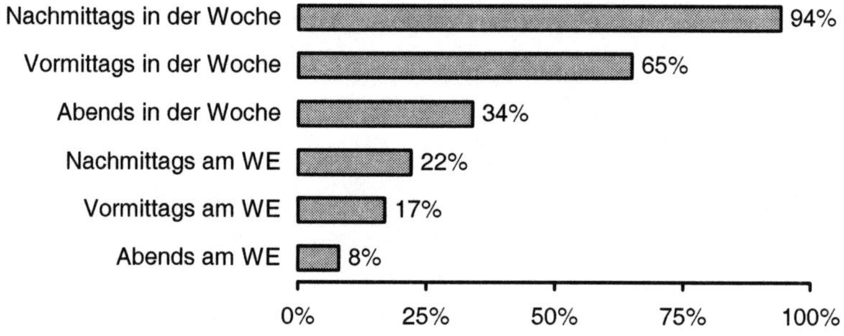

Quelle: Bildung im Alter – Anbietererhebung 1999.

Die Untersuchungsergebnisse der Nachfrageseite ergeben jedoch ein überraschend anderes Bild. Auf die Frage nach den Gründen für nichtrealisierte Bildungswünsche der Interviewpartner rangiert die Antwortvorgabe „Veranstaltungszeiten waren ungünstig" gleich auf dem zweiten Platz, bei den ältesten Befragten sogar auf Platz eins (vgl. Schröder/Gilberg 2001, Tabelle 4.8). Wie lässt sich diese Diskrepanz zwischen Angebot und Nachfrage erklären? Möglicherweise werden von den potentiellen Besuchern mehr Veranstaltungen am Wochenende erwartet. Diesbezüglich ist das Angebot eher schwach ausgeprägt. Am Wochenende sind es lediglich 22 Prozent (nachmittags) bzw. 17 Prozent (vormittags) der Veranstalter, die Bildungsangebote platzieren. Und nur selten gibt es Veranstaltungsangebote an Wochenendabenden. Vermutlich handelt es sich bei der Angabe, die Veranstaltungszeiten waren ungünstig, manchmal aber auch nur um eine naheliegende Antwort, die leicht gegeben werden kann. Oder es trifft sehr häufig zu, was für die Zeitperspektiven beim Übergang in den Ruhestand schon fast sprichwörtlich geworden ist: „Langeweile und immer Termine“ (Wolf 1988).

Abbildung 3.5: Erreichbarkeit des Veranstaltungsortes (Frage 12)

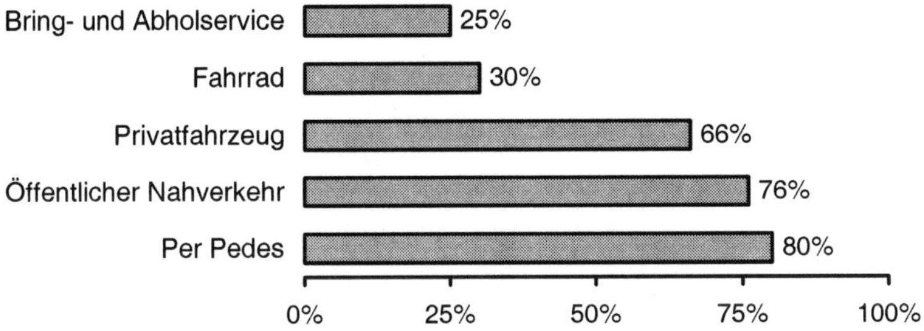

Quelle: Bildung im Alter – Anbietererhebung 1999.

Die Erreichbarkeit des Veranstaltungsortes ist ebenfalls ein nicht zu unterschätzendes Entscheidungskriterium für die Teilnahme an einem Bildungsangebot. Ein kurzer Weg kann sehr wohl ein zusätzlicher Anreiz sein, ein Angebot wahrzunehmen, und eine weite Entfernung zum Veranstaltungsort ist für nicht-realisierte Bildungswünsche von erheblicher Bedeutung. Dies gilt insbesondere für ältere Frauen in ländlichen Regionen, die aufgrund häufig fehlender Führerscheine über geringere Mobilitätschancen verfügen (vgl. Schröder/Gilberg 2001, Tabellen 4.7 und 4.8). Nach den Auskünften der Anbieter zu urteilen, sind die Veranstaltungsorte aber überwiegend gut zu erreichen (Frage 12, Mehrfachantworten). Die Teilnehmenden können meist mit öffentlichen Verkehrsmitteln (78 Prozent) zu den Veranstaltungsorten gelangen (vgl. Abbildung 3.5). Es zeigen sich aber deutliche Unterschiede zwischen kleinen und großstädtischen Gemeinden. In Gemeinden mit weniger als 50.000 Einwohnern sind die Nahverkehrsanbindungen häufig schlechter – dort können nur weniger als die Hälfte der Angebote so erreicht werden. In den größeren Gemeinden ist die Anbindung deutlich besser: 91 Prozent der Anbieter in

Städten mit mehr als 50.000 Einwohnern geben an, dass die Teilnehmer mit den öffentlichen Verkehrsmitteln zu den Veranstaltungen gelangen können.

Einen Ausgleich zu schlechten infrastrukturellen Bedingungen können organisierte Fahrdienste schaffen. Es gehört seit Jahren zu den Empfehlungen für die Veranstalter, den Besuchern Bring- und Abholmöglichkeiten zu offerieren. Das Angebot einer derartigen Dienstleistung ist meist weniger ein organisatorisches, sondern vielmehr ein finanzielles Problem für die Einrichtungen. Insofern ist das Ergebnis, dass insgesamt ein Viertel der Anbieter über einen Bring- und Abholservice verfügt, nicht gering zu schätzen. Die regionalen Differenzen können dabei als Kompensation infrastruktureller Mängel interpretiert werden: In den Gemeinden mit weniger als 50.000 Einwohnern bieten immerhin 38 Prozent der Veranstalter einen Fahrdienst an.

Die Veranstaltungspreise werden gewöhnlich zu den wichtigen Einflussfaktoren der Bildungsbeteiligung gerechnet – hinter einer schwachen Nachfrage wird oft ein Kostenargument vermutet. Die aktuellen Untersuchungsergebnisse der Nachfrageseite sind deshalb sehr aufschlussreich, da sie zeigen, dass für die Älteren die finanziellen Aufwendungen nicht der ausschlaggebende Grund sind, der für oder auch gegen eine Bildungsteilnahme spricht. Der Aspekt des zu teuren Veranstaltungspreises spielt nur eine nachrangige Rolle für nicht-realisierte Bildungswünsche. Mit zunehmendem Alter gewinnt dieser Aspekt allerdings leicht an Gewicht (Schröder/Gilberg 2001, Tabelle 4.8). Im Vergleich zu den jüngeren Befragten nennen die Personen bis Anfang 60 und speziell Frauen das Kostenargument häufiger als Anreiz für einen Veranstaltungsbesuch (Schröder/Gilberg 2001, Tabelle 4.7). Daraus lässt sich schließen, dass einige Zielgruppen gleichwohl preissensibel sind und entsprechend günstige Angebote erwarten. Inwieweit sind die befragten Veranstalter, die in der Tat einen verhältnismäßig großen Frauenanteil ansprechen, auf diesen Bedarf eingestellt?

Tabelle 3.6: Gebühren der Veranstaltungen und Besichtigungen (Frage 14)

	Einzelveranstaltungen	Besichtigungen
Teilnahmegebühr in Höhe von:		
Bis DM 2,--	6 %	1 %
Bis DM 5,--	17 %	11 %
Bis DM 10,--	10 %	12 %
Bis DM 25,--	3 %	11 %
Über DM 25,--	2 %	7 %
Selbstkosten	2 %	9 %
Keine Teilnahmegebühren	61 %	49 %

Quelle: Bildung im Alter – Anbietererhebung 1999.

Die einschlägigen Befunde lassen eine verhalten positive Bewertung zu. Immerhin ein Viertel der Anbieter offeriert prinzipiell nur kostenlose Veranstaltungen, und nicht selten wird lediglich eine symbolische Mark als Entgelt gefordert. Ansonsten unterscheiden sich die Teilnahmegebühren je nach Veranstaltungsform (vgl. Tabellen 3.6 und 3.7). Einzelveranstaltungen sind vielfach kostenfrei: Nur 39 Prozent der Einrichtungen, die Einzelveranstaltungen anbieten, erheben Beiträge – meist zwischen zwei und zehn DM. Bei Besichtigungen liegt der Anteil der Anbieter, die Gebühren verlangen, etwas höher, nämlich bei rund der Hälfte. Üblich sind dabei Kosten bis etwa zehn oder 20 DM.

Soweit Kurse oder Blockseminare angeboten werden, sind sie zum Großteil entgeltpflichtig: Jeweils rund 70 Prozent der entsprechenden Einrichtungen verlangen Teilnahmebeiträge, die sich mehrheitlich auf über 50 DM belaufen. Bildungsreisen sind erwartungsgemäß die teuersten Veranstaltungen: 22 Prozent der Anbieter mit Reisen im Programm veranschlagen Preise zwischen 500 und mehr als 1000 DM. Allerdings sind in 35 Prozent der Fälle auch die Bildungsreisen kostenlos. Rund ein Zehntel der befragten Anbieter erhebt (zum Teil zusätzlich zu den diversen Veranstaltungskosten) sonstige Gebühren, z.B. Semester- oder Mitgliedsbeiträge.

Tabelle 3.7: Gebühren der Kurse und Blockseminare (Frage 14)

	Kurse	Blockseminare
Teilnahmegebühr in Höhe von:		
Bis DM 10,--	6 %	4 %
Bis DM 25,--	7 %	8 %
Bis DM 50,--	18 %	11 %
Bis DM 100,--	29 %	23 %
Über DM 100,--	9 %	20 %
Selbstkosten	3 %	3 %
Keine Teilnahmegebühren	30 %	31 %

Quelle: Bildung im Alter – Anbietererhebung 1999.

Dass die Zertifizierung von Veranstaltungen auch in der Praxis der Altersbildung eine Rolle spielt, wird vielfach vermutet, aber in der Fachdiskussion widersprüchlich bewertet. So gibt es die Annahme, dass ein gewisser Anteil älterer Menschen zielbezogene Bildungsinteressen verfolge, d.h. auf einen formalen Abschluss orientiert sei. Für diese Klientel sei es deshalb ein Teilnahmehindernis, wenn von den meisten Einrichtungen der Altersbildung kein vorzeigbares Ergebnis erteilt werde. Häufiger steht demgegenüber die Meinung, dass Zeugnisse im Sinne von Leistungsnachweisen nur den Konkurrenz- und Leistungsdruck förderten und deshalb für die Altersbildung inadäquat seien.

Mit der Befragung der Anbieter konnten wir erstmals klären, wie diesbezüglich in der gegenwärtigen Bildungspraxis verfahren wird. Das Ergebnis ist eindeutig: Abschlüsse bzw. Zertifikate werden bei Beendigung von Bildungsveranstaltungen überwiegend nicht erteilt. 71 Prozent der Anbieter schließen diese Möglichkeit generell aus, ein Viertel der befragten Einrichtungen stellt „manchmal" Abschlusszeugnisse aus, und nur vier Prozent zertifizieren „immer" (Frage 15). Allerdings hängt die Vergabe von Zertifikaten mit der Angebotsform zusammen. 35 Prozent der Anbieter mit Kursen im Programm zertifizieren manchmal, weitere vier Prozent immer, bei Anbietern mit Blockseminaren im Programm liegen diese Anteile mit 40 und fünf Prozent sogar noch höher. Aber auch die angebotenen Inhalte haben Einfluss auf die Verteilung von Zertifikaten: 55 Prozent der Veranstalter, die Angebote im Bereich Technik und Computer offerieren, zertifizieren manchmal (45 Prozent) oder sogar immer (zehn Prozent). Dies weist darauf hin, dass eher jene Anbieter Zeugnisse ausstellen, die dem Bereich der allgemeinen und tendenziell auch beruflichen Erwachsenenbildung zuzuordnen sind. Der Anteil jener Anbieter, die sich ausschließlich an Ältere wenden und dabei Zertifikate erteilen, ist mit acht Prozent hingegen gering.

3.4.4 Vernetzung- und Werbungsstrategien der Anbieter

In gewisser Hinsicht gehört auch der Grad der Vernetzung der Anbieter zu den Einflussfaktoren auf die Bildungsteilnahme. Es wird vermutet, dass eine verstärkte Kooperation und Koordination unter den verschiedenen Anbietern diese besser sichtbar mache und sowohl den Veranstaltern als auch den Nachfragenden eine bessere Planung ermöglichen würde. Es wird angenommen, dass ein hoher Vernetzungsgrad einen positiven Effekt auf das lokale Angebot hat (z.B. Frankenstein 1990; Steege 1992). Um diese Annahmen zu prüfen, wurden entsprechende Fragen nach den jeweiligen Kooperationspartnern und den Abstimmungen formuliert. Als zusätzlicher Indikator eines erhöhten Vernetzungsgrades kann eine vorhandene zentrale Angebotserfassung gelten (z.B. Veranstaltungskalender einer Gemeinde, Seniorenratgeber).

Die Befragungsergebnisse machen deutlich, dass die Mehrheit der Anbieter mit anderen Einrichtungen, Organisationen und/oder Projekten zusammenarbeitet (Frage 29). 88 Prozent geben einen oder mehrere Kooperationspartner an. Knapp die Hälfte der Anbieter kooperiert mit Wohlfahrtsverbänden und/oder kirchlichen (Träger-)Einrichtungen. Zu den häufig genannten Kooperationspartnern (über 30 Prozent) gehören darüber hinaus die Volkshochschulen und selbstorganisierte Bildungsinitiativen (vgl. Abbildung 3.6). Parteien und Gewerkschaften werden jeweils von gut zehn Prozent der befragten Anbieter genannt. Schließlich wurden weitere Kooperationspartner offen abgefragt – 31 Prozent der Einrichtungen machten von dieser Möglichkeit Gebrauch. Zu den häufigsten Nennungen zählen hier Senioreneinrichtungen und Seniorenorganisationen.

Abbildung 3.6: Kooperationspartner (Frage 29)

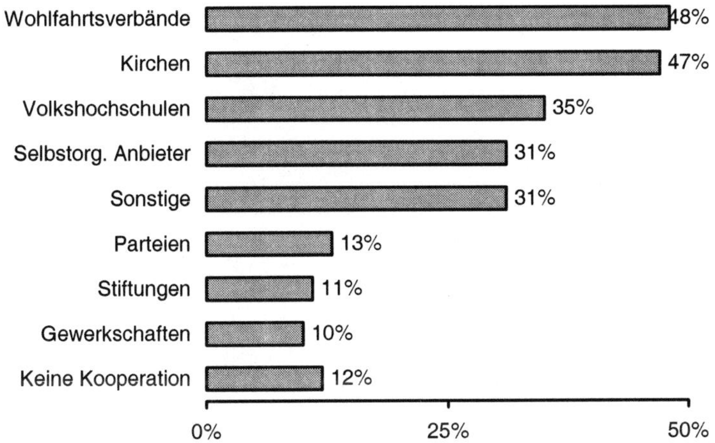

Quelle: Bildung im Alter – Anbietererhebung 1999.

Mit den entsprechenden Kooperationspartnern wird auch oftmals das konkrete Bildungsangebot für ältere Menschen abgestimmt: 16 Prozent der Anbieter tun dies „immer" und 73 Prozent „manchmal" (Frage 30). Nur zwölf Prozent nehmen solche Möglichkeiten nicht wahr. Kooperation ist demzufolge der Regelfall. Der eher geringe Anteil von Anbietern, der dies „immer" tut, lässt allerdings vermuten, dass Kooperationen selten auf systematischer Zusammenarbeit oder regelmäßigen Absprachen in einem institutionalisierten Rahmen beruhen. Hier liegt wohl noch etliches Potential brach. Noch immer verkennen offenbar einige Anbieter die vielfältigen Chancen einer stärkeren Vernetzung, häufig behindern Vorbehalte gegenüber der vermeintlichen Konkurrenz die Etablierung von Netzwerken. Dies betrifft insbesondere die regionale Ebene, wo direkte positive Effekte für die Nutzer zu erzielen wären: Neben einer abgestimmten Spezialisierung der Angebote und dem gegenseitigen Weiterleiten von Nachfragern ist an die Erfassung des Gesamtangebotes einer Region und somit an gemeinsame Werbestrategien zu denken. Auf die Frage, ob das Veranstaltungsangebot für ältere Menschen in der jeweiligen Stadt oder Gemeinde zentral registriert wird, antworten nur 37 Prozent der Anbieter mit „ja“ und 50 Prozent mit „nein“ – 14 Prozent der Befragten können darüber keine Auskunft geben („weiß nicht“, Frage 28). Auch dieser Befund zeigt, dass die Anbieter die zur Verfügung stehenden Mittel und Möglichkeiten noch längst nicht ausschöpfen.

Gute Vorabinformationen sind ein wesentlicher Anstoß für den Besuch von Bildungsveranstaltungen. Umgekehrt kann sicher ein Teil des Bildungsverzichts auch auf fehlende Informationen zurückgeführt werden. Die Werbung ist demzufolge ein entscheidendes Moment für den Erfolg eines einzelnen Angebotes bzw. des Anbieters selbst. Das Image eines Veranstalters wird ebenfalls als ein wichtiges Kriterium für eine Teilnahme genannt (vgl. Schröder/Gilberg 2001, Tabelle 4.7). Werden die Strategien und Medien der Angebotswerbung mit dem Informationsverhalten der Nachfrageseite verglichen, zeigen sich hinreichende Übereinstimmungen. Die Werbung für die Bildungsveranstaltungen erfolgt zumeist über ein eigenes Programmheft (78 Prozent) oder/und die Tagespresse (74 Prozent, Mehrfachnennungen, Frage 27, vgl. Abbildung 3.7).

Abbildung 3.7: Bekanntmachung des Angebotes (Frage 27)

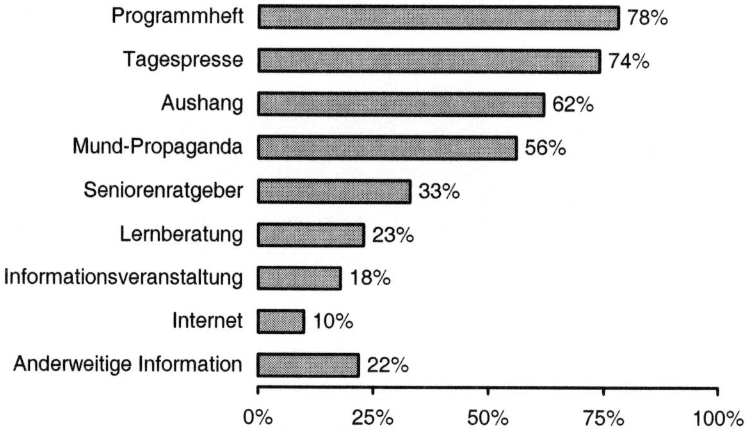

Quelle: Bildung im Alter – Anbietererhebung 1999.

Dies entspricht in hohem Maße dem Informationsverhalten der Zielgruppe. Bei den potentiellen Nutzern rangiert der Lokalteil der Tageszeitung ganz oben, die Programmhefte von Anbietern liegen auf Platz vier (vgl.

Schröder/Gilberg 2001, Tabelle 4.9). Ein Drittel der befragten Anbieter veröffentlicht das Programm (auch) in einem regionalen Seniorenratgeber (z.B. Seniorenwegweiser), immerhin knapp ein Viertel gewinnt Teilnehmer über Lernberatungen. Interessanterweise setzen 56 Prozent der Veranstalter auf Mund-Propaganda, und sie tun offenbar gut daran: Soziale Netzwerke haben eine nicht zu unterschätzende Bedeutung für die Information der Zielgruppe. Über Freunde, Bekannte und auch Familienmitglieder erhält der Großteil der älteren Menschen relevante Veranstaltungshinweise. Dagegen sind es bislang nur zehn Prozent der Anbieter, die ihre Veranstaltungen im Internet ankündigen. Dies korrespondiert ebenfalls mit dem Nachfrageverhalten: Momentan sind die älteren Menschen, die sich mittels der neuen Medien informieren, klar in der Minderheit. Dieser Anteil dürfte aber künftig steigen, und demzufolge sollte auch die Angebotswerbung im Internet perspektivisch an Gewicht gewinnen.

3.4.5 Typisierung der Anbieter

Über die Darstellung der Formen und Inhalte hinaus sollte mit den erhobenen Daten eine Typisierung des Angebotsspektrums der Altersbildung möglich werden. Wie bereits ausgeführt, ist die gegenwärtige Angebotspraxis durch eine außerordentliche Pluralität gekennzeichnet (Kade/Nittel 1998), und die bislang vorliegenden Systematisierungsansätze spiegeln die Schwierigkeiten einer trennscharfen Unterscheidung der Altersbildungsangebote wider (vgl. Abschnitt 3.2). Über die Wahl von geeigneten übergeordneten Kategorien herrscht keine Einigkeit – meist wird entweder nach Lerninhalten, Lernkonzepten oder Zielgruppen klassifiziert. Diese drei Komponenten sind auch für unsere Untersuchung potentielle Auswertungsdimensionen. Für die Differenzierung können zudem Aspekte der Organisationsstruktur berücksichtigt werden – eine zusätzliche Option, die aufgrund der Datenlage bisher nicht gegeben war.

Nach den Angaben der Befragten arbeiten 36 Prozent aller Anbieter ausschließlich zielgruppenspezifisch, d.h. sie machen nur Angebote für ältere Menschen. Es handelt sich dabei vornehmlich um Einrichtungen oder Projekte von und für Senioren (Frage 5). Insgesamt 30 Prozent der Veranstalter offerieren ausnahmslos Bildung und können demzufolge als typische Bildungsinstitutionen bezeichnet werden (Frage 4). Dies schließt nicht aus, dass auch einige dieser Anbieter allein die Zielgruppe der Senioren ansprechen möchten, wie dies z.B. Seniorenakademien häufig tun (vgl. Abschnitt 4). Der Anteil der Anbieter, der sein gesamtes Programm nur auf Senioren und nur auf Bildung abstellt, liegt insgesamt bei etwa fünf Prozent; bezogen auf die besagten Senioreneinrichtungen beträgt die Quote 14 Prozent, 17 Prozent bei den so charakterisierten

Bildungseinrichtungen. Dieser Befund macht deutlich, dass die Altersbildungspraxis weder ein Privileg klassischer Bildungseinrichtungen, noch allein im Sektor der Altenarbeit beheimatet ist. In der überwiegenden Zahl der Fälle handelt es sich um Mischformen des Angebotes, d.h. von diesen Einrichtungen werden Altersbildungsangebote neben anderen offeriert.

Obwohl von einem weitläufigen Feld der Altersbildungspraxis ausgegangen wird, ist die Vielfalt der tatsächlich anbietenden Einrichtungen und Projekte doch sehr bemerkenswert. Anhand der Titel, Anschriften und Arbeitsschwerpunkte (Frage 6) lassen sich mannigfache Unterschiede zwischen den Anbietern registrieren. Neben den diversen Bildungs- und Seniorenstätten gibt es z.B. eine nicht geringe Zahl an Stadtteil- und Verwaltungseinrichtungen, die Bildungsveranstaltungen für ältere Menschen anbieten, sowie nicht zuletzt zahlreiche Einzelprojekte und -gruppen, die Altersbildung zum Thema haben. Eine Systematisierung dieser Angebotsheterogenität ist nicht nur deshalb problematisch, weil zwangsläufig einige Differenzierungen unberücksichtigt bleiben müssen, sondern auch weil es keine Standardisierungen oder einheitliche Begriffsverwendungen gibt. Neben eindeutig abgrenzbaren Anbietern, wie dies z.B. Volkshochschulen oder Seniorenheime sind, können aber zumindest bestimmte Gruppen von Anbietern unterschieden werden. Unter dem Begriff ‚diversen Bildungseinrichtungen' fassen wir im Folgenden z.B. Institutionen der Erwachsenenbildung, Bildungswerke, „Arbeit und Leben" und die Urania. Unter ‚diversen Senioreneinrichtungen' werden Altentagesstätten, Seniorenklubs sowie Seniorenservicecenter, unter ‚diverse Seniorengruppen' ausgewiesene Kreise und Gemeinschaften älterer Menschen zusammengefasst. Dass es bei diesen Zuordnungen zu Überschneidungen kommen könnte, ist nicht gänzlich ausgeschlossen, aber zumindest lässt sich das Feld der Altersbildungspraxis näher umreißen (vgl. Tabelle 3.8).

Tabelle 3.8: Typische Anbieterformen

Volkshochschulen	12 %
Diverse Bildungseinrichtungen	13 %
Familienbildungsstätten	5 %
Seniorenakademien	2 %
Diverse Senioreneinrichtungen	20 %
Diverse Seniorengruppen	13 %
Seniorengremien	6 %
Seniorenheime	5 %
Kultur-, Stadtteil-, Gemeindeeinrichtungen	9 %
Projekte	9 %
Sonstiges	6 %

Quelle: Bildung im Alter – Anbietererhebung 1999.

Im Vergleich zu den von den befragten Anbietern selbst vorgenommenen Zuordnungen, die bereits diskutiert wurden (vgl. Fragen 4 und 5), zeichnet sich bei dieser Typisierung eine Häufung von Einrichtungen und Projekten ab, die dem Namen nach zum Seniorenbereich gehören. Es ist in etwa ein Anteil von zehn Prozent, der angibt, nicht ausschließlich Veranstaltungen für ältere Menschen anzubieten, dies aber vom Titel her anzeigt. Es ist anzunehmen, dass diese Anbieter u.a. generationsübergreifende Konzepte verfolgen oder allgemeine Stadtteilarbeit durchführen und insofern der Aussage einer ausschließlich zielgruppenspezifischen Arbeit nicht zustimmen können. Im Übrigen gibt es auch einige traditionelle Bildungsanbieter, die sich selbst nicht mehr allein als solche verstehen, weil sie ihr inhaltliches Spektrum z.B. um kulturelle oder betreuerische Angebotsaspekte erweitert haben. Dies ist nicht ein allein definitorisches Problem, sondern ein Indiz für die inhaltliche und formale Entgrenzung, die nicht nur in der Altersbildungspraxis zu beobachten ist. In diesem Zusammenhang sei darauf hingewiesen, dass – entgegen dem herkömmlichen Klischee – bei einzelnen Seniorenheimen bzw. -wohnanlagen eine zum Teil hoch professionalisierte Bildungsarbeit vorzufinden ist.

Neben dieser Typisierung, die vor allem auf institutionelle Formen abzielt, können die befragten Veranstalter des Weiteren nach trägerbezogenen Aspekten klassifiziert werden (vgl. Faulstich 1997). Eine solche Zuordnung orientiert sich am allgemeinen Bezugsrahmen der Anbieter und meint nicht konkrete übergeordnete Trägereinrichtungen mit diversen Entscheidungs-, Finanzierungs- und Rechtszuständigkeiten. Für eine prägnante Unterscheidung bieten sich sechs verschiedene Obergruppen an (vgl. Tabelle 3.9).

Tabelle 3.9: Trägerbezogene Systematik der Anbieter

Wohlfahrtsverband	24 %
Kirchlich	24 %
Kommunal	22 %
Verband/Verein	16 %
Kommerziell	4 %
Partei/Gewerkschaft	4 %
Sonstiges	7 %

Quelle: Bildung im Alter – Anbietererhebung 1999.

Es ergibt sich folgendes Bild: Das institutionelle Feld der Altersbildungspraxis wird von Einrichtungen der Kirche, der Kommune und der Wohlfahrtverbände dominiert (insgesamt 70 Prozent).[28] Bei den Wohlfahrts-

28 Damit ist allerdings noch nichts über die Zahl der Angebote oder die dort erreichte Teilnehmerzahl gesagt.

verbänden hat in den hier untersuchten Gemeinden die Arbeiterwohlfahrt einen Anteil von 38 Prozent, das Deutsche Rote Kreuz (inklusive Bayrisches Rotes Kreuz) knapp 17 Prozent und die Caritas über 15 Prozent. Bei den kirchlichen Anbietern ist das Verhältnis von katholischen und evangelischen Veranstaltern mit einem jeweils rund 40prozentigen Anteil ausgeglichen. 16 Prozent der befragten Anbieter verfügen über keine explizite Anbindung an einen Träger oder eine sonstige Institution und sind als Verband oder Verein eigenständig organisiert. Kommerzielle Anbieter stellen hier einen Anteil von vier Prozent, und die Anbieter, die dem nahen Umfeld der Parteien oder Gewerkschaften zuzurechnen sind, behaupten ebenfalls einen Anteil von etwa vier Prozent an allen befragten Anbietern.

Wird die trägerbezogene Systematik zu den Anbieterformen ins Verhältnis gesetzt, zeigt sich, dass in einigen institutionellen Kontexten bestimmte Einrichtungsformen dominieren. Einrichtungen der Kommunen sind insbesondere die Volkshochschulen (55 Prozent),[29] Seniorengremien (15 Prozent) und Senioreneinrichtungen (14 Prozent). Zu den Anbietern, die in einem kirchlichen Rahmen situiert sind, zählen vor allem diverse Seniorengruppen (27 Prozent) und Bildungseinrichtungen (25 Prozent), aber auch Familienbildungsstätten (15 Prozent) sowie andere Senioreneinrichtungen (18 Prozent). Bei den wohlfahrtsverbandlich organisierten Anbietern gibt es einen großen Anteil von Senioreneinrichtungen (49 Prozent), die andere Hälfte verteilt sich relativ ausgewogen auf die anderen Einrichtungsformen. Kommerzielle Anbieter sind zu einem Drittel Bildungseinrichtungen und zu einem weiteren guten Drittel Seniorenheime. Bei den Parteien und Gewerkschaften handelt es sich vorzugsweise um Seniorengruppen (48 Prozent) und diverse Bildungseinrichtungen (35 Prozent).

3.4.6 Arbeits- und Organisationsprofil der Anbieter

Die Finanzierung der Anbieter ist überwiegend gemischt. Die Kosten der Einrichtungen und Projekte werden durch Zuwendungen, Zuschüsse oder auch Gebühren gedeckt (Frage 38, Mehrfachantworten, vgl. Abbildung 3.8). Über die Höhe der jeweiligen Finanzierungsanteile geben die Daten allerdings keine Auskunft. Auf Mittel der öffentlichen Hand können zwei Drittel der befragten Anbieter zurückgreifen. Der Anteil derer, die Spenden erhalten ist mit 40 Prozent durchaus bemerkenswert. Knapp die Hälfte der befragten Einrichtungen bekommt das Geld vorwiegend von der Trägereinrichtung.

29 Nebenbei sei bemerkt, dass fast alle Volkshochschulen der Stichprobe kommunal organisiert sind (98 Prozent).

Die Finanzierung erfolgt bei 60 Prozent der Veranstalter (auch) über Teilnahmegebühren und bei mehr als einem Viertel über Mitgliedsbeiträge. Erwartungsgemäß sind es in erster Linie die kommunalen Anbieter, die Mittel der öffentlichen Hand erhalten (86 Prozent der Einrichtungen). Kirchliche Anbieter beziehen hauptsächlich Mittel von der Trägereinrichtung (72 Prozent); die Einrichtungen der Wohlfahrt sind zumeist von der öffentlichen Hand (69 Prozent) oder/und dem Träger (67 Prozent) bezuschusst. Mit Spenden rechnet vor allem der Veranstalterkreis „Verein/Verband" (58 Prozent); Mitgliedsbeiträge sind insbesondere in den Kontexten „Partei/Gewerkschaft" (54 Prozent) sowie „Verein/Verband" (54 Prozent) von Belang.

Abbildung 3.8: Finanzierung der Anbieter (Frage 38)

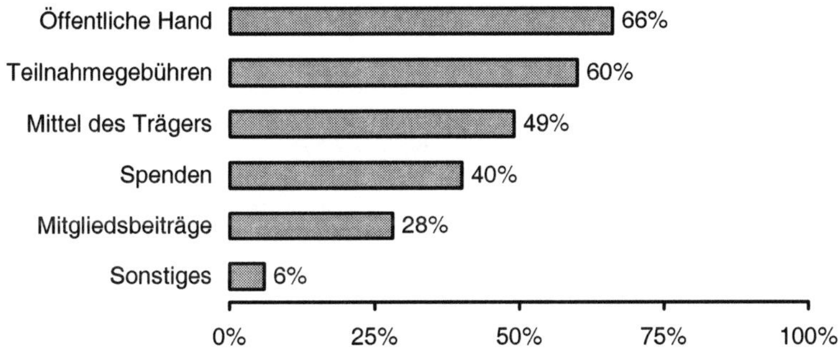

Quelle: Bildung im Alter – Anbietererhebung 1999.

Die Angebote der Altersbildung beruhen zu einem erheblichen Teil auf dem Engagement ehrenamtlicher Mitarbeiter. Zwei Drittel der Anbieter können auf ehrenamtlich Tätige zurückgreifen. Wenn hauptamtliche Kräfte in der Bildungsarbeit tätig sind, handelt es sich zumeist um ein oder zwei bis drei Personen (35 und 24 Prozent). Ein Fünftel der befragten Einrichtungen und Projekte (21 Prozent) wird sogar ausschließlich von ehrenamtlichen Leistungen getragen (Fragen 36 und 37).[30] Auch ohne den direkten Vergleich mit anderen Feldern der Senioren- oder Bildungsarbeit kann das bürgerschaftliche Engagement im Sektor der Altersbildung als hoch bedeutsame und unentbehrliche Ressource eingeschätzt werden. Höchstwahrscheinlich sind etliche Anbieter auf ehrenamtliche Arbeit angewiesen, und viele Angebote wären ohne diese nicht realisierbar. Möglicherweise profitiert die Angebotsseite der Altersbildung von dem

30 Dies schließt nicht aus, dass für bestimmte Veranstaltungsangebote Honorarkräfte verpflichtet werden.

positiven Zusammenhang zwischen Ehrenamt und Bildungsbeteiligung auch unmittelbar: Wie die Untersuchungsergebnisse unserer Sekundäranalyse des Alters-Survey (Abschnitt 2.2) sowie die Nachfrageuntersuchung von infas zeigen, nehmen ehrenamtlich engagierte ältere Personen besonders häufig an Bildungsveranstaltungen teil.

Die Bildungsangebote für ältere Menschen sind hauptsächlich in den letzten 30 Jahren entstanden. Vor allem in den 70er und 90er Jahren sind viele der heute bestehenden Angebote initiiert worden (vgl. Abbildung 3.9). Abgesehen von den kommunalen Offerten, die über diesen gesamten Zeitraum eher gleichmäßig zugenommen haben, lassen sich bei den verschiedenen Trägern gewissermaßen Expansionsphasen im Bereich der Altersbildung feststellen.

Abbildung 3.9: Beginn des Bildungsangebotes (Fragen 7 und 34)

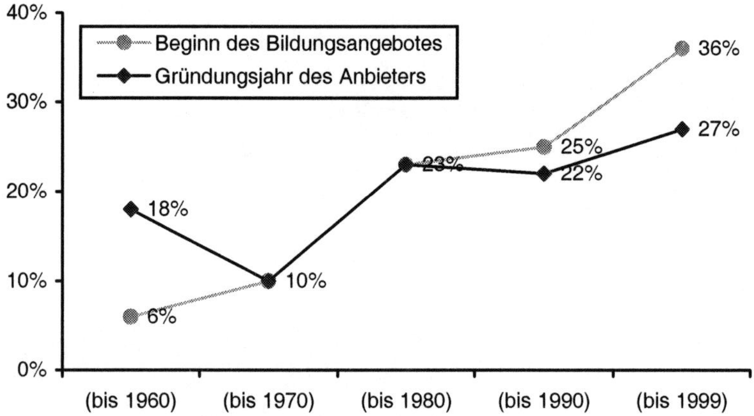

Quelle: Bildung im Alter – Anbietererhebung 1999.

So wurden 38 Prozent der kirchlichen Angebote in den 70er Jahren entwickelt. In den 80er Jahren zogen vor allem die Wohlfahrtsverbände nach: 35 Prozent ihrer Angebote begannen in dieser Dekade mit der Arbeit. In den 90er Jahren kamen vornehmlich die Vereine/Verbände hinzu, die in dieser Zeit 52 Prozent ihrer Angebote etablierten. Kommerzielle Anbieter schließlich entdeckten ebenfalls erst in den letzten zehn Jahren einen entsprechenden Markt: Der überwiegende Teil (68 Prozent) begann erst nach 1991 mit dem Angebot von Bildungsveranstaltungen für diese Zielgruppe. Wie Abbildung 3.9 nahe legt, wurden in den 90er Jahren auch zusätzliche Bildungsofferten von bereits existenten Einrichtungen gemacht, die damit offensichtlich auf einen erkennbaren Trend reagierten.

Als Initiatoren der Altersbildungsangebote werden vor allen hauptamtlich Tätige genannt (60 Prozent, Mehrfachnennungen, Frage 8), Trägereinrichtungen in 40 Prozent der Fälle. In fast der Hälfte aller Fälle kam eine Anregung von Seiten der ehrenamtlich Tätigen (45 Prozent), in 38 Prozent der Fälle brachten (auch) spätere Teilnehmer den Vorschlag ein. 55 Prozent der Anbieter geben an, dass das jeweilige Altersbildungsangebot in Selbstorganisation entstanden ist (Frage 9). Dies schließt allerdings nicht aus, dass die Altersbildungsarbeit der entsprechenden Anbieter gegenwärtig nicht mehr selbstorganisiert ist.

3.4.7 Prägende Aspekte des Angebotes

Die Selbstorganisation gehört – u.a. neben Produktivität, Teilnehmer- sowie Lebensweltbezug – zu den als innovativ bezeichneten Maximen der Bildungsarbeit mit älteren Menschen. Betreuung, Animation und Geselligkeit werden hingegen den eher konventionellen Zielsetzungen zugeschlagen. Eine Diskussion über die angemessenen bzw. zeitgemäßen Prinzipien findet momentan unter dem Fokus ‚Paradigmenwechsel in der Altersbildung' statt. Welche dieser Methoden tatsächlich zur Anwendung kommen und in welchem Maße diese die Angebotspraxis prägen, blieb bislang offen. Die aktuell vorliegenden Daten können hierzu einige Hinweise geben.

Welche Angebote im engeren Sinne zu den selbstorganisierten Bildungsinitiativen zählen, lässt sich aufgrund unserer Anbieterbefragung näher bestimmen. Da nicht uneingeschränkt vorausgesetzt werden kann, dass hinsichtlich der Selbstorganisation ein homogenes Begriffsverständnis besteht, haben wir hierzu verschiedene Indikatoren in die Befragung eingebracht.[31] Neben den beiden bereits erwähnten Fragen nach den Initiatoren und dem selbstorganisierten Ursprung (Fragen 8 und 9) wurde gefragt, welche Personen die Bildungsveranstaltungen durchführen bzw. leiten (Frage 22), wer über die Auswahl der Themen und Inhalte entscheidet (Frage 20) sowie welche methodischen Aspekte in der Bildungsarbeit präferiert werden (Frage 21). Somit sind fünf mögliche Kriterien der Selbstorganisation im Fragebogen erfasst. Handelt es sich bei den in den Fragen 8, 20 und 22 genannten Personen um die Teilnehmenden selbst, ist das Angebot in Selbstorganisation entstanden (Frage 9) und

31 Vgl. Abschnitt 3.1. Wie dort gezeigt, sind diese Prinzipien definitorisch vage. Beispielsweise besteht kein Konsens über die Verwendung des Begriffes der Selbstorganisation: Diese kann sich allein auf die konkrete Gestaltung von Bildungsveranstaltungen beziehen, aber auch auf die Entscheidung über Bildungsinhalte oder den gesamten Entwicklungsprozess eines Projektes. Für die schriftliche Befragung, die derartige Prinzipien nur schlagwortartig erfassen kann, ist diese Begriffsunschärfe von Nachteil.

auch das faktische Angebot dadurch geprägt (Frage 21), kann das entsprechende Angebot als vollständig selbstorganisiert gelten. Dies trifft immerhin auf fünf Prozent der befragten Anbieter zu (vgl. Tabelle 3.10). Auch jene neun Prozent der Anbieter, die vier der genannten Kriterien erfüllen, können als selbstorganisiert bezeichnet werden. Ein oder zwei dieser Kriterien erfüllt immerhin mehr als die Hälfte der Anbieter.[32]

Tabelle 3.10: Grade der Selbstorganisation

Kein Kriterium	11 %
Ein Kriterium	28 %
Zwei Kriterien	29 %
Drei Kriterien	19 %
Vier Kriterien	9 %
Alle Kriterien	5 %

Quelle: Bildung im Alter – Anbietererhebung 1999.

Folgen wir der erwähnten Systematisierung nach Trägern, fällt in diesem Zusammenhang auf, dass ein mit 22 Prozent recht beträchtlicher Anteil der Angebote in kommunaler Trägerschaft keine der genannten Aspekte der Selbstorganisation aufweist. Dies dürfte auf den hohen Anteil der Volkshochschulen in dieser Gruppe zurückzuführen sein. Dagegen werden bei 14 Prozent der Angebote von Vereinen oder Verbänden alle Kriterien der Selbstorganisation erfüllt.

Eine explorative Faktorenanalyse der die Bildungsarbeit prägenden Aspekte ergibt ein noch differenzierteres Bild (Tabelle 3.11): Sie ermöglicht, die vorfindbaren Korrelationen zwischen den Variablen auf voneinander unabhängige Dimensionen zurückzuführen.[33] Demnach lassen sich vier Dimensionen unterscheiden: eine Dimension der eher ‚innovativen' Aspekte der Altersbildung (Lebenswelt- und Teilnehmerbezug, biographisches und intergeneratives Lernen sowie Erfahrungswissen), eine Gruppe von Aspekten, die dem etwas älteren Konzept der ‚Produktivität' zugeschrieben werden kann (Handlungsbezug, Selbstorganisation und Produktivität; in geringem Maße auch Selbsthilfe), eine Dimension der ‚Aktivierung' (Animation, Kommunikation und Aktivierung; in geringerem Maße auch Teilnehmerbezug und Geselligkeit) sowie schließlich die

32 Nach ‚weicheren' Kriterien – bei den jeweils relevanten Personen neben den Teilnehmenden auch ehrenamtlich Tätige sowie als methodische Aspekte neben Selbstorganisation Selbsthilfe berücksichtigend – treffen schon bei 16 Prozent der Anbieter alle fünf Kriterien zu, nur fünf Prozent der Anbieter weisen dann keine Aspekte der Selbstorganisation in ihrer Arbeit auf. Im Folgenden werden jedoch nur die engeren Kriterien verwendet.

33 Hauptkomponentenmethode, Kaiser-Kriterium, Varimax-Rotation; Faktorladungen <0,3 werden nicht wiedergegeben (vgl. zur Faktorenanalyse z.B. Überla 1971).

Dimension der ‚Betreuung' (Geselligkeit, Beratung, Betreuung und Selbsthilfe sowie in geringerem Maße Animation und Selbstorganisation).

Tabelle 3.11: Faktorenanalyse der prägenden Aspekte (Frage 21)

	Kommunalitäten	‚Innovative Methoden'	‚Produktivität'	‚Aktivierung'	‚Betreuung'
Lebensweltbezug	0,33	**0,50**			
Biographisches Lernen	0,53	**0,72**			
Intergeneratives Lernen	0,44	**0,65**			
Erfahrungswissen	0,34	**0,53**			
Teilnehmerbezug	0,44	**0,55**		0,35	
Produktivität	0,52		**0,70**		
Handlungsbezug	0,45		**0,59**		
Selbstorganisation	0,48	0,35	**0,51**		0,31
Aktivierung	0,48			**0,64**	
Animation	0,44			**0,53**	0,39
Kommunikation	0,45			**0,66**	
Betreuung	0,47				**0,66**
Geselligkeit	0,47			0,33	**0,53**
Beratung	0,50				**0,66**
Selbsthilfe	0,48		0,32		**0,54**
Erkl. Varianz (45,7%)	–	14,5%	9,6%	9,5%	12,1%

Quelle: Bildung im Alter – Anbietererhebung 1999.

Diese Dimensionen der die Angebotspraxis prägenden Orientierungen finden sich in unterschiedlicher Stärke bei den verschiedenen Trägern. Gemessen an den durchschnittlichen Faktorwerten zeigt sich in der trägerbezogenen Typisierung, dass insbesondere bei den Wohlfahrtsverbänden das Konzept ‚Betreuung' stark vertreten ist, was bei ihnen ja häufig auch expliziter Bestandteil des Angebotes ist. Bei den kommunalen Angeboten finden wir hingegen häufiger das Konzept der ‚Produktivität'. Die ‚neuen', innovativen Aspekte finden sich eher bei den Vereinen und Verbänden, aber auch bei den Kirchen und den dort angesiedelten Gruppen. Dass die innovativen Methoden im kirchlichen Kontext schon stärker zur Geltung kommen, scheint überraschend zu sein, wird doch gewöhnlich bei diesem Träger eine eher konventionelle Bildungs- und Altenarbeit vermutet. Allerdings gibt es bereits Hinweise, dass sich in diesem Sektor einiges verändert hat. So konstatiert z.B. Kade (2001), dass innovative Altersbildung heute vielfach außerhalb der organisierten Erwachsenenbildung anzutreffen sei und sich im schwächer vorstrukturiertem Feld der offenen Altenarbeit angesiedelt hätte.

Insgesamt dominieren im Angebot klar die ‚traditionellen' Aspekte der Altersbildung: Kommunikation, Geselligkeit und Aktivierung werden mit deutlichem Abstand am häufigsten genannt (vgl. Abbildung 3.10). Zu berücksichtigen bleibt indessen, dass Kommunikation und Geselligkeit in den neueren Konzeptionen der Altersbildung keineswegs kategorisch abgelehnt werden. Kommunikationsfördernde Maßnahmen sind empfohlen und gelten in gewisser Weise als Teilnehmerorientierung (Röhr-Sendlmeier 1990; Browning 1995). Die hohen Anteile verweisen also nicht unbedingt auf eine Dominanz ‚älterer' Konzepte und Methoden, sondern sie deuten eher an, dass diese Aspekte beinahe überall akzeptiert werden.

Abbildung 3.10: Prägende Aspekte der Altersbildung (Frage 21)

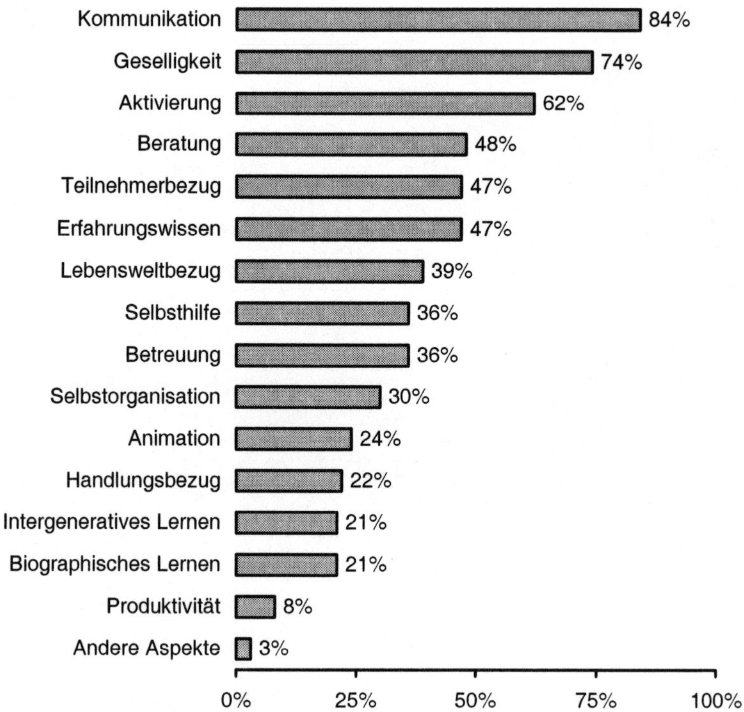

Quelle: Bildung im Alter – Anbietererhebung 1999.

Die Aspekte Animation und Betreuung, die vielleicht am ehesten die konventionelle Altenbildung kennzeichnen, finden sich ebenso im Mittelfeld wie ein großer Teil der ‚innovativen' Aspekte der Altersbildung. Auch wenn in Rechnung gestellt wird, dass aktuelle Schlagworte wie „Erfahrungswissen" und „Lebensweltbezug" möglicherweise nicht überall dort, wo sie genannt werden, das Angebot wirklich treffend charakterisieren müssen, ergibt sich somit ein sehr durchmischtes Bild von traditionellen und innovativen Angebotstypen, die jeweils unterschiedliche Ältere ansprechen könnten.

In der Tendenz entsprechen unsere Ergebnisse den vorliegenden Erwartungen. Viele Autoren diagnostizieren ebenfalls ein großes Bildungsangebot im betreuerischen und sozialpädagogischen Bereich (z.B. Eirmbter-Stolbrink 1994; Kade 1994b; Köster 1998). Auch seien die Offerten der Altersbildung zumeist auf die Befriedigung von Freizeit- sowie kulturellen Interessen ausgerichtet (Naegele 1994). Dagegen wären Bildungsangebote, die dem Prinzip des lebenslangen Lernens folgen (Eirmbter-Stolbrink 1994) oder die lebensweltorientierte Perspektive beachten, bislang unterrepräsentiert (Kade 1994b). Letztere Unterrepräsentanz zumindest, so machen unsere Ergebnisse deutlich, gilt heute nicht in diesem Maße, sofern man die Konzepte der Anbieter in den Blick nimmt: Immerhin bei 39 Prozent der Anbieter findet sich ein Hinweis auf diese Perspektive.

Die Frage, ob in der Altersbildung tatsächlich ein Paradigmenwechsel stattgefunden hat, kann mit den Querschnittsdaten nicht abschließend beantwortet werden. Dass die neuen konzeptionellen Impulse in der Praxis aufgegriffen werden, lässt sich jedoch bestätigen und ist zweifellos auf eine zunehmende Akzeptanz bei etlichen Anbietern zurückzuführen. Auch wenn die ‚innovativen' Aspekte und Methoden die Angebotspraxis der Altersbildung noch wenig entscheidend prägen, so gibt es aber Anzeichen für eine mögliche Veränderung in diese Richtung. So weist z.B. bereits heute mehr als die Hälfte der Anbieter ein oder zwei Kriterien von Selbstorganisation auf, was als durchaus überraschender Befund bewertet werden kann, ist doch die Forderung nach der Unterstützung selbstorganisierter Bildungsangebote erst jüngeren Datums.

3.4.8 *Perspektiven*

Um die zukünftige Entwicklung der Altersbildung prognostizieren zu können, ist es keineswegs ausreichend, den Bedarf, also die Nachfrageseite zu erheben. Das Angebot regelt sich nicht allein nach diesem Kriterium, sondern ist ebenso abhängig von den vorhandenen Interessen und Potentialen der Anbieter. Da über die finanzielle und personelle Ausstattung der Angebotsseite bislang keine verlässlichen Angaben vorlagen und der Spielraum dafür eher unterschätzt wurde, fielen diesbezügliche Spekulationen zumeist pessimistisch aus. Zu den Befürchtungen zählt, dass die Finanzierung mit öffentlichen Mittel nicht hinreichend gesichert ist und sich die Altenbildungspraxis immer mehr nach Marktmechanismen organisieren wird (Eierdanz 1992a; Steege 1992). Auch wird vermutet, dass die Kontinuität der Bildungsarbeit durch häufigen personellen Wechsel stark beeinträchtigt ist (Seitter 1997). Wie aber sehen die Anbieter selbst ihre Zukunft?

Um ausreichende Kenntnisse über deren künftige Planungen zu gewinnen, wurden verschiedene Fragen entwickelt, die Aufschlüsse über die Gründe von Veränderung oder Konstanz in diesem Bereich geben können. Prognostische Einschätzungen der Altersbildung wurden offen abgefragt und darüber hinaus vorherrschende Einstellungen zum Arbeitsfeld erhoben, um ein allgemeines Stimmungsbild von der Angebotsseite zu erhalten.

Die Anbieter messen der Altersbildungspraxis und damit dem eigenen Tätigkeitsbereich einen durchgängig hohen Stellenwert bei, denn 59 Prozent sind der Meinung, dass Bildung und Lernen im Alter „sehr wichtig" sind, weitere 41 Prozent halten dies für „wichtig". Nur in zwei Fällen (0,3 Prozent) wird die Antwortmöglichkeit „unwichtig" gewählt (Frage 1). Diese Einstellung der Anbieter macht deutlich, dass sich das Prestige der Altersbildung positiv verändert hat, und bislang gibt es noch keine Anzeichen, dass dieser Trend sich umkehren könnte. Die große Zustimmung lässt vielmehr vermuten, dass sich auch hierzulande sukzessiv eine Bildungstradition für ältere Menschen herausbildet und kulturell verankert.

Tabelle 3.12: Einstellungen zum Lernen im Alter (Frage 3):

	Stimme voll zu	Stimme eher zu	Weder/ noch	Lehne eher ab	Lehne voll ab
Lernen ist auch im Alter unerlässlich	67%	30%	3%	1%	0,1%
Lernen fällt im Alter häufiger schwer	22%	50%	18%	8%	2%
Ältere Menschen lernen besonders gut in Gruppen von Gleichaltrigen	31%	40%	21%	8%	0,4%
Es gibt zu wenige Bildungsangebote für ältere Menschen	16%	38%	23%	19%	5%

Quelle: Bildung im Alter – Anbietererhebung 1999.

Auf die Nachfrage, ob ältere Menschen entsprechende Bildungs- und Lerninteressen hätten, fallen die Antworten der Anbieter ebenso optimistisch aus: 42 Prozent nutzen die Antwortvorgabe „Ja, sehr viele" und 53 Prozent die etwas abgeschwächte Formulierung „Ja, einige". Fünf Prozent haben den Eindruck, dass kein hinreichendes Interesse bei der Zielgruppe besteht und stimmen der Ansicht „Nein, nur sehr wenige" zu (Frage 2).

Entgegen den Vorbehalten bzw. Befürchtungen einzelner Kritiker trauen die meisten Altenbildungspraktiker ihren Besuchern wohl doch einiges zu.

In diesem Sinne kann auch das beträchtliche Einverständnis der Befragten mit der Aussage „Lernen ist auch im Alter unerlässlich" interpretiert werden – fast alle (97 Prozent) pflichten diesem Standpunkt bei (vgl. Tabelle 3.12, Frage 3). Dass das Lernen im Alter schwerer fällt, davon gehen fast drei Viertel der Anbieter aus. Diese Meinung, die höchstwahrscheinlich auf den Praxiserfahrungen der Befragten beruht, deckt sich durchaus mit den wissenschaftlichen Erkenntnissen zur Lern- und Leistungsfähigkeit im höheren Alter (vgl. auch Abschnitt 1.4).

In ähnlich enger Korrespondenz zu den Untersuchungsergebnissen der Lernforschung steht die von der Mehrheit der Anbieter getragene Auffassung, dass das Lernen in Gruppen von Gleichaltrigen für ältere Menschen besonders förderlich ist. Mehr als 70 Prozent sprechen sich somit indirekt für eher altershomogene Gruppen und zielgruppenspezifische Bildungsangebote aus (vgl. auch Abschnitt 3.1). Schließlich ist mehr als die Hälfte der Befragten der Überzeugung, dass es gegenwärtig noch zu wenige Bildungsofferten für ältere Menschen gäbe.

Allein aufgrund der soeben dargestellten Einschätzungen der Anbieter könnte angenommen werden, dass der Bildungssektor für ältere Menschen kontinuierlich ausgebaut wird. Auch nach den Prognosen, die eine beträchtliche Zunahme der Bildungsbeteiligung vorhersagen, scheint die Expansion der Altersbildung geradewegs unausweichlich und folgelogisch zu sein. Aus der Sicht der befragten Anbieter könnte solch eine ungebrochene Zuversicht jedoch verfehlt sein. Denn fast ein Drittel der befragten Einrichtungen (30 Prozent) sieht das eigene Bildungsangebot künftig gefährdet (Frage 31, Mehrfachantworten, Tabelle 3.13). Als vordringliches Problem wird die fehlende finanzielle Unterstützung genannt (88 Prozent dieser Fälle).

Im Gegenzug zu dem möglicherweise aus solchen Problemkonstellationen resultierenden Abbau des Angebotes wird voraussichtlich nur ein Viertel der Befragten den Bereich der Bildungsarbeit für und mit älteren Menschen weiter ausbauen können (Frage 32, Mehrfachantworten). Als durchgängiges Argument für die Angebotserweiterung wird der Bedarf der Nachfrageseite genannt. Die Orientierung an den potentiellen Nutzern spielt demzufolge eine entscheidende Rolle für die Ausweitung des Bildungsprogramms. Institutionelle Logiken haben indessen keinen vordergründigen Einfluss: Nur ein äußerst geringer Teil dieser Anbieter gibt z.B. an, aufgrund von guten Finanzierungsmöglichkeiten expandieren zu wollen (insgesamt zwei Prozent).

Von jener Mehrheit der Veranstalter, die ihr Angebot im bisherigen Umfang belassen möchten (75 Prozent), wurden verschiedene Begründungen genannt (Frage 32, Mehrfachantworten): In der Hauptsache wird das gegenwärtig bestehende Angebot als ausreichend wahrgenommen, allerdings folgen gleich auf Rang zwei die fehlenden Finanzierungsmöglichkeiten. In Zusammenhang mit den weiteren Nennungen von „personellen" und „räumlichen Engpässen" lässt sich nicht übersehen, dass etliche Anbieter massive Ausstattungsprobleme haben. Diese Anbieter wären also keineswegs angemessen auf eine ansteigende Bildungsbeteiligung vorbereitet. Es bleibt fraglich, ob die Einrichtungen, die eine Ausweitung ihres Angebotes planen und auch realisieren werden, einer steigenden Bildungsnachfrage von älteren Menschen entsprechen können. Momentan bleibt eher die Befürchtung, dass zukünftig das Angebot der Nachfrage nicht gewachsen sein und sich das Passungsverhältnis nachteilig verschieben könnte.

Tabelle 3.11: Rangfolge möglicher Gefährdungsgründe (Frage 31)

	Rang
Finanzielle Unterstützung fehlt	1
Organisatorische Unterstützung fehlt	2
Personelle Unterstützung fehlt	3
Konzeptionell-inhaltliche Unterstützung fehlt	4
Anderweitige Unterstützung fehlt	5

Quelle: Bildung im Alter – Anbietererhebung 1999.

Entsprechend blicken einige der Befragten eher sorgenvoll in die Zukunft. Auf die offene Frage, wie die künftige Entwicklung der Altersbildung generell eingeschätzt werden kann, antwortet fast ein Fünftel (18 Prozent) pessimistisch (Frage 33). Diese Anbieter stellen stärker Probleme in den Vordergrund und gelangen zu einer negativen Bewertung: Altersbildung würde nicht mehr finanzierbar sein. Vereinzelt gibt es allerdings auch die Vermutung, dass die Nachfrage zurückgehen wird. Die Mehrheit der Anbieter ist in ihrer Einschätzung ambivalent. Von mehr als der Hälfte der Befragten werden sowohl Chancen als auch Probleme hinsichtlich Angebot und/oder Nachfrage gesehen. Doch immerhin 31 Prozent der Anbieter antworten im Sinne großer Zuversicht: Es wird davon ausgegangen, dass die Nachfrage steigen und das Angebot sich vergrößern und ausdifferenzieren wird.

4 Die Seniorenakademien

4.1 Die Akademien im Überblick

Im Anschluss an die quantitative Erfassung des gesamten Bildungsangebotes haben wir eine tiefer reichende Studie zu selbstorganisierten Bildungsinitiativen durchgeführt. Diese qualitative Untersuchung wurde auf den Angebotstyp der Seniorenakademie eingegrenzt. Unter diesem Titel sind in den vergangenen Jahren zahlreiche neue Angebote entwickelt worden, und es ist bekannt, dass sich weitere Seniorenakademien im Aufbau befinden. Bislang wurde dieses Bildungsangebot für ältere Menschen kaum dokumentiert oder untersucht. In der einschlägigen aktuellen Literatur zur Altersbildung lassen sich auch Vorbehalte finden, etwa die Seniorenakademien seien „Füllsel für gehobene Freizeitaktivitäten" (Böhme 1997: 98) respektive „nichts anderes als Volkshochschulen für Ältere, fördern jedoch zu diesen im Gegensatz in letzter Konsequenz die Segregation der älteren von den anderen Generationen" (Eierdanz 1992: 186). Handelt es sich bei den unterschiedlichen Einschätzungen und Bewertungen um ein Bespiel für die geläufigen „Verstehensbarrieren" (Tietgens 1992b: 8) zwischen Theorie und Praxis der Altersbildung? Oder hat sich die Seniorenakademie in jüngster Zeit zu einem besonders innovativen Angebotstyp entwickelt und ihr „Image" positiv verändert (Schnücker 2000: 193)?

Die Identifikation der Seniorenakademien in den von infas für die Nachfrageerhebung ausgewählten 150 Gemeinden (vgl. Schröder/Gilberg 2001) verlief aufgrund unseres breiten Vorgehens im Rahmen der Angebotserhebung relativ problemlos. Schwieriger erwies sich die Suche nach den weiteren Seniorenakademien jenseits unserer Gemeindestichprobe: Eine zentrale Erfassung dieser Einrichtungen existiert bislang nicht, die Recherche mittels Telefon-CD-ROM und Internet war wenig ergiebig. Erst durch Befragung eines Experten[34] konnte auch hier die Auflistung angemessen komplettiert werden. In den 150 Gemeinden wurden schließlich insgesamt 21 Seniorenakademien ermittelt, im restlichen Bundesgebiet weitere 17 (Tabelle 4.1).[35]

34 Dabei handelt es sich um den Initiator und Leiter einer der ersten Seniorenakademien Deutschlands.

35 Dass in den 150 Gemeinden mehr Seniorenakademien ermittelt wurden als im restlichen Bundesgebiet, könnte unter anderem daran liegen, dass wir hier sehr viel gründlicher recherchieren konnten. Ein gewichtiger Grund dürfte aber auch in der Auswahl der 150 Gemeinden liegen, die viele der großen Städte der Bundesrepublik beinhaltet (u.a. fast alle Landeshauptstädte).

Um neben der qualitativen Untersuchung ausgewählter Seniorenakademien auch die weiteren Einrichtungen zur Charakterisierung dieses Anbietertyps nutzen zu können, wurden alle diese 38 Einrichtungen kontaktiert. Insgesamt 30 Seniorenakademien beteiligten sich an der Fragebogenaktion. Im Folgenden sollen kurz einige Ergebnisse dieser gesonderten Befragung vorgestellt werden.

Tabelle 4.1: Seniorenakademien

	Bundesland	Stadt	Name der Einrichtung
In der Gemeindestichprobe:			
1	Berlin	Berlin	Seniorenakademie Lichtenberg
2	Bayern	Nürnberg	Altenakademie
3	Brandenburg	Cottbus	Seniorenakademie an der FH
4	Brandenburg	Eberswalde	Akademie 2. Lebenshälfte
5	Brandenburg	Schlieben	Seniorenakademie
6	Baden-Württemberg	Karlsruhe	Akademie der älteren Generation
7	Hessen	Wiesbaden	VHS-Akademie für Ältere
8	Hamburg	Hamburg	Musikakademie
9	Hamburg	Hamburg	Seniorenakademie
10	Mecklenburg-Vorpommern	Neubrandenburg	Seniorenakademie der Volkssolidarität
11	Nordrhein-Westfalen	Dortmund	Altenakademie
12	Nordrhein-Westfalen	Köln	Malakademie für Senioren
13	Nordrhein-Westfalen	Mönchengladbach	Seniorenakademie
14	Nordrhein-Westfalen	Wuppertal	Trude-Unruh-Akademie
15	Saarland	Saarbrücken	Altenakademie
16	Saarland	Völklingen	VHS-Seniorenakademie
17	Sachsen	Chemnitz	Seniorenkolleg
18	Sachsen	Leipzig	Akademie der Grauen Löwen
19	Sachsen	Schneeberg	Seniorenakademie
20	Schleswig-Holstein	Kiel	Seniorenakademie
21	Thüringen	Erfurt	Seniorenakademie
Außerhalb der Gemeindestichprobe:			
1	Brandenburg	Hoyerswerda	Seniorenakademie
2	Brandenburg	Ludwigsfelde	Akademie 2. Lebenshälfte
3	Brandenburg	Neuruppin	Akademie 2. Lebenshälfte
4	Brandenburg	Teltow	Akademie 2. Lebenshälfte
5	Baden-Württemberg	Heidelberg	Akademie für Ältere
6	Mecklenburg-Vorpommern	Greifswald	Seniorenakademie
7	Mecklenburg-Vorpommern	Güstrow	Seniorenakademie
8	Mecklenburg-Vorpommern	Schwerin	Seniorenakademie
9	Nordrhein-Westfalen	Bielefeld	Senioren-Akademie
10	Nordrhein-Westfalen	Düsseldorf	Friedrich-Spee-Akademie
11	Niedersachsen	Alfeld Leine	Seniorenakademie
12	Niedersachsen	Hannover	Otto Brenner Seniorenakademie
13	Rheinland-Pfalz	Bernkastel-Kues	Seniorenakademie
14	Sachsen	Dresden	Seniorenakademie für Wissenschaft und Kunst
15	Sachsen-Anhalt	Merseburg	Seniorenkolleg
16	Schleswig-Holstein	Lübeck	Seniorenakademie
17	Schleswig-Holstein	Scharbeutz	Seniorenakademie Lübecker Bucht

Knapp drei Viertel der Angebote sind erst in den 90er Jahren entstanden, weitere Seniorenakademien befinden sich im Aufbau. Der Gründungsboom der letzten Jahre ist fraglos ein Kennzeichen für die Attraktivität dieses Bildungsangebotes für ältere Menschen. Die Auslastung der Veranstaltungen bestätigt dies: Fast ein Drittel der Einrichtungen registriert eine eher größere Nachfrage von Seiten der Älteren – eine „eher geringere Nachfrage" wurde von keiner Akademie genannt (vgl. Frage 19 des Fragebogens).

Interessanterweise offeriert die Mehrheit der Akademien (n=18) nicht ausschließlich Bildungsmöglichkeiten. Wie sich auch in den Fallstudien zeigt, gibt es häufig zusätzliche Angebote, wie Service- oder Beratungsdienste aber auch integrierte Projekte und Initiativen. Die inhaltliche und formale Vielfalt der Akademieprogramme ist sehr groß. In zwei Fällen wurden sogar alle 24 Themenschwerpunkte inklusive „Sonstige" (Frage 16) angegeben. Der Bereich „Gesellschaft, Geschichte, Politik" wird von 26 Akademien angeboten und ist somit thematischer Favorit. Auf dem zweiten Rang liegt der Angebotskomplex „Kunst, Musik, Konzerte, Museen", darauf folgt das Thema „Gesundheit, Ernährung". Diese Reihenfolge unterscheidet sich nicht wesentlich von jener der Altersbildungsanbieter insgesamt (vgl. Abschnitt 3.4.1). Nur zwei Abweichungen sind deutlich: „Gedächtnistraining" wird von knapp der Hälfte der Akademien angeboten und liegt damit auf Rang 13, in der Gesamtauswertung hingegen belegt dieses Themenangebot den zweiten Platz. „Technik, Computer" wird in der allgemeinen Altersbildungspraxis von 30 Prozent der Einrichtungen offeriert, aber mehr als zwei Drittel der Seniorenakademien bieten Veranstaltungen auf diesem Gebiet an. Ansonsten sind die Veranstaltungsformen „Kurse" und „Blockseminare" in den Akademien offenbar geläufiger als in anderen Einrichtungen. Diese formalen und inhaltlichen Differenzen sind wenig überraschend, unterstreichen sie doch vor allem den prononcierten Lern- und Bildungsanspruch der Seniorenakademien.

Nur ein sehr kleiner Teil der Seniorenakademien (n=4) verlangt keine Teilnahmegebühren oder Mitgliedsbeiträge, wohingegen fast ein Viertel der Seniorenbildungsanbieter prinzipiell kostenlose Veranstaltungen offerieren (vgl. Abschnitt 3.4.3). Dies steht wohl auch im engen Zusammenhang mit der Finanzierung der Einrichtungen. Annähernd drei Viertel der Seniorenakademien benötigen (auch) diese Einnahmen für die Deckung der laufenden Kosten. Finanzielle Engpässe werden im Übrigen von mehr als einem Drittel der Akademien als eine ernsthafte Gefährdung bezeichnet. Neben einer Reduzierung des Angebotes könnte eine weitere Folge der Finanzierungsprobleme die Entlassung von Personal sein – immerhin werden in 20 Seniorenakademien hauptamtliche Kräfte beschäftigt. Im Verhältnis zur allgemeinen Altersbildungspraxis ist allerdings auch das freiwillige Engagement in den Akademien besonders stark ausgeprägt: In 90 Prozent der Fälle sind ehrenamtliche Kräfte für das Tagesgeschäft oder die Bildungsarbeit (mit-)verantwortlich. Dieser große Anteil ehrenamtlicher Tätigkeit ist auch ein Ausdruck für das hohe Maß an Teilnehmerorientierung und angestrebter Selbstorganisation, das diesen Angebotstyp auszeichnet.

4.2 Die Auswahl der Fälle

Die Stichprobe für unsere Fallstudien umfasst zehn Seniorenakademien aus der ermittelten Grundgesamtheit, die bereits an der schriftlichen Befragung teilgenommen hatten (vgl. Tabelle 4.2).[36] Die Auswahl wurde nach verschiedenen Kriterien getroffen. Als wichtigstes Attribut galten Aspekte der Selbstorganisation. Mit dem Fragebogen waren mehrere die Selbstorganisation kennzeichnende Aspekte erhoben worden. Bis auf eine Ausnahme sind alle ausgesuchten Fälle – nach den schriftlichen Angaben zu urteilen – selbstorganisiert entstanden. Andere Merkmale, wie z.B. die Entscheidung über die Inhalte oder die Leitung der Veranstaltungen durch Teilnehmende und ehrenamtliche Tätige trafen überwiegend zu. Neben diesen Übereinstimmungen wurden die Seniorenakademien in Hinblick auf Möglichkeiten der Kontrastierung gewählt. Mit der Stichprobe können regionale Einflüsse sowohl in Bezug auf ‚Stadt – Land' als auch ‚Ost – West' überprüft werden. Darüber hinaus sollten potentielle Unterschiede aufgrund von Trägerschaft und Bestandsdauer aufzuzeigen sein. Die Senioren-Akademie in Erfurt wurde aufgenommen, obwohl sie kein Merkmal von Selbstorganisation aufweist, da es sich anscheinend um einen spezifischen Angebotstyp der neuen Bundesländer handelt.

4.3 Forschungsleitende Fragen und Methoden

Mit den Kriterien für die Auswahl der Stichprobe wurde bereits auf einige forschungsleitende Fragen hingewiesen. Neben den grundlegenden Informationen zum Entwicklungsprozess und zur Arbeits- sowie Organisationsstruktur der einzelnen Akademien sind Ausmaß und Wirkungsweise der selbstorganisierten Aktivitäten von besonderem Interesse. Des Weiteren galt zu klären, ob regionale Besonderheiten und

36 Bei der namentlichen Nennung wird die Schreibweise verwendet, die von der entsprechenden Einrichtung selbst präferiert wird. Wird im Folgenden aus den Transkripten zitiert, sind Dialektausdrücke, Stockungen, Auslassungen etc. leicht geglättet, um eine bessere Lesbarkeit zu gewährleisten. Falls nicht anders gekennzeichnet, sind die kursiv gesetzten Passagen Interviewzitate.

Einflüsse durch Trägerschaften[37] oder Kooperationen zu beobachten sind, welche Bedingungen für Entwicklung und Bestand der Einrichtungen unabdingbar sind, und welche Teilnehmenden sich vom jeweiligen Angebot angesprochen fühlen.

Die empirische Erhebung wurde im Frühjahr/Sommer 2000 während jeweils ein- bis zweitägiger Aufenthalte vor Ort durchgeführt. Zeitpunkt und Dauer des Aufenthalts waren mit den Einrichtungen abgesprochen. Die Terminvereinbarung gestaltete sich zum Teil kompliziert, was insofern nicht verwunderlich ist, als dass die gewünschten Gesprächspartner – vorzugsweise die Akademieleitung – häufig ehrenamtlich arbeiten. Zudem sollte nach Möglichkeit mindestens eine Veranstaltung vor Ort besucht werden, was die Zeitplanung nicht vereinfachte.

Die Erhebungsarbeiten folgten dem Prinzip der Feldforschung, also der Erarbeitung des Datenmaterials im jeweiligen Feld durch den direkten Kontakt. Zu den wichtigsten Methoden zählten das Experteninterview nach einem Leitfaden mit Schlüsselpersonen der Einrichtungen (vgl. Meuser/Nagel 1991), die teilnehmende Beobachtung in Form von Veranstaltungshospitationen sowie Besichtigungen der Lernorte und Kurzinterviews mit Teilnehmenden und Lehrenden. Ferner konnten Dokumentenanalysen, die Auswertung von Programmheften, Vereinssatzungen und Informationsbroschüren, hinzugezogen werden.

Das Gros der Experteninterviews erwies sich als äußerst fruchtbar. Die Gesprächspartner – zumeist die Hauptverantwortlichen der jeweiligen Akademie[38] – standen unserem Vorhaben sehr aufgeschlossen gegenüber und berichteten zum Teil ausführlich von der Arbeit und den Problemen der Einrichtung. Die überwiegend große Bereitschaft zu einem Interview speiste sich bei vielen Teilnehmenden aus dem Motiv, die ‚eigene' Akademie einer breiteren Öffentlichkeit bekannt zu machen, und manchmal auch der Hoffnung, zukünftig mehr finanzielle Zuschüsse zu erhalten.[39] Die Gespräche wurden weitgehend frei geführt und dauerten zwischen zwei und drei Stunden. Der Leitfaden diente im Wesentlichen als Checkliste, um eine möglichst alltagsnahe und ungezwungene Kommunikation zu gewährleisten. In einigen Fällen – so in Nürnberg, Mönchengladbach, Heidelberg und Teltow – konnten gegen Ende des Aufenthaltes weitere Gespräche geführt werden, was sich als besonders nützlich und auf-

37 Mit Trägerschaften sind eigenständige, übergeordnete Einrichtungen gemeint und nicht die Vereine der entsprechenden Akademien, die juristisch die Trägerschaft innehaben können (vgl. Tabelle 4.2).

38 Nur in Leipzig stand nicht – wie telefonisch verabredet – die Akademieleiterin, sondern eine hauptamtliche Mitarbeiterin für das Interview bereit.

39 Stellvertretend seien zwei Aussagen zitiert. Die Leiterin der Teltower Akademie hofft *„aufgrund der Studie, dass die Seniorenbildung bezahlt wird"*, und die Vorsitzende der Nürnberger Akademie wünscht sich einen höheren Bekanntheitsgrad – *„Vielleicht kommen wir so mal ins Fernsehen"*.

schlussreich herausstellte: Noch offene Verständnis- und Detailfragen ließen sich so bestens klären. Alle Experteninterviews wurden auf Tonband aufgenommen. Die Gespräche mit Lehrenden und Teilnehmenden konnten nicht komplett aufgezeichnet werden, sondern wurden überwiegend im Anschluss protokolliert.

Tabelle 4.2: Seniorenakademien für die Fallstudien (nach Gründungsjahr)

	Name	Bundesland Gemeinde	Seit	Träger	Hauptamtl. Mitarbeit	Besonderheiten
1	Seniorenakademie Lübecker Bucht e.V. (Überregionale Vereinigung)	Schleswig-Holstein Scharbeutz	1980	Nein	Nein	Tagungsstruktur, die auch auswärtigen Interessenten die Teilnahme ermöglicht
2	Akademie für Ältere	Baden-Württemberg Heidelberg	1985	Nein	Ja	Umbruchsituation der Einrichtung
3	LÖWENakademie der GRAUEN LÖWEN e.V.	Sachsen Leipzig	1990	Nein	Ja	Akademie als Etikett der Vortragsreihe eines Vereins
4	Alten-Akademie Nürnberg e.V. (AAK)	Bayern Nürnberg	1991	Nein	Nein	Enge Kooperation mit der Volkshochschule
5	Förderverein Akademie 2. Lebenshälfte	Brandenburg Teltow	1992	Ja	Ja	Korrespondenz von Senioren- und beruflicher Bildung
6	Seniorenakademie e.V. Linker Niederrhein	Nordrhein-Westfalen Mönchengladbach	1993	Ja	Ja	In Trägerschaft der Arbeiterwohlfahrt
7	Seniorenakademie Otto Brenner e.V. (Akademie der Generationen)	Niedersachsen Hannover	1995	Nein	Nein	Gewerkschaftlich-politisches Arbeitsprofil
8	Friedrich-Spee-Akademie e.V. (Akademie 2. Lebenshälfte)	Nordrhein-Westfalen Düsseldorf	1996	Nein	Nein	Sponsoringsystem, Vielfalt der Lernorte
9	Seniorenakademie an der Berufsakademie Erfurt	Thüringen Erfurt	1997	Ja	Ja	Private Trägerschaft
10	Seniorenakademie	Brandenburg Schlieben	1999	Nein	Nein	Angebot im ländlichen Gebiet

Die Auswertung verlief nach einem mehrstufigen Verfahren. Alle Interviews, Gespräche und Beobachtungen wurden unmittelbar nach Abschluss der Erhebung in einem Gedächtnisprotokoll aufgezeichnet. Diese Protokolle erlaubten erste Hypothesen und Vergleiche und bildeten die Grundlage für die Auswahl derjenigen Interviews bzw. Interviewauszüge, die wörtlich transkribiert wurden. Das gesamte Material wurde in einer monographischen Falldarstellung zusammengefasst. Danach konnte der Fall nach allgemeinen analytischen Kriterien mit den anderen Fällen verglichen werden, und es erfolgte die abschließende Überarbeitung der Fallmonographien.

Für die vorliegende Veröffentlichung erhielten alle untersuchten Seniorenakademien die Möglichkeit, ‚ihre' Fallstudie zu begutachten und gegebenenfalls zu ändern. Dieses Vorgehen empfahl sich, da institutionelle sowie persönliche Interna geschützt bleiben sollten und eine Anonymisierung der Fälle eine zu große Beeinträchtigung der Informationsdichte bedeutet hätte. Die Mehrheit nutzte diese Gelegenheit und korrigierte *„Dinge, die irritieren könnten"* oder *„die Förderfähigkeit tangieren"*.[40] Zumeist handelt es sich jedoch nur um geringfügige Änderungen der ursprünglichen Darstellung.

4.4 Ergebnisse

4.4.1 Die Senioren Akademie Lübecker Bucht e.V. (Überregionale Vereinigung)

Die Senioren Akademie Lübecker Bucht zählt mit ihrem 20jährigen Bestehen zu den ältesten Einrichtungen dieser Art. Die ehrenamtlich geleitete Akademie hat sich durch ihre besondere Angebotsstruktur profiliert: Sie organisiert mehrtägige Veranstaltungen zu speziellen Themen und komplettiert das Programm zu einer Art Bildungsurlaub – Kost, Logis und Geselligkeiten können gegebenenfalls in Anspruch genommen werden.

Akademieprofil

Beginn:	1980
Bildungsangebot:	breites Themenspektrum
Angebotsformen:	Tagungen, Seminare, Reisen
Sonstige Angebote:	diverse Projekte von Senioren für Senioren
Größe:	z.Z. 430 Mitglieder, vier Regionalverbände
Besonderheit:	Auswärtigen Interessenten die Teilnahme ermöglichende Tagungsstruktur

40 So die Rückmeldung einer Akademieleiterin. In ähnlicher Weise begründeten auch die anderen Einrichtungen die vorgenommenen Korrekturen.

Die Existenz der Senioren Akademie ist untrennbar mit der Person ihres Gründers und späteren Leiters verknüpft, mit dem ein Experteninterview geführt wurde. Ihm ist sowohl die Idee der Akademie als auch ihre Verwirklichung und Weiterführung zuzuschreiben. Im Sommer 1978 wurde der Sozialpädagoge und Theologe zum Kur- bzw. Urlaubspastor in Travemünde berufen; seinen Amtssitz bekam er in den Räumlichkeiten des größten Hotels am Ort. Nachdem er 1979 die dänische Pensionistenhochschule in Marielyst kennen gelernt hatte, begann er unverzüglich mit der Entwicklung einer ähnlichen Einrichtung in Deutschland. Für sein Vorhaben ließen sich jedoch nur schwer Geldgeber finden – weder die Kirche noch Bundes- oder Landesregierung wollten seinerzeit Zuschüsse gewähren. Einzig das ortsansässige First-class-Hotel war bereit, das Projekt finanziell zu unterstützen. Die kostenlose Nutzung von Konferenzsälen und Sonderkonditionen für die Übernachtung der Teilnehmenden – ein Agreement, das später auf die gesamte Hotelkette ausgeweitet wurde und bis heute Gültigkeit hat – konnten vereinbart werden. Für die geplante Leitungs- und Koordinationsstelle ließen sich allerdings keine Mittel einwerben. So wurde die Senioren Akademie von Anbeginn ehrenamtlich organisiert und erst heute gibt es wieder Bemühungen um einen vollfinanzierten Arbeitsplatz.

Im Februar 1980, nach einer werbewirksamen Pressekonferenz, wurde die erste zweiwöchige Tagung veranstaltet. Über 100 Besucher kamen, um Vorträge von verschiedenen Experten zu gerontologischen Themen zu hören. Aufgrund der großen Resonanz wurde ein Verein gegründet und noch im selben Jahr fanden zwei weitere Veranstaltungsreihen statt.

Die Mitgliederzahlen steigen in den ersten Jahren stetig; die Teilnehmenden kommen aus dem gesamten norddeutschen Raum und sogar aus Nordrhein-Westfalen. Ende der 80er Jahre entstehen eigenständige Regionalgruppen – z.B. in Hamburg, Kiel und Glücksburg –, die aber vereinsrechtlich Mitglieder im Verein ‚Senioren Akademie Lübecker Bucht' bleiben. In dieser Zeit werden etwa zehn bis 15 Tagungen und Seminare pro Jahr zu jeweils aktuellen Schwerpunkten durchgeführt. Auch Reisen ins Ausland gewinnen zunehmend an Bedeutung.

Ab 1990 gibt es ein starkes Engagement in den neuen Bundesländern. Die Senioren Akademie expandiert weiter – sowohl was die Anzahl der Mitglieder und Regionalverbände als auch die Anzahl und den Umfang der Veranstaltungen betrifft. Mitte der 90er Jahre ist die Blüte- bzw. Glanzzeit der Akademie. Zu diesem Zeitpunkt werden jährlich etwa 35 Konferenzen und Reisen mit zeitgemäßen Inhalten angeboten, darüber hinaus finden viele *„spontane Aktivitäten und Initiativen"* auch in Einzelgruppen statt.[41] Es bestehen Kooperationen mit wichtigen Institutionen und innovativen Projekten. Besucher kommen aus dem gesamten deutschsprachigen Raum angereist. Mit dem 20jährigen Jubiläum, das im Jahr 2000 gefeiert wurde, konnte eine eindrucksvolle Bilanz gezogen werden. Über 350 Tagungen mit ganz unterschiedlichen Inhalten fanden in diesem Zeitraum statt: *„Es gibt ja kein Thema, was wir noch nicht behandelt haben"*. Trotz dieser Erfolgsstory darf nicht übersehen werden, dass sich die Senioren Akademie seit Anfang 1999 in einer latenten Umbruchphase befindet, die in Zusammenhang mit dem allmählichen Rückzug des Leiters steht. Bislang haben sich keine geeigneten Nachfolger gefunden und insofern ist die Zukunft der Einrichtung ungewiss.

Konzept und Arbeitsweise

Die Organisationsstruktur der Einrichtung trägt deutlich die Handschrift des Leiters. Viele Jahre führte er die Akademiegeschäfte parallel zu seiner beruflichen Arbeit. Als Gemeinde- und späterer Seniorenpastor konnte er die beiden Tätigkeiten *„gut verbinden"*. Daraus ergibt sich z.B. die Vereinsmitgliedschaft der Akademie im Diakonischen Werk und die *„ökumenisch-christliche"* Basis der Akademiearbeit, die in der Satzung fixiert ist. Seinen persönlichen Einfluss und sein privates Netzwerk nutzte er von Anbeginn konsequent: *„Ich habe einen Riesenvorteil, weil ich einen riesigen Freundeskreis habe (...) und so sind die ganzen Beziehungen auch für die Akademie auszuschöpfen"*. Mit seiner außergewöhnlichen Ausstrahlung kann er Menschen für sich und damit auch für die Akademie einnehmen und begeistern. Einige Referenten und ehrenamtliche Mitarbeiter, aber letztlich auch Besucher, kommen vor allem seinetwegen. Viele soziale Aktivitäten und Projekte wurden von ihm initiiert, z.B. eine ehrenamtliche Telefonseelsorge, die Grünen Damen,[42] sowie verschiedene Nachbarschaftshilfen. Er arrangiert seit 1983 Weihnachtsfeiertage für interessierte Akademiemitglieder. Dieses mehrtägige Fest zählt zu den *„emotionalen Events"* der Akademie. Zudem organisiert er seit den 80er Jahren auf Gran Canaria, wo er seinen Zweitwohnsitz hat, eine Art Urlaubsakademie für Senioren. In den Wintermonaten gibt es dort regelmäßige Vorträge oder Seminare für Bekannte, Freunde und Akademiemitglieder. Bis heute ist er, zusammen mit seiner Frau – *„die Seele der Akademie"* (Vorstand der

41 Zum Teil werden sehr ungewöhnliche Themen behandelt. Z.B. wird in Zusammenarbeit mit den Universitäten in Kiel und Greifswald eine *„Aufarbeitung des dialektischen Materialismus"* versucht, die Entwicklung in den ehemaligen Ostblockländern analysiert und eine Veranstaltungsreihe zu *„Ethik in Politik und Gesellschaft"* angeboten.

42 Die Grünen Damen, bundesweit vertreten, sind ehrenamtliche Tätige – zumeist Frauen –, die Patienten ohne Angehörige im Krankenhaus besuchen.

Senioren Akademie Lübecker Bucht e.V. 2000: 6) –, der *„Mittelpunkt"* (ebd.: 38) der Einrichtung.

Die unstreitig überragende Einzelleistung dieses Mannes, die 1996 mit dem Verdienstorden der Bundesrepublik Deutschland geehrt wurde, kann allerdings für die Zukunft auch zu Schwierigkeiten führen. Seine endgültige Amtsniederlegung – nur eine Frage der Zeit – wird möglicherweise Lücken reißen, die den Fortbestand der Einrichtung gefährden. Der Leiter, der in früheren Zeiten gut 40 Stunden Wochenarbeitszeit für die Akademie aufwenden musste und auch heute noch in Stoßzeiten – d.h. in Zeiten von Jahrestagungen – einen Full-Time-Job bestreitet, muss aufgrund gesundheitlicher Beschwerden die Arbeit *„langsam zurückfahren"*. Die Akademietätigkeit, die für ihn *„immer eine Bereicherung"* gewesen ist, wird zunehmend strapaziös und seinem Credo *„nur wer selber brennt, kann andere entzünden"* glaubt er, nicht mehr gerecht werden zu können. Mittlerweile wurde deshalb ein ihm unterstehendes Leitungsteam – *„ganz profilierte Leute (...) alles Akademiker"* – eingerichtet, das einen Großteil der Arbeit übernimmt. Seine Aufgabe besteht nun in der *„Gesamtleitung"*, was häufig auch den Ausgleich zwischen den Mitgliedern des Leitungsteams bedeutet. Trotzdem hat er noch *„alle Fäden"* in der Hand, und bislang gibt es keine Interessenten, die diese Verantwortung ehrenamtlich übernehmen möchten. Auch aus diesem Grunde wird momentan wieder über die Möglichkeit einer hauptamtlichen Stelle nachgedacht.

Ehrenamtlichkeit und Selbstorganisation gehören zu den Leitgedanken der Senioren Akademie: *„Es ist keine Gruppe, für die wir was machen, die sollen selber aktiv werden (...) sollen sich einbringen"*. Insofern versteht sich der Akademieleiter als *„Impulsgeber"*, der geeignete Voraussetzungen für Aktivitäten von älteren Menschen schafft. Die Senioren Akademie beruht nahezu vollständig auf ehrenamtlicher Tätigkeit; einzig die geladenen Referenten sind fast nur Honorarkräfte. 20 ehrenamtliche Helfer waren es bereits in der Anfangsphase, heute sind es etwa 50 Personen, die an der Gestaltung des Programms beteiligt sind. Die meisten ehrenamtlich Tätigen arbeiten zwei bis drei Stunden pro Woche, die Mitglieder des Leitungsteams sind wöchentlich ca. zehn Stunden beschäftigt. Zweimal im Jahr tagt der Gesamtvorstand, um über das künftige Programm zu entscheiden. Diesem Gremium gehören knapp 20 Personen an, darunter auch Verantwortliche der Regionalgruppen.

Das hervorstechende Charakteristikum der Senioren Akademie ist die besondere Angebotsstruktur: Es gibt keine kontinuierlichen Lehrveranstaltungen über einen längeren Zeitraum an einem festen Lernort, sondern zumeist einwöchige Tagungen zu fest umrissenen Themen, die im

Hotel stattfinden.[43] Diese Veranstaltungsform entspricht weder dem Typus eines Blockseminars noch dem einer Studienfahrt – am ehesten könnte sie als eine Art Bildungsurlaub bezeichnet werden. Diese spezifische Programmgestaltung geht auf die besonderen Gegebenheiten der Gründungsphase zurück. Die finanzielle Unterstützung der Akademie durch die Hotelkette sollte sich letztlich auch für deren Betreiber auszahlen. Ein Programmumfang von mehreren Tagen macht das Angebot auch für auswärtige Gäste attraktiv und somit entstehen Übernachtungskosten, die sich auf lange Sicht auch für den Sponsor rentieren – *„natürlich profitiert auch das Hotel"*. Zu Anfang betrug die Übernachtungspauschale für Akademiemitglieder 39 DM. Mittlerweile sind es 99 DM pro Einzelzimmer – im Verhältnis zu dem üblichen Tarif ein wirklicher Sonderpreis. Die Tagungen und Konferenzen finden inzwischen nicht nur im Hotel in Travemünde, sondern bevorzugt in Dependancen in ganz Deutschland zu ähnlich günstigen Konditionen statt. Von Seiten der Hotelleitung – sowohl der Generaldirektor als auch die Besitzerin der Hotelkette sind Akademiemitglieder – wurde der Senioren Akademie schon mehrmals die Trägerschaft angeboten. Damit würde sich die Einrichtung dauerhaft aller finanziellen Probleme entledigen. Dennoch hat sich der Vorstand gegen diesen Zusammenschluss entschieden mit der Begründung, inhaltlich und konzeptionell unabhängig bleiben zu wollen.

Die Einbindung der Bildungsveranstaltungen in eine elegante Hotelatmosphäre ist ein Markenzeichen der Senioren Akademie und wird vom Publikum allem Anschein nach außerordentlich geschätzt. *„Das Ambiente stimmt bei uns (...) Wir machen immer Begrüßung und Sektempfang (...) die Ladys und Herren machen sich ein bisschen schick (...) das mögen sie alle sehr, sehr gern"*. Es gehört zu den Erfahrungen der langjährigen Arbeit, dass weder beträchtliche Preise noch komplizierte Themen die Nachfrage beeinträchtigen: *„Je höher wir rangehen mit dem Niveau, um so mehr Leute kriegen wir"*.

In den ersten Jahren dominierten gerontologische Themen das Angebot. Mitte der 80er Jahre gab es ein starkes Interesse an der *„Aufarbeitung der Kriegsgeschichte"*. In Zusammenhang mit den entsprechenden Tagungen entstanden sogar einige Publikationen. Ende der 80er Jahre fanden mehrere Konferenzen unter dem Titel *„Wertewandel in der Gesellschaft"* statt. In diesem Kontext wurden zusammen mit einem Gymnasium, einer politischen Jugendorganisation und einer Offiziersschule verschiedene Arbeitsgemeinschaften gebildet. Diese generationsübergreifende Bildungsarbeit im politischen Bereich galt zum damaligen Zeitpunkt als Novität und gelangte zu überregionaler Popularität. Ab 1989 verlagerte sich der

43 Bis auf ein Verwaltungsgebäude gibt es keinen festen Ort der Akademie. Vor wenigen Jahren wurden in Scharbeutz kostengünstige Räumlichkeiten als Geschäftsadresse für die Senioren Akademie angemietet.

Fokus zunehmend auf die politischen Prozesse in Ostdeutschland und die Wiedervereinigung. Höhepunkt dieses inhaltlichen Schwerpunktes war eine Tagung zur *„Aufarbeitung des dialektisch-historischen Materialismus"*, die in Zusammenarbeit mit den Universitäten Kiel und Greifswald gestaltet wurde. Neben den politischen Themen gibt es seit Anbeginn eine breite Programmpalette, zu der u.a. kreative Aktivitäten, Kunst, Geschichte, Sport und Reisen zählen. Ein aktuelles Klassifikationsschema der Senioren Akademie unterscheidet sieben *„Säulen"* der inhaltlichen Arbeit mit etlichen Untersegmenten. Derzeit sind vor allem *„literarische"* Veranstaltungen, *„künstlerisch-musische"* Reisen und *„vorpolitische"*, d.h. philosophische sowie soziologische Themen im Trend.

Neben den *„tollen Themen"* und der *„Klasse-Unterkunft"* wird der Aspekt *„der guten, starken Gemeinschaft"* zum Erfolgsrezept der Senioren Akademie gerechnet. *„Es ist ein ganz, ganz wichtiger Faktor, dass die Gemeinschaft untereinander stimmt"*. Die *„Begegnung im Freundeskreis"* nimmt einen hohen Stellenwert ein. Aus den ‚INNENANSICHTEN', einer Broschüre zum 20jährigen Jubiläum der Einrichtung, geht hervor, dass sich nicht nur gute Bekanntschaften und Freundschaften, sondern auch Partnerschaften und Lebensgemeinschaften zwischen den Akademiemitgliedern entwickelt haben. Das gesellige Beisammensein ist ein integrativer Bestandteil der Tagungen: *„Wir haben nach der Abendveranstaltungen noch den interessanten Teil (...) dann wird im Pub diskutiert bis nach 24 Uhr (...) wir haben unsere Songs, da wird abends gefeiert"*. Ebenso zählen die *„Morgenbesinnungen"* – das gemeinsame Meditieren – und die *„Ausatmungsphasen"* zum festen Programm. Die Kombination aus Seminaren am Vormittag und Entspannung am Nachmittag *„gefällt halt sehr gut"*. Dass sich die Senioren Akademie mit ihrem Profil von Volkshochschulprogrammen unterscheidet, gehört zu den ausdrücklich formulierten Wünschen und Zielen der Leitung.

Der Reisesektor ist eine *„wichtige Mittelsäule"* der Akademie; die Studienfahrten in das In- und Ausland zählen zu den beliebtesten Veranstaltungen. Das Spektrum ist breit und reicht vom Opernbesuch in New York über christliche Fahrten nach Bayern bis hin zu Flusskreuzfahrten in Russland. Thematische Reisen sind häufig in Vor- und Nachbreitungsveranstaltungen eingebettet. Die gesamte Organisation des Reiseprogramms inklusive der Fernreisen liegt in den Händen von ehrenamtlich Tätigen. Eine Kommerzialisierung dieses Angebotes wäre nach Meinung des Akademieleiters sehr lukrativ gewesen. Da diese Möglichkeit jedoch nie in Betracht kam, werden auch für den Reisesektor immer wieder Geldgeber und Sponsoren gesucht. Ansonsten müssen sämtliche Kosten von den Teilnehmenden getragen werden.

Sowohl für Reisen, Projekte als auch Tagungen werden finanzielle Zuschüsse – je nach Thema und Zuständigkeit – bei diversen Institutionen,

Gremien und Kooperationspartnern beantragt. Die Liste der bisherigen Förderer ist lang – u.a. zählen die Landesregierung Schleswig-Holstein, das Ministerium des Inneren sowie die Arbeitsgemeinschaft Staat und Gesellschaft dazu. Trotz permanenter Spendenaufrufe sind die privaten Zuwendungen eher bescheiden und insofern keine feste Größe im Etat. Grundlage des Haushaltes sind vor allem die Mitgliedsbeiträge, die zurzeit 100 DM (oder 160 DM für Ehepaare) pro Jahr betragen. Zudem werden für die Mehrzahl der Veranstaltungen Gebühren verlangt, Kost und Logis müssen extra bezahlt werden.

Abgesehen von der Schwierigkeit, eine hauptamtliche Leitungsstelle finanzieren zu können, ist die wirtschaftliche Situation der Senioren Akademie wohl stabil: *„Wir stehen finanziell ganz gut"*. Die recht üppige Bezahlung von Referenten und Experten ist für die Einrichtung offenbar problemlos: 300 DM pro Vortrag oder 600 DM Tageshonorar und häufig noch Übernachtungs- sowie Fahrtkosten werden üblicher Weise erstattet. Vermutlich sind auch die hohen Honorarsätze ein Grund, dass die Akademie immer ihre Wunschkandidaten für die Vorträge bekommt. Allerdings ist dies wohl auch dem immensen Bekanntheitsgrad der Einrichtung zu verdanken: Viele hochrangige Politiker und Wissenschaftler stehen auf der Rednerliste.

Über die Senioren Akademie wurde schon viel in den Medien berichtet. Die Einrichtung genießt großes Ansehen – sie ist selbst überregional gut bekannt. Dahinter steckt zweifellos auch eine routinierte Öffentlichkeitsarbeit. Regelmäßig werden sogenannte Jahresbriefe erstellt, die einerseits eine Programmvorschau und andererseits einen Jahresrückblick, mit teilweise sehr persönlichen Erlebnisberichten, enthalten. Diese Publikation wird in einer Auflage von mehreren tausend Exemplaren gedruckt. Akademiemitglieder und Interessierte bekommen die Hefte gebührenfrei zugesandt, ansonsten liegen sie in den Hotels aus. Die Druckkosten werden von der Hotelkette, die Porti von der Senioren Akademie bezahlt. Informationen über den Ablauf der Tagungen werden vorzugsweise in den redaktionellen Teil der Lokalzeitungen untergebracht. In diesem Zusammenhang sei erwähnt, dass der Name der Einrichtung neuerdings nicht mehr zeitgemäß und insofern auch wenig werbewirksam erscheint: *„Heute ist es ja so, dass das Wort Senioren ein Hemmnis ist (...) und Akademie klingt zu hochgestochen"*.

Seit 1988 gibt es neben dem Akademietitel den Zusatz ‚Überregionale Vereinigung'. Diese Erweiterung steht in Zusammenhang mit der Herausbildung von eigenständigen Regionalgruppen. Aus losen privaten Zusammenschlüssen von einigen Akademiemitgliedern mit gleichen Interessenslagen entwickelten sich sukzessive stabile thematische Arbeitskreise, z.B. Wander-, Bridge-, Englisch-, Musik-, Computer- und Literaturzirkel. Diese komplett selbstorganisierten Initiativen etablierten sich als kontinuierliche Angebote vor Ort, d.h. die regelmäßigen Treffen fanden zumeist im unmittelbaren Wohnumfeld der Teilnehmenden statt. Später schlossen sich verschiedene lokale Arbeitsgemeinschaften zu einer Regionalgruppe zusammen. Gegenwärtig befinden sich unter dem Dach der Senioren Akademie Lübecker Bucht sechs derartige Regionalverbände (Hamburg, Kiel, Lübeck, Nordrhein-Westfalen, Travemünde und Greifswald), die jeweils noch ein eigenes Programm offerieren. Über die mannigfaltigen Aktivitäten vor Ort existiert nur ein sehr allgemeiner Überblick. Es gibt sowohl kurz- als auch langfristige Unternehmungen, über die gelegentlich in den Jahresbriefen berichtet wird. Die Möglichkeit, sich zwischen den verschiedenen Interessensgruppen auszutauschen, wird vielfach genutzt. In den 90er Jahren entstanden – vornehmlich aus finanziellen Erwägungen – aus zwei dieser Freundeskreise eigene Vereine. Zum einen handelt es sich um die Musikakademie für Senioren in Hamburg und zum anderen um die Seniorenakademie Greifswalder Bodden/Vorpommern. Neben der akademieinternen Zusammenarbeit sind etliche Verbindungen mit anderen Seniorenorganisationen vorhanden, z.B. mit dem evangelischen Seniorenwerk Deutschlands und New Generation aus Hamburg. Das Interesse an neuen Kooperationen und der Wunsch nach einem Erfahrungsaustausch mit weiteren Seniorenakademien bestehen.

Teilnehmende

Die Senioren Akademie führt keine Statistiken hinsichtlich ihrer Besucher. Von den derzeitig 430 zahlenden Mitgliedern sind schätzungsweise 300 Personen aktiv und nehmen an den Veranstaltungen teil. Darüber hinaus gibt es eine große Anzahl an Interessenten, die auch ohne Mitgliedschaft am Programm teilnehmen. Es wird vermutet, dass gegenwärtig etwa 1.200 Personen im Jahr erreicht werden. Von den knapp 120 Mitgliedern der ersten Stunde ist heute noch etwa ein Viertel dabei. Viele sind aus Altersgründen ausgetreten. Zu Anfang lag das Durchschnittsalter bei ungefähr 60 Jahren. Mittlerweile ist die Altersspanne sehr groß: die jüngsten sind Ende 40, die ältesten über 90. Der Frauenanteil wird auf zwei Drittel geschätzt. Die Teilnehmenden kommen bevorzugt aus Norddeutschland. Wie viele Besucher aus dem übrigen deutschsprachigen Raum anreisen, ist nicht bekannt. Die Klientel ist vermutlich überwiegend bildungsgewohnt und – nach den erforderlichen Unkosten zu urteilen – wohl nicht unvermögend. Hinsichtlich der Neuwerbung von Akademiemitgliedern besteht momentan eine ambivalente Haltung. Die Erhöhung der Mitgliederzahlen bringt einerseits bessere Einnahmen, andererseits erfordert dies mehr ehrenamtlichen Einsatz. Auch aus diesem Grund besteht ein Interesse an einer hauptamtlichen Kraft.

4.4.2 *Die Akademie für Ältere in Heidelberg*

Die Akademie für Ältere in Heidelberg ist wahrscheinlich die renommierteste Einrichtung dieser Art in Deutschland. Ihren fabelhaften Ruf verdankt sie nicht allein der guten Arbeit und den großartigen Leistungen, sondern auch einer langjährigen cleveren Öffentlichkeitsarbeit. Über die Akademie sind auch Legenden im Umlauf, die z.B. behaupten, dass Spendengelder in Millionenhöhe flossen bzw. fließen und finanzielle Nöte dieser Einrichtung fremd seien. Wenig bekannt ist hingegen, dass die Akademie sich seit einigen Jahren in einer schwierigen Phase des Umbruchs befindet, die u.a. auch mit einem personellen Leitungswechsel zusammenhängt.[44]

Akademieprofil	
Beginn:	1985
Bildungsangebot:	breites Themenspektrum
Angebotsformen:	Fachgruppen, Seminare, Vorträge, Kultur-, Kunst- und Studienfahrten
Sonstige Angebote:	Beratungs- und Serviceleistungen für Senioren
Größe:	z.Z. 4.100 Mitglieder in der Kartei
Besonderheit:	Umbruchsituation der Einrichtung

Entstehungsgeschichte

1985 wurde ein erstes, improvisiertes Akademieprogramm für *„Ältere und Alte"*[45] angeboten. Ein Jahr zuvor hatten sich die Initiatoren – neun Frauen und Männer in der nachberuflichen Lebensphase – erstmalig zusammengefunden und die Idee dieses speziellen Angebotes schrittweise entwickelt. Noch 1984 konnte der Verein Akademie für Ältere gegründet werden. Parallel wurde eine Umfrage unter älteren Menschen durchgeführt, um ausreichend Informationen über die Bedürfnisse, Interessen und Wünsche der Zielgruppe der Einrichtung zu bekommen. Diese Befragungsergebnisse sind ein grundlegender Bestandteil der Konzepterstellung gewesen und spiegeln sich bis heute in den Leitsätzen der Akademie wider.

---

44 Das Experteninterview wurde mit dem ehrenamtlichen Geschäftsführer der Akademie geführt.

45 *„Damit meinen wir nur Männer und Frauen jenseits des Berufes oder des ‚Berufsalters', aber nicht die große Zahl sogenannter Senioren, die noch berufstätig sind oder die im Berufsalter stehen"* (zitiert aus dem Bericht des Akademievorsitzenden ‚18 Monate Akademie für Ältere' von 1986). Diese strikte Sprachregelung der Anfangsphase hat sich mit der Zeit überlebt. Weiterhin ist das Angebot vorzugsweise für ältere Menschen gedacht, die schon aus dem Berufsleben ausgeschieden sind, doch hat sich die Zielgruppenbezeichnung ‚Senioren' durchgesetzt.

Aus gegenwärtiger Perspektive nur schwer nachzuvollziehen ist der Umstand, dass diese selbstorganisierte Initiative zu Anfang massive Kritik provozierte. *„Zahlreiche aus Altenarbeit, Weiterbildung und Verwaltung der Region wollten uns 1985 partout nicht haben. Alles, was wir anbieten würden, gäbe es schon, sagten die einen. Andere ließen uns wissen, dass die Alten an unserem Angebot nicht interessiert seien".*[46] Der prompte Erfolg bzw. das starke Interesse von Seiten der Nachfragenden gab jedoch den Gründungsmitgliedern Recht. So bekam die Akademie innerhalb kürzester Zeit eine große Lobby – auch in politischen und wissenschaftlichen Kreisen. Sie erlangte den Status eines Modellprojektes und wurde über lange Zeiträume von diversen Stellen und Institutionen großzügig gefördert.

Nach nur zwei Jahren gab es schon mehr als 2.000 eingeschriebene Akademiefreunde, überdies eine Vielzahl von ehrenamtlichen Helfern und Kursleitern. Schnell etablierte sich ein umfangreiches Bildungsprogramm. 1987 erhielt die Akademie zusammen mit der Volkshochschule ein eigenes Haus in der Innenstadt von Heidelberg, wo sie bis heute residiert. Weitere Popularität erlangte die Einrichtung Anfang der 90er Jahre mit der Kampagne für die ‚Karte ab 60'. Mit einer groß angelegten Unterschriftensammlung erstritt die Akademie bei den Verkehrsbetrieben eine günstige Senioren-Jahreskarte für das gesamte Rhein-Neckar Gebiet.[47] Mit dieser politischen Aktion – *„eine Sternstunde der Akademie"* – festigte sich der gute Ruf und die Einrichtung bekam weiteren *„wahnsinnigen Zulauf"*. Bald wurden 11.000 Mitglieder und 500 ehrenamtliche Tätige registriert. Mehrere hauptamtliche Mitarbeiter konnten aufgrund verschiedentlicher finanzieller Zuwendungen für Koordinierungsaufgaben eingestellt werden. 1993 wurde die Rechtsform der Akademie von einem Verein in eine GmbH umgewandelt. Der bisherige Akademieleiter avancierte zum Geschäftsführer, in den Aufsichtsrat konnten namhafte politische Entscheidungsträger der Stadt berufen werden. Bedingt durch die versierte Öffentlichkeitsarbeit verbreitete sich die Erfolgsgeschichte der Akademie für Ältere und wurde beispielgebend für die Entwicklung ähnlicher Einrichtungen in ganz Deutschland.

Die scheinbar unaufhaltsame Expansion endet 1997 mit dem Ausscheiden des Geschäftsführers, der aus Krankheitsgründen sämtliche Ämter niederlegen musste. Erst sein abrupter Weggang – *„einen Nachfolger hat er nicht aufgebaut"* – machte in aller Schärfe deutlich, in welchem Ausmaß

---

46 Zitiert aus dem Vorwort des Akademievorsitzenden in der Broschüre ‚10 Jahre Akademie für Ältere' (Akademie für Ältere Heidelberg 1995).

47 Der Gesamtbereich des Verkehrsverbundes Rhein-Neckar, der über die drei Bundesländer Baden-Württemberg, Hessen und Rheinland-Pfalz hinwegreicht, umfasst etwa 200 Städte und Gemeinden. 1993 betrug der monatliche Vorzugspreis für Senioren 30 DM, gegenwärtig liegt er bei 41 DM.

die Einrichtung durch diese Persönlichkeit geprägt und dominiert war. Er war geradezu *„besessen"* von der Akademieidee und leitete die Einrichtung straff und unnachgiebig. Dem persönlichen Einsatz des damaligen Leiters ist einerseits maßgeblich die Reputation der Akademie zu verdanken – *„So kann man eine Einrichtung auch nur führen (...) wenn man alle Bedenkenträger zu Wort kommen ließe und ernst nähme, dann würde so ein Ding nie entstehen"* –, andererseits war seine Arbeitsweise – *„ohne Absicherung immer nur vorwärts"* – gelegentlich kontraproduktiv und brachten der Einrichtung auch ernsthafte Schwierigkeiten. Der Geschäftsführer, der durch seine früheren beruflichen Leistungen zu einiger Berühmtheit bzw. Prominenz gelangt war, nutzte seinen Bekanntheitsgrad und Bekanntschaftskreis für die Akademie. Aufgrund seiner Autorität konnten erhebliche Zuschüsse sehr unbürokratisch eingeworben und viele Probleme auf dem informellen Weg gelöst werden. Seine deutschlandweiten Spendensammlungen sollen brillant gewesen sein. Mit dem unerwarteten Abdanken verlor die Akademie für Ältere all diese personengebundenen Privilegien.

So musste das ursprüngliche Prinzip der Gebührenfreiheit aus Gründen der Kostendeckung aufgegeben werden. Ursprünglich war nur ein einmaliges Einschreibungsentgelt von 5 DM gefordert worden, das zur lebenslangen Inanspruchnahme des gesamten Leistungskatalogs der Akademie berechtigte. Inzwischen wird ein Jahresbeitrag von 80 DM erhoben, was einen großen Mitgliederschwund zur Folge hatte. Von den anfangs 11.000 Akademiefreunden blieben nur 3.500 Personen übrig. Eine erneute Gebührenerhöhung könnte notwendig werden. Es ist noch nicht absehbar, welche Auswirkungen dies auf die Teilnahmequoten hat. Um weitere Kosten einzusparen, musste die Anzahl der hauptamtlichen Mitarbeiter drastisch reduziert werden. Von dem ehemals 24köpfigen Team sind gegenwärtig noch zwölf hauptamtliche Kräfte beschäftigt.[48] Die permanente Mittelakquisition und Zuwendungsbeantragung sind derzeit das alles bestimmende Thema und Problem der Akademie.

Konzept und Arbeitsweise

Von Anfang an war die Akademie als Selbsthilfeeinrichtung konzipiert. Dies bedeutet, dass das ehrenamtliche Engagement sowohl Grundlage als auch Mittelpunkt der Akademiearbeit ist. Ehrenamtlich Tätige sind in allen Ebenen der Organisationsstruktur zu finden – in der Geschäftsleitung, der Verwaltung, der Öffentlichkeitsarbeit und im Weiterbildungsbereich. Dass die gesamte Lehr- und Vortragstätigkeit ehrenamtlich erfolgt, also ohne finanzielle Honorierung, gehört zu den Grundsätzen

48 Die Lohn- und Gehaltskosten für die zwölf Beschäftigten kann die Akademie eigentlich nicht aufbringen. Der weitere Personalabbau ist notwendig und geplant.

der Akademie. Diese strikte Norm gilt ebenfalls für externe Referenten und geladene Experten. Auch anfallende Nebenkosten, wie z.B. Fahrkarten oder Übernachtungspauschalen, werden generell nicht erstattet. Trotzdem muss nur im Ausnahmefall auf gewünschte hochkarätige Fachkräfte verzichtet werden – fast immer wird die Regelung akzeptiert. Die einzige Begünstigung, die die ehrenamtlich Tätigen genießen, ist die Befreiung von den Jahresgebühren, d.h. der Besuch weiterer Kurse und Veranstaltungen ist für diesen Kreis gänzlich kostenlos. Allerdings wird das Sonderrecht bloß von wenigen Personen genutzt. Auch in der Akademie für Ältere unterscheidet sich die Gruppe der Lehrenden von dem Gros der Teilnehmenden. Der von konzeptioneller Seite erhoffte Rollenwechsel zwischen ‚Laien' und ‚Experten' ist in der Akademiepraxis selten vorzufinden.

Von den derzeit etwa 250 festen Lehrkräften befindet sich der Großteil in der nachberuflichen Lebensphase. Schätzungsweise 75 Prozent der Dozenten und Dozentinnen sind ehemals ausgebildete Pädagogen. Wie viele Personen davon Kursleiter sind, die wöchentliche Veranstaltungen offerieren, bzw. wie groß der Anteil derjenigen ist, die nur vereinzelte Vorträge anbieten, konnte nicht präzisiert werden. Obwohl sich immer wieder Interessenten für eine Dozententätigkeit anmelden, besteht ein permanenter Bedarf an Lehrkräften, so dass gezielte Werbung und direkte Ansprache unabdingbar sind. Reiseleitertätigkeiten und Einzelvorträge werden besonders gern übernommen. Mühsamer ist es hingegen, Personen zu finden, die kontinuierlich unterrichten. Die Eignung bzw. Befähigung für eine Lehrtätigkeit bleibt dabei ein heikles Thema: *„Es ist schwierig, Leute wieder wegzuschicken, die kommen und von sich überzeugt sind"*.[49] Insbesondere im Fremdsprachenbereich sind Eignungstests durch Muttersprachler üblich und wohl auch notwendig – *„viele überschätzen sich"*. Neulinge werden mit den Leitsätzen der Akademie vertraut gemacht. Für zukünftige Reiseleiter gibt es Seminare, in denen das notwendige juristische und kaufmännische Wissen vermittelt wird. Ansonsten bestehen keine Weiterbildungsmöglichkeiten für ehrenamtliche Mitarbeiter. Insofern wird weiterhin eigens das Nachfrageverhalten über die Qualität des Angebotes entscheiden. Die Motivation ehrenamtlich Tätiger umfasst erfahrungsgemäß eine *„ganze Palette"* von Impulsen, z.B. *„da wird das erste Mal in der Lehrtätigkeit erlebt, dass sich bedankt wurde (...) viele Eitelkeiten (...) ich gehöre noch nicht zum alten Eisen, Mitteilungsbedürfnis, professionelle Selbstdarsteller und es gibt Leute, die sind altruistisch wie sonst irgend was"*.

49 Aus dem Interview mit der hauptamtlichen Fachbereichsleiterin ‚Weiterbildung', die für die Auswahl der ehrenamtlichen Lehrkräfte zuständig ist.

Hauptamtliche Kräfte wurden für die Organisation des Bildungsprogramms als sogenannte Fachbereichsleiter[50] eingestellt. Gegenwärtig sind auch Stellen für Sachbearbeiter und die Position des Verwaltungsleiters hauptberuflich besetzt. Das Verhältnis zwischen haupt- und ehrenamtlichen Mitarbeitern ist nicht unproblematisch – Konflikt- und Konkurrenzsituationen sind *„bei dieser Konstruktion vorprogrammiert“*. *„Wenn die Hauptamtlichen nicht mehr gebraucht werden, müssten sie entlassen werden, aber die Ehrenamtlichen müssen in großer Zahl an die Einrichtung gebunden werden, da entstehen Ängste und Konflikte, Aggressionen (...) die einen fürchten um ihren Arbeitsplatz, die anderen werden zum Teil entmündigt“*. Abhilfe sollen spezielle Schulungen des bezahlten Personals schaffen, welches anscheinend allzu oft verkennt, dass *„die Seniorenakademie nicht gegründet wurde, um hauptamtliche Stellen zu besetzen, sondern um Ehrenamt zu fördern“*.

Zu den Maximen der Akademie für Ältere zählen Teilnehmerorientierung und altersgerechtes Lernen. Von Anbeginn galt der Devise: *„Angeboten wird nur das, was alte Menschen wünschen“*. Die Veranstaltungen finden überwiegend tagsüber statt, das Lerntempo soll an den Bedürfnissen der Einzelnen orientiert werden. Leistungsdruck soll unterbleiben, entsprechend wird eine Zeugnis- oder Zertifikatsvergabe unterlassen. Auf ein streng reguliertes Kurssystem wird ebenfalls verzichtet. Der Gruppenzusammenhalt hat oberste Priorität, d.h. die einmal gebildeten Arbeitsgemeinschaften können uneingeschränkt fortbestehen. So gibt es noch etliche Gruppen der ersten Stunde – vorzugsweise im Fremdsprachen- und Sportbereich. Diese Konvention ist zwischenzeitlich ein *„Dilemma“* geworden, da die Raumkapazitäten der Akademie so gut wie ausgeschöpft sind. Langjährige Gruppen haben manchmal nur noch minimale Teilnahmequoten und belegen gleichwohl ein Unterrichtszimmer.[51]

Das Programm der Akademie ist außerordentlich umfangreich. Dies betrifft sowohl die inhaltliche Vielfalt als auch die Anzahl der Veranstaltungen. Wochentags finden von neun bis 17 Uhr durchgängig und teilweise parallel Kurse, Vortragsreihen sowie Einzelveranstaltungen statt. Darüber hinaus gibt es wöchentliche Exkursionen und diverse Reisen. Die Angebotspalette lässt nahezu keine Themen bzw. Interessen unberücksichtigt. In den letzten Jahren wurden verstärkt Computeranwendungen,

50 *„Die hauptberuflichen Fachbereichsleiterinnen entwickeln – orientiert an wissenschaftlichen Erkenntnissen sowie an Vorschlägen und Anregungen älterer Teilnehmer – neue Konzepte und Methoden, sorgen für eine altersgerechte Umsetzung und beraten nach deren persönlichen Wünschen“* (zitiert aus der ‚Akademie-Schrift mit Programm von Januar bis Juni 2000‘ vgl. Akademie für Ältere Heidelberg 2000).

51 Obwohl die Lerngruppen formal offen sind, sind Neuanfänger zumeist nicht erwünscht. Dieses Phänomen kann in vielen Seniorenakademien beobachtet werden. Womöglich ist es ein *„typisches Problem in der Altenarbeit“*, wie der Heidelberger Akademieleiter zu Bedenken gab.

Sprachkurse und Reisen nachgefragt. Generationsübergreifende Seminare, die in der Vergangenheit ab und an offeriert wurden, ließen sich aufgrund der spärlichen Teilnahme nicht durchführen. Mit dem Weggang des ersten Akademieleiters sind auch Verbindungen zu einigen medizinischen Koryphäen abgebrochen – deshalb würden die Gesundheitsvorträge nicht mehr das *„hohe Niveau"* aufweisen, wie befragte Besucher bemängelten. Für die Zukunft wünschenswert sind Angebote *„neuer Sportarten"*. Damit könnte ein jüngeres Publikum geworben werden, doch leider fehlt es an entsprechenden Lehrkräften: *„Viele ab 60 haben das Problem, dass sie sich noch nicht so alt fühlen für die Akademie als Teilnehmer und Dozenten (...) die sind zurzeit hochaktiv und denken, dass es in zehn Jahren reicht"*. Geplant ist eine zeitweilige Pausierung einiger Angebote: *„Wir müssen die Veranstaltungen auch mal sterben lassen (...) es muss ein Wechsel im Programm geben (...) wir müssen neue Begehrlichkeiten wecken"*.

Neben dem Veranstaltungsangebot offeriert die Akademie einen ausgedehnten Beratungsservice. Lange Zeit wurde die Losung *„Den Satz ‚Wir sind nicht zuständig' gibt es bei uns nicht!"* obligatorisch in jede Publikation der Akademie aufgenommen. Gegenwärtig werden Beratungen zu juristischen und mietrechtlichen Fragen, zu medizinischen oder ganz allgemeinen Belangen angeboten. Es können sowohl Einzelgespräche als auch Selbsthilfegruppen aufgesucht werden. Für viele Seniorenprojekte der Stadt Heidelberg ist die Akademie ein zentraler Anlauf- bzw. Stützpunkt. Seit 1985 fungiert die Akademie auch als Serviceeinrichtung der Universität Heidelberg. Sie hat die komplette Beratung für das Seniorenstudium übernommen, organisiert Einführungsveranstaltungen und gibt ein Gasthörerverzeichnis heraus, das speziell auf die Belange des älteren Publikums abgestimmt ist. Es ist auch einen Dienstleistung für die *„besonders bildungsbeflissenen"* Akademiebesucher, die zu schätzungsweise 60 Prozent die Teilnehmenden des Seniorenstudiums stellen. Ansonsten existieren keine Überschneidungen zwischen dem Akademieprogramm und den Inhalten des Seniorenstudiums.

Wie bereits erwähnt, können alle Veranstaltungs- und Beratungsangebote mit einem einmaligen Jahresbeitrag in Anspruch genommen werden. Einzig für die Reisen fallen zusätzliche Kosten an, die jedoch niedriger als die Preise professioneller Reiseanbieter sind. Allein mit den Teilnahmegebühren sind die Gesamtausgaben der Akademie nicht gedeckt. Der aktuelle Haushalt finanziert sich aus weiteren Quellen, z.B. Geldern aus Arbeitsamt-Maßnahmen, *„Sockelförderungen aus der öffentlichen Hand"* und diversen Spenden. Mietkosten für das Stammhaus müssen nicht gezahlt werden, da die Stadt das Gebäude sowohl der Akademie als auch der Volkshochschule unentgeltlich überlassen hat. 90 Prozent der Akademieveranstaltungen finden in diesem Domizil statt. Zudem werden *„Funktionsräume"* in der Musikschule, im Hallenbad und in etlichen Sportanlagen ebenfalls kostenfrei genutzt. Für die Anmietung der Stadtbücherei oder der Stadthalle müssen hingegen Gebühren gezahlt werden.

Nicht unerhebliche Kostenfaktoren sind der Druck und die Verschickung des halbjährlich erscheinenden Akademieprogramms. Alle Akademiefreunde erhalten das jeweilige Heft zugesandt, weitere Exemplare liegen in der Einrichtung aus. In dieser sogenannten Akademie-Schrift sind die gesamten Angebote aufgelistet. Darüber hinaus werden Einrichtungsinterna, zeitgemäße Themenbesprechungen und persönliche Erfahrungsberichte von Teilnehmern aufgenommen. Weitere Öffentlichkeitsarbeit erfolgt über das Internet, das wöchentlich erscheinende Stadtblatt und regionale Seniorenzeitschriften. Täglich wird das aktuelle Programm kostenlos von den Tageszeitungen annonciert.

Zu den beständigen Kooperationspartnern der Akademie für Ältere zählen die Stadt Heidelberg, die Universität und die Volkshochschule. Programmabsprachen werden allerdings nur mit der Volkshochschule getroffen, um ungewollte Konkurrenzsituationen zu vermeiden. Vermutlich ist das Verhältnis zwischen einer Akademie und der jeweils örtlichen Volkshochschule in aller Regel ein zentraler Punkt für die Arbeitsweise und den Entwicklungsprozess einer Seniorenakademie. Hinweise ließen sich auch in anderen Fallstudien finden. Der Heidelberger Akademieleiter verallgemeinerte seine Erfahrungen folgendermaßen: *„Als wir angefangen hatten, gab es kein Programm für diesen Personenkreis, heute hat fast jede Volkshochschule einen Fachbereich für Ältere (...) Volkshochschulen haben schnell den Ball aufgegriffen (...) Im Nachgang gegen die Volkshochschulen so etwas aufzubauen, ist extrem schwer (...) sie müssen unbedingt eine Kooperation mit der Volkshochschule haben, sonst kriegen sie es nicht auf die Reihe"*.

Momentan gibt es latente Konkurrenzen mit den Seniorenzentren der Stadt Heidelberg. Deren *„ehrgeiziges Seniorenprogramm"* enthält zunehmend mehr Bildungsanteile, und es besteht die Sorge, dass eigene *„Klientel abgezogen werden würde"*. Von Seiten des ehrenamtlichen Akademieleiters, der hauptberuflich die Verantwortung für eben jene Seniorenzentren trägt, werden diese Befürchtungen mit dem Argument der unterschiedlichen Angebotsprofile relativiert: *„Es gibt auch eine kleine Gruppe, die sowohl in die Akademie geht als auch in die Seniorenzentren, aber das ist nur eine sehr kleine Gruppe (...) die nehmen sich nichts gegeneinander weg"*.

Überregionale Kontakte und Kooperationen gehören zu den konzeptionell verankerten Aufgabenstellungen der Akademie für Ältere. In früheren Jahren wurde vielfach der Aufbau neuer Seniorenakademien unterstützt und begleitet. Der Austausch hat jedoch weitgehend *„nachgelassen"* – *„diese Gründerphase ist vorbei"*. Derzeit bestehen noch Verbindungen zu ähnlichen Einrichtungen in Baden-Baden, Konstanz und Saarbrücken.

Teilnehmende

Wie bereits angemerkt, ist die Tendenz der stetig steigenden Besucherzahlen mit Einführung von Jahresgebühren jäh abgebrochen. Die Mitgliederstatistik verzeichnete 1997 einen schlagartigen Rückgang von etwa 7.500 Personen. Insbesondere *„passive"* allerdings auch annähernd 1.000 *„echt aktive Senioren"* sind damals weggeblieben. Fast die Hälfte dieser an sich regsamen Besucher sind sukzessiv zur Einrichtung zurückgekehrt – etwa mit der Begründung: *„Wir haben uns erst schwer geärgert, aber wir können nicht ohne die Akademie"*. Gegenwärtig hält sich der Teilnehmerkreis recht konstant bei ca. 4.100 Einschreibungen. Ungefähr zehn Prozent kommen jährlich neu hinzu und ebenso viele treten aus. Wie häufig die zahlenden Akademiefreunde an Veranstaltungen teilnehmen, lässt sich nicht feststellen. Ehemals erstellte Teilnehmeranalysen sind veraltet und haben keine Relevanz mehr. Ungefähr ein Drittel der Akademiefreunde kommt aus dem Umland und ist vermutlich auch Nutznießer des preisgünstigen Seniorentickets. Der Frauenanteil wird auf etwa 70 Prozent geschätzt, variiert aber erfahrungsgemäß mit den angebotenen Themen. Unter 50 Prozent liegt er bei Computer- und Astronomiekursen, beinah 90 Prozent beträgt er bei Sportveranstaltungen. Von den ehrenamtlichen Lehrkräften sind annähernd 75 Prozent Frauen. Die Besucher werden vorwiegend den *„bildungsgewohnten Senioren"* zugeordnet, die jedoch nicht zwangsläufig *„finanziell gut"* situiert sein müssen. In der Anfangsphase war das Eintrittsalter für Teilnehmende auf 60 Jahre festgelegt. Heute wird diese Voraussetzung weniger restriktiv gehandhabt. Auch 55jährige sind willkommen, wenn sie sich in der nachberuflichen Lebensphase befinden. Der Anteil der über 80jährigen ist beträchtlich, und die neue Akademieleitung bemüht sich um einen *„Generationswechsel"*. *„Wir brauchen dringend Nachwuchs, vor allem von den jungen Alten, und andererseits wollen wir die Alten, die zehn bis 15 Jahre hier waren, nicht vor den Kopf stoßen und sagen, euch brauchen wir nicht mehr"*. Wenn die dringlichen finanziellen Probleme der Akademie bewältigt sind, sollen neue Konzepte entwickelt werden, um sowohl den *„betulichen"* als auch den *„hyperaktiven"* Senioren interessengerechte Angebote unterbreiten zu können.

4.4.3 Die LÖWENakademie der GRAUEN LÖWEN Leipzig e.V.

Die LÖWENakademie ist der Titel einer öffentlichen Veranstaltungsreihe des Seniorenvereins GRAUE LÖWEN. Die etwas irreführende Bezeichnung – handelt es sich doch nicht um eine explizite Bildungseinrichtung für ältere Menschen – wurde nachträglich einer bereits langjährig existierenden und gut besuchten Vortragsserie angehängt, um finanzielle Zuschüsse zu erhalten. Dies ist ein exemplarisches Beispiel für den guten

Ruf, den der Begriff Akademie im Seniorenbereich – sowohl bei Zuwendungsgebern als auch bei der Nachfrageklientel – derzeit genießt. Qualitätsstandards oder bestimmte Kriterien sind aber nicht zwangsläufig an eine derartige Namensgebung gebunden.[52]

Akademieprofil	
Beginn:	1990
Bildungsangebot:	Vorträge zu diversen Themen (z.B. Kunst, Kultur, Medizin)
Angebotsformen:	Veranstaltungsreihe
Sonstige Angebote:	Beratungsservice und Initiativen, aber auch Kurse, Zirkel sowie feste Gruppen
Größe:	ca. 2.000 Teilnahmen pro Jahr

Entstehungsgeschichte

Die GRAUEN LÖWEN wurden 1990 als freies Projekt von Selbsthilfe und Interessenvertretung für und von Senioren gegründet. Das Bündnis verstand sich von Anfang an als überparteilich politisches Forum für ältere Menschen, das sich mit den Herausforderungen und Problemen des gesellschaftlichen Wandels auseinandersetzt. Zu dem wesentlichen Anliegen dieses Zusammenschlusses gehört *„die materielle Absicherung und Durchsetzung einer besonderen Fürsorge zur Gewährleistung der Würde und einer sinnvollen Absicherung im Alter"* (Statut der GRAUEN LÖWEN, § 2 Abs. 2). Alltagspraktisch bedeutet das für den Verein, ein Ort zu sein, *„wo man Erfahrungen austauschen kann, wo man sich Wissen hereinholen kann, damit man richtig reagiert, und wo man versucht, Einfluss zu nehmen auf Entscheidungen"*. Neben der Informations- bzw. Beratungstätigkeit entwickelte sich allmählich ein Freizeit- und Veranstaltungsangebot. Aufgrund der großen Nachfrage konnte dieser Bereich ausgebaut werden; er zählt gegenwärtig zum Schwerpunkt der Vereinstätigkeit. Abgesehen von einer Vielzahl themenspezifischer Gruppen gibt es auch Lernzirkel und Veranstaltungsreihen.

Unter dem Titel Montagsgespräche firmiert seit Anbeginn eine wöchentlich stattfindende Vortragsfolge, zu der *„Experten, Prominente oder Personen mit speziellen Fähigkeiten bzw. Interessen"* als Referenten geladen werden. In kommunikativer Atmosphäre – nach einer Kaffee- und Kuchenrunde – wird *„Wissen vermittelt"*. Das inhaltliche Spektrum ist *„abwechslungsreich"*, es umfasst sowohl künstlerische und kulturelle als auch medizinische und naturwissenschaftliche Aspekte. Die Programmreihe gilt als *„älteste und traditionsreichste Veranstaltung"* des Vereins. Etwa 1997 wurden die Montagsgespräche mit Rücksicht auf neuerschlossene Finan-

52 Das Experteninterview wurde – entgegen der Planung – nicht mit der Leiterin, sondern mit einer hauptamtlichen Mitarbeiterin des Vereins geführt.

zierungsquellen und *„mit Augenzwinkern“* in LÖWENakademie umbenannt. Durch das Signalwort Akademie akzeptiert die Ländliche Erwachsenenbildung Sachsens die Vorträge nunmehr als Bildungsveranstaltungen und übernimmt die entsprechenden Kosten.

Konzept und Arbeitsweise

Mit dem Titel LÖWENakademie ist weder eine eigene Institution noch ein spezielles Bildungsprogramm, sondern einzig die thematisch recht beliebige Vortragsreihe eines Seniorenvereins bezeichnet. Die Etikettierung bedeutet eine formelle Aufwertung des vorhandenen Programms und hat finanzielle Zuwendungen zur Folge. An diesem Fall zeigt sich beispielhaft, dass die Bezeichnung Akademie im Seniorenbereich überaus willkürlich verwendet wird bzw. werden kann. Eingedenk des übrigen Programms des Vereins, das nicht unter dem Namen LÖWENakademie offeriert wird, hält das Bildungsangebot der GRAUEN LÖWEN allerdings dem Vergleich mit anderen Seniorenakademien stand. Englische Konversationskurse, Gedächtnistraining und Literaturzirkel gehören ebenso zum Vereinsprogramm wie Gymnastik, Computerschulungen, Wander- und Reisegruppen.[53] Darüber hinaus entstanden über die Aktion 55 (vgl. Baur et al. 1996) eine Handwerker-, eine Schrebergarten- und eine Betreuungsinitiative, die unter dem Dach des Vereins ansässig sind.

Das Angebot der GRAUEN LÖWEN wird sowohl von ehrenamtlich als auch hauptamtlich Tätigen bestritten. Die Initiatorin und Leiterin des Vereins, die inzwischen über 70 Jahre alt ist, arbeitet seit Beginn ehrenamtlich und *„wird das wohl ihr Leben lang machen (...) weil sie das auch für ihr Leben braucht“*. Die maßgeblichen Impulse für die Vereinsarbeit sind ihr zu verdanken. Auch die gesamte Gremien- und Vernetzungsarbeit wird von ihr wahrgenommen und es besteht die Befürchtung, dass ohne ihre Person *„der kleine Verein den Bach runtergehen“* würde. Die Anzahl der hauptamtlichen Kräfte ist abhängig von den jeweiligen Zuschüssen. Derzeit werden drei Frauen beschäftigt. Bei den Stellen handelt sich um zwei Arbeitsbeschaffungsmaßnahmen (ABM) und eine Strukturanpassungsmaßnahme (SAM). Die Programmgestaltung, die Koordination und die Verwaltung gehören zu den Ressorts der hauptberuflichen Mitarbeiterinnen. Die Zahl der ehrenamtlich Tätigen ist über die Zeit angestiegen. Momentan handelt es sich um etwa 35 Personen, die ganz unterschiedliche Aufgaben wahrnehmen. Einige wenige sind Kurs- bzw. Zirkelleiter oder referieren im Rahmen der LÖWENakademie. Eine Buchausleihe, die Erstellung der Vereinschronik und die monatliche Verschickung der

53 Insofern kann wohl auch davon ausgegangen werden, dass es mittlerweile etliche Seniorenvereine oder -einrichtungen gibt, die – ohne es explizit bzw. namentlich kenntlich zu machen – exzellente und umfangreiche Bildungsprogramme anbieten.

Programme sind ehrenamtlich organisiert, ebenso die Bereitstellung von Kaffee und Kuchen für die LÖWENakademie. Trotz allem ist die Gewinnung von kontinuierlich arbeitenden Ehrenamtlichen sehr schwierig: *„Für eine klare, feste Aufgabe jede Woche, regelmäßig eine Verpflichtung, sich für ein kontinuierliches Ehrenamt ‚den Hut aufsetzen', das wollen nur wenige"*. Spontane Unterstützung wird hingegen problemlos geleistet. *„Viele Sachen klappen auf Zuruf"*. Als mögliche Erklärung für die Zurückhaltung bei der Übernahme ehrenamtlicher Funktionen wird die besondere Situation der älteren Menschen in den neuen Bundesländern angeführt: *„Viele sind eher als von ihnen gewollt in den Ruhestand geschickt worden, fühlten sich ausgegrenzt oder unnütz und wollten sich zunächst nicht wieder neu binden bzw. engagieren"*. Aufwandsentschädigungen für die freiwillig Tätigen können nicht gezahlt werden. Stattdessen gibt es eine jährliche *„Danksagungs-Veranstaltung"*, besonders Aktive werden mit einem *„Büchergutschein"* prämiert.

Für die Vortragenden der LÖWENakademie steht ein Honorar von maximal 60 DM zur Verfügung. Dennoch konnten wiederholt prominente Personen der Region als Referenten gewonnen werden. Viele Gäste verzichten auf ihr Entgelt – dies gehört zu den *„schönen Erfahrungen"* der Programmgestalterin. Wie bereits erwähnt, ist das Themenspektrum breit – es sprechen sowohl Wissenschaftler als auch Schauspieler oder Hobbysammler. Mitglieder des Vereins gehören eher selten zu den Rednern. Im Anschluss an den Vortrag wird üblicherweise eine Diskussionsrunde eröffnet.

Die LÖWENakademie findet jede Woche zur gleichen Zeit[54] am gleichen Ort statt. Der Hauptveranstaltungsraum – *„die gute Stube"*, die *„selbst hergerichtet"* wurde – befindet sich zusammen mit weiteren Kurs- und Verwaltungsräumen auf einer Etage im Haus der Demokratie.[55] 1992 mieteten die GRAUEN LÖWEN diese Räumlichkeiten sehr kostengünstig an: *„Wir könnten in einem anderen Gebäude nicht existieren"*. Seitdem das Gros der Veranstaltungen dort erfolgt, hat sich auch der Mitgliederbestand stabilisiert. *„Es macht viel aus, dass es eine Adresse gibt, zu der man hingehen kann"*. Zweifelsohne trägt auch die konsequente Werbung zum langsamen Anstieg der Besucherzahlen bei. Das Veranstaltungsprogramm der GRAUEN LÖWEN wird beinahe täglich in den Regionalzeitungen *„außer der Bild-Zeitung"* kostenlos inseriert. Jeden Monat werden etwa 450 Exemplare der Vereinszeitung „Monatspost für GRAUE LÖWEN" kopiert, in denen neben dem Veranstaltungsankündigungen wichtige Nachrichten und Hinweise aus dem allgemeinen Seniorenbe-

54 Die LÖWENakademie findet am Nachmittag statt. Zu den Regeln des Vereins zählt, dass alle Veranstaltungen vor 17 Uhr enden.

55 Das Haus der Demokratie ist eine Leipziger Institution, in der mehr als 30 Vereine und Organisationen untergebracht sind.

reich oder dem internen Vereinsleben veröffentlicht sind. 400 Exemplare werden an die Mitglieder, das Rathaus sowie Multiplikatoren verschickt, z.B. Arztpraxen und Apotheken.

Die Kosten für Miete, Personal, Honorare, Porti etc. sind durch verschiedene Einnahmen gedeckt. Zu den Mitteln der öffentlichen Hand addieren sich Teilnahmegebühren, Mitgliedsbeiträge und Spenden. Mitglieder des Vereins zahlen derzeit 9 DM pro Monat, wenn das Einkommen über 2.000 DM liegt. Ansonsten sind Beitragsminderungen, in Fällen sozialer Härte auch Beitragsbefreiungen möglich. Nachweise oder Bescheinigungen für Ermäßigungen werden nicht gefordert. *„Wir haben den Eindruck, dass das Klima im Verein so ist, dass eher etwas zuviel bezahlt wird als zu wenig"*. Die Gebühr berechtigt die Mitglieder an den meisten Veranstaltungen kostenlos teilzunehmen. Nur in wenigen Fällen, z.B. bei Exkursionen oder Reisen, sind weitere Beiträge zu entrichten. Vereinsfremde müssen hingegen für den Besuch der Einzelveranstaltungen bezahlen; für eine Teilnahme an der LÖWENakademie sind zurzeit 3 DM zu entrichten. In Verbindung mit dem zehnjährigen Jubiläum des Vereins konnten einige Spenden und Sponsorengelder eingeworben werden. Bei diesen Einnahmen handelt es sich jedoch um bescheidene Summen.

Kooperationsbeziehungen bestehen mit einzelnen Senioreneinrichtungen und -gruppierungen vor Ort. Die Zusammenarbeit umfasst den wechselseitigen Informationsaustausch, die gelegentliche Raumnutzung und sporadische Gemeinschaftsveranstaltungen. Die GRAUEN LÖWEN gehören zu den bekannten und gewichtigen Seniorenvereinen bzw. -institutionen in Leipzig.

Teilnehmende

Eine Angabe der Anzahl der Vereinsmitglieder wird unpräzise gehalten: *„Über die Mitgliederzahl sprechen wir nicht (...) wenn wir sagen könnten 300, aber das schaffen wir im Moment nicht. Wir sind also ein kleiner Verein"*. Allerdings sind Teilnehmerzahlen bekannt. So gab es im letzten Jahr 49 Veranstaltungen der LÖWENakademie, die von insgesamt 2.079 Personen besucht wurden.[56] Schätzungsweise zehn Prozent dieser Besucher sind keine Vereinsmitglieder. Ansonsten – *„beim Musikzirkel und Kultur"* – ist etwa ein Drittel Gäste anwesend. Die LÖWENakademie hat einen festen Teilnehmerstamm, es gibt jedoch auch *„Spezialisten, die nur zu bestimmten Themen kommen"*. Genauere Aussagen über die Teilnehmenden konnten nicht getroffen werden. Der Frauenanteil wurde im Fragebogen mit 80 Prozent angegeben, im Interview auf 90 Prozent korrigiert. An der hospitierten Veranstaltung nahm – neben knapp 50 Frauen – allerdings

56 1999 wurden 571 Einzelveranstaltungen (einschließlich *„Geburtstagsplausch"* und *„Kartenspiele"*) durchgeführt, an denen 6.454 Personen teilnahmen.

nur ein Mann teil. Die Mehrheit der Vereinsmitglieder ist älter als 70 Jahre. Die über 80jährigen werden als die „aktivsten" Besucher beschrieben: *„Wir haben zwar nicht so sehr viele, aber die sind fast immer alle da (...) denn nur wer ein aktives Leben führt, kann so lange am Leben bleiben"*. Bei den 60 bis 70jährigen sei der Anteil an *„passiveren Mitgliedern"* höher. Nur etwa 100 Mitglieder nutzen in irgendeiner Form das Veranstaltungsprogramm des Vereins. Nach Auskunft der hauptamtlichen Mitarbeiterin kommt der überwiegende Teil des Publikums aus der naheliegenden Umgebung. Die drei interviewten Besucherinnen waren alle aus anderen Stadtteilen mit den Nahverkehrsmitteln angereist. Einhellig wurde von ihnen das Programm der LÖWENakademie gelobt – es wäre das *„beste Angebot, das in Leipzig besteht"*.

4.4.4 Die Alten-Akademie Nürnberg e.V. (AAK)

Akademieprofil	
Beginn:	1991
Bildungsangebot:	Kunst, Literatur, Musik, Geschichte, Politik, Fremdsprachen
Angebotsformen:	Vortragsreihen, Kurse Gesprächskreise, Exkursionen, Reisen
Sonstige Angebote:	Konzerte, Matineen, Gymnastik
Größe:	z.Z. 1.700 Mitglieder in der Kartei
Besonderheit:	Enge Kooperation mit der örtlichen Volkshochschule

Entstehungsgeschichte

Die Alten-Akademie in Nürnberg gehört mit ihrer über zehnjährigen Geschichte schon zu den älteren und bewährten Einrichtungen. Die Idee für diese Akademie und auch die ersten Aktivitäten für deren Verwirklichung gingen vom damaligen Leiter des Bildungszentrums[57] in Nürnberg aus. Es war die Intention, dem Bildungszentrum, das bis dato kein eigenes zielgruppenspezifisches Programm für ältere Menschen offerierte, eine selbständige und selbstorganisierte Seniorenbildung zuzuordnen, um indirekt das eigene Angebotsspektrum erweitern zu können. Das Heidelberger Modell – die enge Kooperation zwischen der dortigen Volkshochschule und der Akademie für Ältere – galt dabei als Leitbild. Es wurde von Anbeginn auf deren Erfahrungen und Kenntnisse rekurriert.[58]

Über einen Aufruf in der Presse konnten im November 1990 Seniorinnen und Senioren für eine aktive Mitgestaltung gefunden werden. Nach

57 Bei dem Bildungszentrum in Nürnberg handelt es sich um die dort ansässige Volkshochschule.

58 Wie bereits erwähnt, war der Leiter der Akademie für Ältere in Heidelberg in ganz Deutschland aktiv, um die Akademieidee weiterzutragen. Auch in Nürnberg wurde *„missioniert"*.

nur wenigen Treffen der recht zahlreichen Interessenten wurde im Februar 1991 der Verein ‚Alten-Akademie Nürnberg' ins Leben gerufen. 48 Personen gehörten zu den Gründungsmitgliedern, Vorsitzende des Vereins war eine ehemalige Stadträtin.[59] Im Anschluss wurde ein Kooperationsvertrag mit dem Bildungszentrum ausgearbeitet und geschlossen, der bis heute Gültigkeit hat.

Die Suche nach ehrenamtlichen Dozenten gestaltete sich schon in der Anfangszeit unproblematisch, da zu den Gründungsmitgliedern mehrere Pädagogen zählten. Aus deren beruflichen Netzwerken rekrutiert sich bis heute ein Großteil der Lehrkräfte. Im Sommer 1991 konnte das erste *„bescheidene"* Semesterprogramm angeboten werden. Über die Jahre gab es sukzessive eine *„Niveauerhöhung"* und den Ausbau des Programms. Gegenwärtig hat die Alten-Akademie wohl das profilierteste zielgruppenspezifische Bildungsangebot der Stadt Nürnberg.

Kooperationspartner

Das Bildungszentrum Nürnberg ist formal ein Kooperationspartner der Alten-Akademie, erbringt jedoch umfassende Leistungen, die üblicherweise eine Trägereinrichtung gewährt. (Die direkte Trägerschaft wurde nie in Erwägung gezogen, da dies nicht dem Heidelberger Vorbild entspricht.) Diese Konstellation, deren genauer Modus in einem Kooperationsvertrag fixiert ist, bietet der Alten-Akademie Vorteile. Sie partizipiert am Know-how der etablierten Bildungseinrichtung, kann aber weitgehend ihre Eigenständigkeit wahren. Insbesondere in der Aufbauphase war die Unterstützung durch das Bildungszentrum grundlegend – z.B. konnten Organisationsstrukturen und verwaltungstechnische Abläufe nach Bedarf übernommen, sowie die vorhandenen Räumlichkeiten und Lehrmaterialien kostenlos genutzt werden. Als gewisser Ausgleich ist in diesem Arrangement vorgesehen, dass die jeweilige Leitungsperson des Bildungszentrums einen Sitz ohne Stimmberechtigung im Akademieverein innehat und insofern eine potentielle Einflussnahme vorhanden ist. Gleichwohl ist offensichtlich, dass der Alten-Akademie Privilegien zugestanden werden, die keinesfalls selbstverständlich sind, sondern sich nur dadurch erklären lassen, dass die ursprüngliche Initiative für deren Gründung vom späteren Kooperationspartner ausging.[60]

---

59 Die erste Vorsitzende starb im selben Jahr. Die damalige Schriftführerin des Vereins stand als Interimsvorsitzende zur Verfügung – sie begleitet noch heute dieses Amt und ist damit gleichzeitig die Leiterin der Alten-Akademie. Mit ihr und ihrem derzeitigen Stellvertreter, der auch als ehrenamtlicher Dozent arbeitet, wurden die Expertengespräche geführt.

60 Die Leistungen des damaligen Leiters des Bildungszentrums und eigentlichen Gründungsvaters der Alten-Akademie werden noch heute kontrovers diskutiert – zu seiner Zeit gab es *„noch Visionen"*, allerdings wurden *„rote Zahlen geschrieben"*.

Die Zusammenarbeit der beiden Einrichtungen verlief bislang ohne nennenswerte Konflikte. Die vertraglich festgelegte mietfreie Nutzung der Räumlichkeiten konnte trotz der Privatisierung eines wichtigen Gebäudes aufrechterhalten werden. Die beiden Häuser des Bildungszentrums, in denen auch die Veranstaltungen der Alten-Akademie stattfinden, liegen im Altstadtkern von Nürnberg und sind gut mit den Nahverkehrsmitteln zu erreichen. Der Alten-Akademie steht ein Raum für den verwaltungstechnischen Bereich im Hauptgebäude zur Verfügung. Die Unterrichtsräume werden nach Absprache zugeteilt, der Bedarf des Bildungszentrums hat dabei allerdings Vorrang.

Mittlerweile offeriert auch das Bildungszentrum Veranstaltungen und Kurse speziell für ältere Menschen, z.B. Sprachkurse sowie Gedächtnistraining, und so ergeben sich einige Überschneidungen mit dem Akademieprogramm. Die Angebote des Bildungszentrums werden – im Unterschied zur Alten-Akademie – von *„Fachkräften"* geleitet, die entsprechenden Gebühren liegen auch deutlich höher. Bezüglich der Computerkurse für Senioren hat das Bildungszentrum eine Monopolstellung, da die Alten-Akademie nicht über die Mittel verfügt, um eigene Hardware zu finanzieren oder Nutzungsgebühren an das Bildungszentrum abzuführen. Dass es bei diesen Voraussetzungen gelegentlich auch zu Rivalitäten zwischen den Einrichtungen kommt, scheint eigentlich unvermeidlich zu sein. Es wird allerdings mit Nachdruck von Seiten der Akademieleiterin behauptet, dass *„keine Konkurrenz"* bestehe. Aufgrund der Satzung des Vereins gibt es prinzipiell die Möglichkeit, einen weiteren Kooperationspartner oder Träger für die Alten-Akademie zu gewinnen. Doch eine solche Variante erscheint derzeit weder interessant noch akzeptabel – *„das bringt uns nichts"*. Die momentane Unterstützung ist ausreichend und soll nicht ausgeweitet werden.

Konzept und Arbeitsweise

Orientiert an dem Heidelberger Akademiemodell zählte von Anbeginn die Ehrenamtlichkeit zu den Grundsätzen der Alten-Akademie in Nürnberg. Sowohl die Programmgestaltung und die Unterrichtsführung als auch die Verwaltung und die Werbung beruhen auf freiwilligem Engagement. Waren es im ersten Semester nur etwa 15 ehrenamtliche Dozenten, verfügt die Akademie heute über einen Referentenstamm von über 100 Personen, von denen rund drei Viertel aktiv in das jeweilige Semesterprogramm eingebunden sind. Darüber hinaus gibt es etliche Künstler, die sich immer wieder für Matineen und Konzerte engagieren lassen. Bei den Dozenten handelt es sich in erster Linie um ehemalige Pädagogen, auch sonst seien es fast nur Akademiker. Personen mit früherer Lehrtätigkeit werden bevorzugt verpflichtet: *„Diese Leute müssen sich nicht mehr* *vorbereiten (...) viele Hobbyleute können nicht reden"*. Die Teilnehmerzahlen gelten häufig als Maßstab für die Qualität der Veranstaltungen bzw. der Referenten. Schlecht besuchte Kurse oder Vorträge sind entweder thematisch uninteressant oder unzulänglich geleitet und werden deshalb aus dem weiteren Programm gestrichen.

Die ehrenamtlichen Dozenten werden gewöhnlich per Schneeballsystem geworben, einige Interessenten kommen planmäßig auf die Alten-Akademie zu, spezielle Experten werden gezielt angesprochen. Grundsätzlich sind keine Honorare vorgesehen. Nur im Einzelfall sollen Kosten für Lehrmaterialien oder Fahrkarten erstattet werden. Die meisten ehrenamtlichen Referenten halten einige wenige Vorträge pro Semester. Selten finden sich Dozenten bereit, wöchentlich zu unterrichten. Dieser Umstand ist vor allem für den Fremdsprachenbereich ein Dilemma. In Ausnahmen, d.h. bei besonders starker Nachfrage, werden Studenten auf Honorarbasis beschäftigt. Das Prinzip der Ehrenamtlichkeit hat noch eine andere Schwachstelle hinsichtlich des Angebotspektrums: Inhaltliche Schwerpunkte sind nicht systematisch planbar. *„Ich kann nicht sagen, ich möchte das, sondern ich muss warten, was krieg ich so rein"*. So fehlen derzeit Lehrkräfte für psychologische und religionsgeschichtliche Themen.

Die ehrenamtlichen Lehrenden gehören nach den bisherigen Erfahrungen äußerst selten zu den Teilnehmenden. Vermutlich unterstützt die konventionelle Unterrichtsgestaltung,[61] die in der Alten-Akademie üblich ist, die Trennung der Gruppen: Die strikte Unterscheidung zwischen Experten und Laien führt zur distinktiven Abgrenzung der ‚Fachleute'. Über die Motive der ehrenamtlichen Dozententätigkeit kann nur spekuliert werden. Es wird angenommen, dass einige Frühpensionäre *„froh sind, endlich wieder eine persönliche Aufgabe"* zu haben und mit einer derartigen Tätigkeit dem Bedürfnis nach *„Selbstdarstellung"* genüge getan werden kann. Damit lässt sich aber sicher nicht erschöpfend klären, warum die Alten-Akademie in Nürnberg offenbar mühelos ehrenamtliche Mitarbeiter und Mitarbeiterinnen findet.

Die Geschäftsstelle der Alten-Akademie, die dreimal in der Woche geöffnet hat, ist ebenfalls ehrenamtlich organisiert. Über die Zeit hat sich

61 Es wurden zwei Veranstaltungen hospitiert. Die eine – ein Vortrag zur Literatur des vergangenen Jahrhunderts – war im Stil einer Vorlesung gehalten. Die andere Veranstaltung zum Thema Politik fand hingegen in einer recht lebendigen, alltagsnahen Weise statt. Die Teilnehmenden konnten Diskussionsthemen vorschlagen und wurden vom Dozenten immer wieder in das Gespräch eingebunden. Spätere Nachfragen ergaben, dass diese Art der Unterrichtsführung nur in diesem einen Kurs der Alten-Akademie gebräuchlich ist. Diese Kursgestaltung – *„ich muss nach dem Hebammenprinzip arbeiten"* – wurde zum Teil sogar gegen den Willen der Teilnehmenden von der Lehrkraft durchgesetzt. Etwa 30 Prozent der früheren Teilnehmenden (knapp zehn Personen), die die konsumierende Einstellung nicht aufgeben wollten, blieben letztlich dem Kurs fern.

eine feste Gruppe von acht Frauen gebildet, die diesen Bereich managt – dazu gehören z.B. der Verkauf der Akademie-Pässe, die Verschickung der Semesterprogramme und die allgemeine Information. Alle übrigen Aufgaben – die Programmgestaltung, die Erstellung des Programmheftes, die Koordination, die Abrechnung, die Werbung etc. – werden schon seit Jahren von der ehrenamtlichen Akademieleiterin erledigt. Der Erfolg der Alten-Akademie ist in beträchtlichem Maße ihrem außergewöhnlichen Einsatz und Enthusiasmus zu verdanken.[62] Dieses herausragende Einzelengagement birgt für die Akademie als Institution jedoch auch Gefahren. Im Falle eines Rücktrittes der derzeitigen Leiterin scheint die Kontinuität der Arbeit stark gefährdet und eine Zäsur unvermeidlich. Es ist fraglich, ob sich künftige Amtsnachfolger – für die es bislang keine Kandidaten gibt – für ein solch extensives Arbeitspensum verpflichten lassen.

Das Programm der Alten-Akademie ist über die Jahre umfangreicher und vielfältiger geworden. Momentan gehören zu den Angebotsschwerpunkten – in Abhängigkeit von den verfügbaren Lehrkräften – die Bereiche Kunst, Literatur, Geschichte und Politik. Zu diesen Themen gibt es zumeist verschiedene Vortragsreihen und einzelne feste Gesprächskreise. So existiert z.B. seit etwa neun Jahren eine konstanter Zirkel, der sich ausschließlich mit dem Werk Goethes beschäftigt. Auch innerhalb des Fremdsprachenunterrichtes haben sich stabile Gruppen gebildet und manche Exkursionen gestalten sich geradezu als *„Familienfahrten"*. Die Entwicklung beständiger Bekanntschafts- und Freundeskreise erfährt ausdrückliche Unterstützung und gehört zu den programmatischen Zielsetzungen der Alten-Akademie.

Der Reisesektor wurde aufgrund der enormen Nachfrage in den letzten Jahren ausgebaut. Dass es sich dabei nicht etwa um *„Kaffeefahrten"* handelt, wird betont. *„Musikalische Sachen"* und einige medizinische Referate finden große Resonanz; weniger gut kommen Veranstaltungen zu *„alterstypischen Gebrechen"* und mit naturwissenschaftlichen Inhalten beim Publikum an. Erfahrungsgemäß sind die Vorträge in den Sommermonaten nur spärlich besucht: *„Wenn es heiß ist, (...) dann stehen viele Vortragende vor leeren Reihen"*. Und auch generationsübergreifende Projekte werden schlecht angenommen: *„Es bringt wohl nicht das, was man sich politisch erhofft"*.

Wochentags können meist mehrere Nachmittagsvorträge offeriert werden. Nach Möglichkeit sollen keine Veranstaltungen parallel stattfinden. Die Exkursionen und Konzerte werden vorzugsweise am Wochenende

---

62 Im Interview stellte die Akademieleiterin ihren Einsatz keineswegs heraus; sie machte auch keine Angabe über die aufzuwendende wöchentliche Arbeitszeit. Ihr Stellvertreter vermutet, dass sie mindestens drei volle Arbeitstage pro Woche für die Akademie investiert. Ihr uneigennütziges Engagement für die Einrichtung erklärt er sich folgendermaßen: *„Sie brennt dafür (...) es ist ihr Leben"*.

angeboten. Das Veranstaltungsjahr ist in Sommer- und Wintersemester unterteilt, dazwischen liegen einmonatige Ferien- bzw. Schließungszeiten. Die Verwendung universitären Vokabulars ist ansonsten folgenlos – weder können Studiengänge absolviert noch Abschlüsse erzielt werden.

Zu den Maximen der Alten-Akademie zählte von Anbeginn auch eine besonders günstige Gebührengestaltung. In Anlehnung an das ursprüngliche Heidelberger Modell[63] wurde eingangs ein einmaliger Mitgliedsbetrag von 5 DM erhoben. Binnen kurzem musste allerdings aus Kostendeckungsgründen ein Jahresbeitrag von 10 DM gefordert werden. Derzeit beträgt der Preis für den Akademie-Pass 20 DM. Damit können alle Veranstaltungen eines gesamten Studienjahres (Reisen und Exkursionen ausgenommen) besucht werden. Da die Gültigkeit des Akademie-Passes nur schwerlich zu kontrollieren ist, und es sich letztlich auch um ein freiwilliges Entgelt handelt, ist die Zahlungsmoral der Teilnehmenden *„nicht ganz erfreulich"*.

Eine Erhöhung der Gebühren ist mittelfristig nicht vorgesehen, da auch die Ausgaben nicht steigen sollen. Die Porti für die Verschickung der Semesterprogramme wurden schon immer von der Stadt getragen; die entsprechenden Druckkosten sind zum Teil durch Werbung finanziert – *„das ist das Unangenehmste der Arbeit (...) dieses Bitten"*. Die Gesamtauflage der Programmhefte beträgt gegenwärtig 3.500 Stück. 1.700 Exemplare werden verschickt, die restlichen Prospekte liegen im Bildungszentrum und im Seniorenamt aus. Überdies werden alle Veranstaltungen der Alten-Akademie kostenlos in einer Nürnberger Wochenbeilage der Tageszeitungen annonciert. Trotzdem ist nach Ansicht der Akademieleiterin der Bekanntheitsgrad der Einrichtung *„leider nicht so sehr groß"*. Neue Interessenten werden überwiegend durch Mundpropaganda geworben.

An einer Zusammenarbeit mit weiteren Bildungs- oder Senioreneinrichtungen besteht zurzeit wenig Interesse. Mit der Heidelberger Akademie existiert kein Austausch mehr, der Kontakt mit einer englischen Seniorenuniversität hat sich ebenfalls überlebt. Auch mit Einrichtungen der Region gibt es keine engere Verbindung, nur die Programme anderer Seniorenbildungsanbieter werden aufmerksam beobachtet.

Die Namensgebung der Akademie wird bis heute als *„blöde Idee"* bezeichnet und immer wieder neu diskutiert. Zum Gründungszeitpunkt war der bevorzugte Titel Seniorenakademie schon von der Nürnberger Caritas und Akademie für Ältere von Heidelberg besetzt. Die Bezeich-

---

63 Die ursprüngliche Gebührenordnung der Akademie für Ältere in Heidelberg sah einen einmaligen Beitrag – quasi eine Gebühr auf Lebenszeit – für alle Teilnehmenden vor. Aufgrund der Finanzierungsschwierigkeiten musste dieses System einige Jahre später wieder aufgegeben und ebenfalls zu einem jährlichen Entgelt übergegangen werden (vgl. Abschnitt 4.4.2).

nung Alten-Akademie schien ein Kompromiss zu sein, fand aber im Grunde genommen – sowohl bei den Teilnehmenden als auch bei den Lehrenden – keine Akzeptanz. Vor ein paar Jahren wurde eigens dazu eine Umfrage geführt. Die Mehrzahl der Interviewten fand den Namen *„schlecht und diskriminierend"*. Mangels besserer Vorschläge setzte sich die Abkürzung AAK durch und wurde ein *„gewisses Markenzeichen"*. Zum gegenwärtigen Zeitpunkt ist die Namensdiskussion wieder hochaktuell, da eine jüngere Zielgruppe angesprochen werden soll, die sich vermutlich nicht mit der Einrichtungsbezeichnung identifizieren kann.

Teilnehmende

Eine genaue Angabe der Besucherzahlen ist nicht möglich, da der Erwerb eines Akademie-Passes kein Garant für die faktische Teilnahme darstellt. Ebenso wenig lässt sich klären, wie viele Veranstaltungen einzelne Personen belegen. Derzeit werden 1.700 Adressen in der Kartei geführt. Mit einem jährlichen Zuwachs von 200 bis 300 *„Neuzugängen"* wird gerechnet, etwa 100 Personen scheiden pro Jahr wegen Krankheit oder Tod aus. Der Frauenanteil wird mit 80 Prozent angegeben und ist damit vermutlich etwas niedriger als in der Anfangszeit. Heute besuchen mehr Ehepaare die Einrichtung, früher waren es vor allem alleinstehende Frauen. Die Teilnehmenden sind vornehmlich zwischen 66 und 80 Jahre alt. In letzter Zeit sind einige jüngere Personen dazugekommen, die zu der dringend gesuchten bzw. umworbenen Zielgruppe gehören. Für den Nachwuchs werden vor allen *„Frühverrentete"*, *„junge Alte"* bzw. *„aktive Senioren"* gewünscht – die untere Altersgrenze liegt laut Vereinssatzung bei 58 Jahren. Die Nachfrageklientel setzt sich vermutlich aus *„vielen Akademikern"* und Angehörigen der *„klassischen, bildungsgewohnten Mittelschicht"* zusammen. Es gibt einige sehr emsige Besucher – *„die könnten ihr Bett hier aufstellen (...) die rennen zu allem"*. Ansonsten wird die Mehrheit des Publikums als eher passiv – im Sinne einer konsumierenden Anspruchshaltung – charakterisiert: *„Die Leute wollen unterhalten werden (...) die wollen eigentlich nichts selber arbeiten"*. Allein die Sprachkurse und der politische Gesprächskreis sind für die *„aktiven Senioren"*, für *„die, die was machen wollen"*. Von den interviewten Teilnehmern und Teilnehmerinnen wird das Programm der Alten-Akademie sehr geschätzt. Im Verhältnis zu den anderen Angeboten in der Stadt sind es die *„spottbilligen Preise"*, die günstige Verkehrsanbindung, die *„angenehmen"* Veranstaltungszeiten und -räume, die die Einrichtung auszeichnen.

4.4.5 *Der Förderverein Akademie 2. Lebenshälfte in Teltow*

Der Förderverein Akademie 2. Lebenshälfte im Land Brandenburg e.V. ist ein überregionaler Verein mit Geschäftsbereichen in Neuruppin, Eberswalde und Teltow.[64] An allen drei Standorten mit jeweils mehreren Außenstellen wird gemeinsam ein Projekt realisiert, das sich schwerpunktmäßig auf die Bildung älterer Arbeitsloser über 50 Jahre konzentriert, und zwar mit dem Ziel der Re-Integration in den Arbeitsmarkt. Darüber hinaus sind in den Niederlassungen spezifische regionale Projekte und Bereiche entstanden. Im Stützpunkt Teltow mit der Nebenstelle Ludwigsfelde wurde ein umfangreiches Bildungsprogramm für Menschen in der nachberuflichen Lebensphase geschaffen. Ausschließlich dieses Angebot in Teltow war Gegenstand der Fallstudie.[65]

Akademieprofil

Beginn:	1992
Bildungsangebot:	Politik, Geschichte, Recht, Computeranwendungen, Fremdsprachen
Angebotsformen:	Vortragsreihen, Einzelveranstaltungen, Kurse, Exkursionen und Reisen
Sonstige Angebote:	Sommerakademie, individuelle Beratung
Größe:	z.Z. ein Kreis von ca. 200 Personen im Seniorenbereich
Besonderheit:	Korrespondenz von Senioren- und beruflicher Bildung

Entstehungsgeschichte

Die Akademie 2. Lebenshälfte in Teltow offeriert seit Herbst 1992 ein Bildungsprogramm für Menschen ab 50 Jahre, die aus dem Arbeitsprozess ausscheiden mussten.[66] Das Besondere – und anfänglich sehr Umstrittene – dieses Angebotes ist, dass die Veranstaltungen zwar kostenlos, aber auch ohne anderweitige Bezüge von den Arbeitslosen in Anspruch

64 Die Akademie 2. Lebenshälfte ist 1992 auf Initiative von Betroffenen aus verschiedenen Beschäftigungsgesellschaften des Landes Brandenburg entstanden. Drei Arbeitsfördergesellschaften, die Beschäftigungs- und Qualifizierungsgesellschaft Neuruppin (BeQua), das Ökologische Bildungs-, Beschäftigungs- und Forschungswerk Brandenburg e.V. (ÖBBB) und die Gesellschaft für Wirtschaftsförderung und Regionalentwicklung Teltow e.V. (GWRT), übernahmen die Trägerschaft und die Anschubfinanzierung des Pilotprojektes. Weitere Finanzierungen wurden vom Ministerium für Arbeit, Soziales, Gesundheit und Frauen des Landes Brandenburg und durch den Europäischen Sozialfond gewährt. 1994 erfolgte die Gründung des Vereins ‚Akademie 2. Lebenshälfte'. Dieser Verein ist heute – aufgrund des wirtschaftlichen Zusammenbruchs der drei Arbeitsförderungsgesellschaften – der einzige Träger der Akademie. Gegenwärtig gibt es etwa 15 Vereinsmitglieder, die größtenteils aus den Leitungsteams der drei regionalen Stützpunkte kommen.

65 Das Expertengespräch wurde mit der Leiterin des Stützpunktes Teltow geführt.

66 In Teltow, eines der Elektronikzentren der DDR, wurden nach der Wende drei Betriebe geschlossen und damit etwa 8.000 Menschen arbeitslos.

genommen werden können. Vergütungen, wie sie z.B. in Verbindung mit Umschulungen oder Weiterbildungen vom Arbeitsamt üblich sind, sind nicht mit der Teilnahme verbunden, auch verlängert sich durch eine Teilnahme der Anspruch auf Arbeitslosengeld nicht. *„Bei uns gab es gar nichts anderes als Bildung und auch nicht unter Zwang, sondern ganz freiwillig"*. Das Kursangebot, das an den Erfordernissen des Arbeitsmarktes orientiert ist, hatte jedoch von Beginn an starken Zulauf. Zu den Interessenten zählten u.a. Vorruheständler und Bezieher von Altersübergangsgeld. Die Themenreihen des ersten Jahres – Recht, Betriebswirtschaft und Psychologie – wurden von etlichen Teilnehmenden nacheinander besucht, so dass sich feste Kreise bildeten. *„Viele sind einfach so dabei geblieben, wegen der Gemeinschaft und Gemeinsamkeit und haben alles hintereinander gemacht (...) Wir hatten anfangs drei Gruppen am Stützpunkt und die wurden über die Zeit stabil"*.

Nach dem Abschluss der Kurse gab es reichlich Nachfragende, die an dem Fortbestand der Lerngruppen interessiert waren. Dies war der Impuls, ein neues Angebot zu kreieren: *„Nach einem Jahr, als alle Kurse abgegrast waren, und es darum ging dies neuen Leuten anzubieten, war die Nachfrage der ersten Generation sehr groß (...) da ist die Idee entstanden, wir versuchen für diesen Kreis regelmäßig eine Veranstaltung anzubieten"*. Zusammen mit potentiellen Teilnehmern und Teilnehmerinnen entwickelte die hauptamtliche Leitung einen Veranstaltungszyklus unter der Voraussetzung, dass weder Honorare noch Gebühren anfallen. Ab Sommer 1993 bot die Akademie 2. Lebenshälfte unter dem Titel Mittwochstreff wöchentlich einen Vortrag oder eine Exkursion für diese Zielgruppe an. Bevorzugte Themen waren schon damals Geschichte, Politik und Recht. Aufgrund der starken Resonanz wurde das Programm von Jahr zu Jahr erweitert und in gewisser Weise professionalisiert. Zusätzliche Gelder konnten eingeworben werden, und damit ließen sich bestimmte inhaltliche Schwerpunkte ausbauen. Mittlerweile hat sich dieses Bildungsangebot fest etabliert und prägt maßgeblich das Profil der Akademie.

Trägerschaft

Die Seniorenbildung entwickelte sich dank der steigenden Nachfrage und des hohen Engagements der hauptamtlichen Leiterin von einem anfänglich eher unbedeutenden Nebenzweig zu einem gewichtigen Arbeitsbereich der Einrichtung. Dieser Sektor ist integraler Bestandteil des Gesamtangebotes der Akademie 2. Lebenshälfte. Die Möglichkeit, das Seniorenprogramm selbständig und unabhängig zu managen, besteht bislang nicht, wird aber auch nicht angestrebt. Dies ist sowohl der unzulänglichen Finanzierungssituation als auch der gewachsenen Organisationsstruktur der Einrichtung geschuldet. So wird die berufliche Bildung generell besser und beständiger als die Altersbildung mit öffentlichen Geldern gefördert.[67] Die Kontinuität des Seniorenprogramms ist gewissermaßen auch von diesen artfremden Zuwendungen abhängig bzw. begünstigt, obgleich die finanziellen Zuschüsse und die damit verbundenen Abrechnungen der beiden Ressorts der Akademie strikt getrennt sind. Auch der Umstand, dass das gesamte Bildungsangebot von Beginn an hauptamtlich organisiert wird, spricht eher gegen eine mögliche Eigenständigkeit des Seniorenbereiches, die allein durch ehrenamtliche Tätigkeit realisiert werden könnte. Es haben sich Arbeitsabläufe und Zuständigkeiten eingeschliffen und dadurch Selbstverständlichkeiten wie auch Anspruchshaltungen herausgebildet, die nicht einfach aufgebrochen werden können.

Die Personalstruktur der Akademie 2. Lebenshälfte verändert sich entsprechend den jährlichen Zuwendungen. Neben der Leitungsstelle – die allerdings über den gesamten Zeitraum des Bestehens der Einrichtung stabil blieb – sind es zwischen ein bis vier Arbeitsplätze, die durch Arbeitsbeschaffungsmaßnahmen (ABM) finanziert werden. Auch dem Seniorenprogramm war zwischenzeitlich eine eigene ABM-Stelle zugeordnet. Zurzeit gibt es drei Stellen für die Organisation der gesamten Akademiearbeit. Dabei verteilt sich der Arbeitsaufwand für den Seniorenbereich – nach Auskunft der Leiterin – folgendermaßen: Etwa zehn Prozent ihrer Arbeitszeit, 30 Prozent einer ABM und weitere 50 Prozent der Stelle für Öffentlichkeitsarbeit müssen für das Ressort aufgewendet werden. Der durch die Förderungsart bedingte häufige Personalwechsel hat offenbar positive Auswirkungen auf die Programmgestaltung für den Seniorenbereich: *„Fast alle ABM haben ihre Farbe eingebracht (...) da haben Leute mit ihrer Art auch bestimmtes Klientel angezogen mit ihren Themen, die sie entwickelt haben"*. Momentan läuft mit großem Erfolg eine Veranstaltungsreihe zur Stadtgeschichte, die einer der Stelleninhaber, ein passionierter *„Hobbyhistoriker"*, konzipierte und nun auch leitet.

Die Überschneidungen der beiden Arbeitsschwerpunkte der Akademie 2. Lebenshälfte betreffen nicht nur den Teilnehmerkreis, den Finanz- und den Personalbereich, sondern auch die Räumlichkeiten. Die Akademie ist in einem sanierten Industriegewerbehof untergebracht. Das Gebäude liegt am Rande eines Einkaufzentrums direkt an einer Bushaltestelle. Der Bus verkehrt viertelstündlich von und nach Potsdam – von dort kommt

---

67 Dies bedeutet nicht, dass die öffentliche Bezuschussung der Akademie bisher unproblematisch verlief. Es besteht generell *„eine permanente Suche nach Finanzierungen"*. Auch für die kommenden Jahre sind die Gelder knapp. Für den Fall, dass jegliche Zahlungen ausbleiben, gibt es für das Seniorenprogramm einen *„Katastrophenplan"*. Dieser sieht vor, dass sämtliche Arbeiten von den Teilnehmenden *„dann selbst organisiert werden"*. Allerdings bezweifelt die Leiterin der Akademie, dass ein derartig großes ehrenamtliches Engagement aufgebracht werden könnte: *„das wird wohl nichts"*.

knapp ein Drittel der Teilnehmenden. Privatfahrzeuge werden allerdings von den Besuchern bevorzugt – sicher auch wegen der teuren Fahrtkosten von derzeit 7 DM. Die Akademie verfügt über zwei einfach ausgestattete Veranstaltungsräume und weitere zwei Geschäftszimmer. Für Großveranstaltungen sind die Räumlichkeiten nicht geeignet – maximal 50 Besucher finden Platz. Ein attraktiverer Standort – bezogen auf Lage und Ausstattung der Akademie – wird gewünscht, ist aber mit den vorhandenen Mitteln nicht zu finanzieren.

Konzept und Arbeitsweise

Das Bildungsangebot für Senioren der Akademie ist aus der Praxis entstanden und nicht zielbewusst oder systematisch geschaffen worden. Ohne explizite Konzepte oder Vorbilder wurde ein Programm *„aus den eigenen Vorstellungen und Ideen"* mit den vorhandenen Mitteln und Möglichkeiten gestaltet. *„Die Altersbildung ist quasi ein Abfallprodukt der beruflichen Bildung"*. Dieser Entwicklungsprozess – *„das Wachsen von einem ins andere"* – verleiht der Einrichtung ein besonderes Gepräge. Inzwischen – und dies steht in enger Verbindung mit der permanenten Suche nach Finanzierungsmöglichkeiten – gibt es einen Überschuss an ausgefeilten Projektentwürfen für die Zielgruppe der Senioren: *„Wir haben viele Ideen, aber keine Kapazitäten (...) wir könnten Konzepte aus der Schublade zaubern, wir haben dafür aber keine Leute"*.

Das Prinzip der Teilnehmerorientierung wurde von Anbeginn konsequent befolgt. So gehörte zu den ersten Aktivitäten eine Befragung der potentiellen Teilnehmenden des Seniorenprogramms hinsichtlich ihrer Wünsche und Erwartungen. Zu den überraschenden Ergebnissen zählte, dass das vordergründige Teilnahmemotiv nicht Bildung – wie von den hauptamtlichen Kräften erwartet –, sondern das Bedürfnis nach Kommunikation ist. Diesem Befund wird Rechnung getragen, indem die Aufmerksamkeit auch der *„richtigen Atmosphäre"* gilt. Dazu gehört, dass jederzeit Gesprächs- und Beratungsangebote von hauptamtlicher Seite bestehen. Die hauptamtlich Beschäftigten verstehen ihre Tätigkeit ausdrücklich als *„Dienstleistung bzw. Kundendienst"*. Aus der internen Umfrage ging ebenfalls hervor, dass der Name der Einrichtung weitgehend Akzeptanz findet. Die Titulierung ‚2. Lebenshälfte' wird sehr positiv erlebt – *„man fühlt sich nicht diskriminiert"*. Den Terminus Akademie hingegen empfinden einige problematisch – als *„zu hoch"*. Abgelehnt wurde die Bezeichnung *„Senior"*. Daran hält sich die Einrichtung bis heute, keine Veranstaltung wird mit dieser Anrede ausgeschrieben oder beworben.

Vorzugsweise entscheiden die Interessen und Wünsche der Nachfragenden – die immer wieder abgefragt werden – über die angebotenen

Bildungsinhalte. Bei der konkreten Umsetzung der Vorschläge wird die direkte Einbeziehung und Einbindung der Teilnehmenden zunehmend angestrebt und forciert. Stärker sollen die Maxime ‚Teilhabe' und ‚ehrenamtliches Engagement' das Profil des Seniorenprogramms bestimmen. Trotz verstärkter Werbung, persönlicher Ansprache, einigen Anreizen[68] und individuellen Gestaltungsspielräumen ist die Bereitschaft zu ehrenamtlicher Tätigkeit nicht ausgeprägt. *„Die Leute haben Erfahrung und Kompetenz (...) es ist jedoch schwierig (...) nur sehr wenige, die dafür bereit sind, die meisten sind doch eher passiv in der Gestaltung"*. Nur vereinzelt wird die Chance wahrgenommen, Veranstaltungen selbst zu organisieren oder zu leiten. Derzeit sind es zwischen fünf und zehn Personen. Es sind die *„Ausnahmen, die sich aktiv einbringen"*. Zu den häufig übernommenen Tätigkeiten zählen Reisebegleitungen und Exkursionsleitungen.[69]

Auf welche Ursachen das überwiegende Desinteresse an freiwilligem Engagement zurückzuführen ist, bleibt weitgehend unklar. Die Leiterin vermutet, dass die programmatische Kundenorientierung der Akademie auch eine Konsumentenhaltung begünstigt: *„Möglicherweise geben wir mit unserem Angebot eine Bequemlichkeit vor"*. In den Interviews mit Teilnehmenden wurde dieser Aspekt teilweise bestätigt. Auf eine ehrenamtliche Tätigkeit angesprochen, zeigten die Interviewten wenig Interesse, weil *„dies Verantwortung bedeutet und man ja genug zu tun hat"*. Als weiteres Argument wurde angeführt: *„man konsumiert doch recht gern"*. Ein anderer der Befragten traut sich diese Aufgabe nicht zu, da er *„kein Hobby hat, das in diesen Rahmen passen würde"*, und auch sein ehemaliger Beruf *„gäbe das thematisch nicht her"*. Für die hauptamtlich Beschäftigten bedeutet eine ehrenamtliche Mitarbeit in gewissem Maße wohl auch Mehrarbeit: *„Viele Sachen macht man einfacher selbst, als sie an Ehrenamtliche zu geben (...) es ist weniger zeitaufwendig, da sonst Anerkennung und Lob gebracht und erwartet werden"*. Möglicherweise begründet diese Einstellung eine Hemmschwelle für freiwilliges Engagement.

Der Kern des Seniorenprogramms ist der Mittwochstreff. Jede Woche findet eine vierstündige Veranstaltung am Vormittag statt. Der Mittwochstreff setzt sich meist aus vier oder fünf verschiedenen Themenreihen und einigen speziellen Einzelveranstaltungen zusammen, die im

---

68 Die Anerkennung der ehrenamtlichen Tätigkeit geschieht über die jährliche Auszeichnung der *„besonders Aktiven"*. Teilweise können auch Aufwandsentschädigungen gezahlt werden.

69 Oft sind es Erfahrungen und Kenntnisse aus dem ehemaligen Beruf oder einem speziellen Hobby, die mit dem ehrenamtlichen Engagement verknüpft werden. Im Interview mit einem Ehrenamtlichen z.B. wurde *„persönliche Betroffenheit"* als entscheidendes Motiv des Engagements angegeben. Als Heimatvertriebener aus dem ehemaligen Ostbrandenburg hat er ein individuelles Interesse an der deutsch-polnischen Geschichte. Er organisierte eine bildungspolitische Veranstaltung zum Thema und leitet diese nun auch.

Wechsel offeriert werden. Veranstaltungszyklen werden vorzugsweise für die Bereiche Politik, Recht, Kultur- und Regionalgeschichte konzipiert und angeboten. Vor allem die Serien der politischen Bildung haben nach Einschätzung der Beteiligten ein *„hohes Niveau"* – die entsprechende Konzeptentwicklung ist *„zeitaufwendig und intensiv"* –, finden aber auch besonders großen Anklang. Nach den Auskünften der Teilnehmenden gehörte zu den Programmhöhepunkten im Jahr 1999 eine Reise nach Polen, die in der Themenfolge zur Politik integriert war. Gleichwohl gibt es einen Besucherkreis, der ganz bewusst die politischen Referate ausklammert und sich mehr auf kulturgeschichtliche Vorträge und Exkursionen kapriziert. Nach den Erfahrungen der hauptamtlichen Beschäftigten handelt es sich hierbei um eine Gruppe, die nachholt, *„was früher nicht möglich war"*, und deren Credo *„Ich mach jetzt nur noch was, was schön ist"* lautet.

Tendenziell ist das Angebot – entsprechend den Interessen der Teilnehmenden – stärker auf technische und weniger auf *„geisteswissenschaftliche"* Inhalte ausgerichtet.[70] *„Frauenthemen"* werden nicht offeriert und *„klassische Themen des Alters"* sind nur wenig akzeptiert. Dennoch gibt es *„immer wieder Überraschungen"*. So wurde ein Gedächtnistraining kategorisch abgelehnt, ein wissenschaftlicher Vortrag unter dem Titel „Kognition im Alter" hingegen stark besucht. *„Wenn ein Professor kommt, finden das natürlich alle toll"*. Es ist also nicht immer vordergründig der Inhalt, sondern zuweilen auch die Form, die über den Erfolg eines Angebotes entscheidet. Über die Jahre ist das Qualität der Veranstaltungen sukzessive gestiegen. Einige Themen, wie z.B. der Aktienindex, werden *„anspruchvoll und kompliziert"* aufbereitet *und „ganz hoch diskutiert"*. Diese Entwicklung wird von hauptamtlicher Seite durchaus skeptisch beobachtet, steigen doch die Anforderungen an sämtliche Teilnehmende: *„Wenn das Niveau immer höher wird, werden einige wohl nicht mehr kommen (...) allein die Sprache wird dann unverständlich"*.

Der Mittwochstreff ist entweder eine Vortrags- oder eine Exkursionsveranstaltung. Dafür werden gewöhnlich externe Referenten und Exkursionsleiter verpflichtet, in Einzelfällen übernehmen hauptamtliche oder ehrenamtliche Mitarbeiter diese Aufgaben. Mittlerweile können branchenübliche Honorare gezahlt werden. Der Ablauf einer Vortragsveranstaltung ist meist gleich: Nach anderthalb Stunden Referat findet eine halbstündige Kaffeepause statt, und im Anschluss sind zwei Stunden Diskussion die Regel. Themengebundene Reisen werden immer häufiger nachgefragt. Mit dem derzeitigen Angebot – in Jahr 2000 gab es allein drei Auslandsreisen – sind die Kapazitäten der Akademie allerdings aus-

70 Bei den Teilnehmenden handelt es sich um relativ viele Männer und häufig sind es ehemals Zugehörige der technischen Intelligenz. Beide Aspekte – Geschlecht und Berufshintergrund der Nachfragenden – prägen thematische Bildungsinteressen.

schöpft. *„Wir machen schon fast keine Werbung mehr"*. Trotzdem kommt es vielfach zu Überbuchungen. Aufgrund des großen Bedarfes könnte der Reisesektor mühelos ausgeweitet werden: *„Wenn man zwei Leute hätte, die nur das machen würden, dann könnte man das noch ausbauen"*. Das Interesse an Fremdsprachen und Computeranwendungen ist ebenfalls gestiegen. Von den 25 Sprach- und sechs PC-Kursen, die die Akademie 2. Lebenshälfte im Jahr 2000 insgesamt anbietet, sind mehr als ein Drittel von den Senioren und Seniorinnen belegt. Im Sprachbereich gibt es inzwischen fünf Lernstufen. Der Leistungsanspruch ist vergleichsweise hoch, wird von den Teilnehmenden aber offenbar gebilligt. *„Wer nicht mitkommt oder mitzieht, muss raus (...) wir wollen keine Konversationsschwatzgruppen"*. Die Priorität wird also nicht unbedingt auf den Gruppenzusammenhalt gelegt, wie es in vielen Akademien der Fall ist.

Für den Kursbereich ist eine trennscharfe Zuordnung zum Seniorenprogramm nicht möglich, da die Finanzierung über die Basisförderung für anerkannte Weiterbildungseinrichtungen[71] erfolgt. Diese Zuwendung ist an die Bedingung geknüpft, dass die Kurse formal allen Interessenten offen stehen. Neben einer Frauensportgruppe[72] zählt zu den sonstigen Angeboten noch die Sommerakademie, die seit 1998 erfolgreich durchgeführt wird. Zwei Wochen lang werden täglich Vorträge und Exkursionen zu diversen Themen angeboten. Die Veranstaltungen können von den Teilnehmenden beider Akademiebereiche wahrgenommen werden.

Nach dem ersten Veranstaltungsjahr des Mittwochtreffs wurde eine Gebühr von einer DM erhoben. *„Der erste Sprung von null auf eine Mark (...) da sind einige weggeblieben und haben gemeckert (...) das muss aber eine Einstellungsfrage sein (...) die Mark kann es nicht gewesen sein"*. Später gab es nochmals eine Erhöhung auf 2 DM – *„die zwei Mark haben sie akzeptiert"*. Weitere Preissteigerungen sind aus sozialen Erwägungen nicht vorgesehen, obwohl die Veranstaltungskosten nur knapp gedeckt werden. *„Oft wissen wir nicht, wie das mit dem vorhandenen Geld aufrecht zu halten ist (...) es ist noch unklar, wie so was sinnvoll und gerecht gelöst werden kann (...) In den Renten gibt es sehr große Unterschiede (...) einige müssen ganz genau gucken (...) Es ist eine Gratwanderung, ich kann mir doch nicht die Rentenbezüge zeigen lassen"*.

Ein Sprachkurs kostet derzeit 60 DM, d.h. eine Unterrichtsstunde wird mit 2 DM veranschlagt. Für die Tagesfahrten werden zwischen 30 und 35 DM berechnet, früher waren es 25 DM. *„Da gibt es schon einige, die nicht mehr kommen"*. Da einige Teilnehmer die Reisen ehrenamtlich begleiten,

---

71 Dieser Status, den z.B. auch die Volkshochschulen haben, wurde der Akademie 2. Lebenshälfte in Teltow erst kürzlich zugestanden.

72 Seit einigen Jahren besteht diese feste Gruppe, die in einem nahegelegenen Fitnesscenter zu günstigen Konditionen trainiert. Für diese Veranstaltung wird nicht geworben.

können die entsprechenden Kosten *„noch moderat gestaltet werden"*. Gewinne sind bei dieser Preisgestaltung keinesfalls möglich. Das gesamte Angebot *„ist nur machbar"*, weil das Arbeitsamt Personalstellen fördert.[73] Für die Veranstaltungen der Akademie wird mit Handzetteln geworben, die in kommunalen Einrichtungen wie z.B. der Bibliothek oder dem Arbeitsamt ausliegen. Das Thema des Mittwochtreffs wird kostenlos in der Tageszeitung annonciert – *„entscheidend ist jedoch die Mundpropaganda"*.

Die Akademie 2. Lebenshälfte in Teltow hat auffallend viele Kooperationspartner. Auf regionaler Ebene gibt es ein *„Netzwerk im sozialen Bereich"*, zu dem das Arbeitslosenzentrum, die Volkshochschule, der Seniorenklub, das Seniorenbüro, der Frauenstammtisch und etliche Vereine gehören. Mit diesen Einrichtungen gibt es einen regen Austausch und diverse Abstimmungen. Es gehört zu den Leitsätzen der Einrichtung, *„ganz stark und bewusst"* die Zusammenarbeit mit anderen Institutionen, Projekten und Gremien zu pflegen, um vermeintliche Konkurrenzen zu verhindern. Auf überregionaler Ebene werden Kontakte zu ähnlichen Einrichtungstypen in Schwerin, Bremen und Wien gepflegt. Dabei steht jedoch der Bereich der beruflichen Bildung im Vordergrund. An einer bundesweiten Vernetzung der Seniorenakademien ist die Akademie 2. Lebenshälfte interessiert, perspektivisch wird auch eine europäische Kooperation bezüglich der Seniorenbildung gewünscht.

Teilnehmende

Im ersten Jahr des Mittwochtreffs gab es zwischen fünf und 20 Besucher pro Veranstaltung. Mit der Zeit erhöhten sich die Teilnehmerzahlen. Gegenwärtig sind es etwa 30 bis 40 Personen, die das wöchentliche Bildungsangebot in Anspruch nehmen. Insgesamt wird der Kreis der Nachfragenden, der regelmäßig zum Mittwochstreff kommt, auf annähernd 200 Personen geschätzt. Die Teilnehmenden sind im Durchschnitt 60 Jahre alt, die ältesten Anfang 70. Der Männeranteil liegt bei ca. 40 Prozent, bei der hospitierten politischen Bildungsveranstaltung war es sogar eine Quote von mehr als 60 Prozent. Etwa ein Drittel der Besucher stammt aus dem nahegelegenen Potsdam, ein weiteres Drittel wohnt in Teltow und der restliche Teil der Besucher kommt aus dem weiteren Umland. Einer der Interviewpartner berichtete, dass er einen Anfahrtsweg von 50 km auf sich nimmt.

---

73 Mit Spenden- oder Sponsorengeldern wird nicht gerechnet. Bislang gab es offenbar keine guten Erfahrungen mit dem Einwerben solcher Gelder: *„Wir sind keine gute Zielgruppe (...) Behinderten oder Kindern würde man ja geben, aber nicht uns (...) so bedürftig sind wir ja nicht"*.

Der Teilnehmerkreis der ersten Generation unterscheidet sich durchaus vom heutigen Publikum des Seniorenprogramms. Dies steht im engen Zusammenhang mit der Entwicklung des Angebotes und mit der Anwerbung der ersten Teilnehmenden, die aus den Kursen der beruflichen Bildung kamen: *„Das war ein Riesenvorteil (...) man hat die Teilnehmer so geworben und bekommen, dann gab es eine starke Identifikation mit der Einrichtung, dass weitergelernt wird (...) sonst gibt es erst mal die Schwelle, überhaupt in eine Bildungseinrichtung zu gehen"*. Mehr als ein Drittel der damaligen Besucher gehörte zu den *„eher Bildungsungewohnten"*; der Altersdurchschnitt war anfangs deutlich geringer. Etwa 20 Teilnehmende zählen noch *„zum Kern der ersten Stunde"*. Inzwischen hat sich das Seniorenprogramm etabliert, was auch für Außenstehende wahrnehmbar ist: *„Heute kommen eben auch Leute, die ganz gezielt gucken, was wird für die älteren Menschen angeboten"*. Die neu hinzugekommenen Besucher sind *„immer bildungsgewohnt"*, viele sind mit ihrem ehemaligen Berufshintergrund der *„technischen Intelligenz"* zuzurechnen. Der jetzige Teilnehmerstamm wird als *„anspruchsvoll und bildungsorientiert"* beschrieben.

Von den befragten Senioren wird das Bildungsangebot als *„sehr interessant und umfassend"* eingeschätzt. Eine Interviewpartnerin, die zusammen mit ihrer Schwester die Akademie besucht, erzählte, dass es jährlich nur ein oder zwei Veranstaltungen sind, die sie nicht interessieren würden, und an denen sie auch nicht teilnehmen. Sie würden *„noch öfter kommen"*, wenn das Angebot der Einrichtung sich erweiterte. Dafür müssten sie *„andere Tätigkeiten einstellen"*; sie sind nämlich *„auch ansonsten stark interessiert"* und haben *„ein volles Wochenprogramm"*. Zwei andere Befragte, die über die berufliche Bildung zum Seniorenprogramm gelangten, schätzen neben der Qualität des Angebotes, dass sie in der Akademie ehemalige Kollegen aus dem *„Kombinat Automatisierungstechnik"* treffen können. Dass die Veranstaltungs- und Kurskosten *„günstiger als in der Volkshochschule"* sind, wurde ebenfalls erwähnt. Die beiden Schwestern, die im Übrigen von Bonn zugezogen sind, stuften die Kosten sogar als *„extrem niedrig"* ein.

4.4.6 Die Seniorenakademie e.V. Linker Niederrhein in Mönchengladbach

Unter dem Dach der Seniorenakademie Mönchengladbach sind gegenwärtig vier separate Arbeits- und Angebotsschwerpunkte angesiedelt. Neben einer Wissensbörse, die diversen Interessengruppen ein Forum bietet, und einem Projekt zum Thema Vorbereitung auf den Ruhestand[74]

---

74 Das Projekt Vorbereitung auf den Ruhestand wurde 2000 von hauptamtlichen Mitarbeitern konzipiert. Es handelt sich dabei um eine kostenpflichtige Seminar-

gibt es zwei gesonderte Bildungsbereiche für Senioren, die unterschiedlich verwaltet werden: Zum einen ein eher konventionelles Bildungsangebot, d.h. die Veranstaltungen sind hauptamtlich organisiert und es wird mit Honorardozenten gearbeitet, und zum anderen eine ehrenamtlich geleitete Seniorenbildungsarbeit, d.h. engagierte ältere Menschen gestalten selbst das Programm.[75]

Akademieprofil

Beginn:	1993
Bildungsangebot:	breites Themenspektrum
Angebotsformen:	Vortragsreihen, Einzelveranstaltungen, Kurse, Exkursionen und Reisen
Sonstige Angebote:	Wissensbörse, Projekt „Vorbereitung auf den Ruhestand"
Größe:	ca. 700 Teilnahmen pro Semester, etwa 100 Personen Stammpublikum (nur im Bildungsbereich)
Besonderheit:	Integration verschiedener Bildungs- und Freizeitangebote für Senioren; in der Trägerschaft der Arbeiterwohlfahrt (AWO)

Entstehungsgeschichte

Die Entstehung der Seniorenakademie ist im Wesentlichen auf politische Impulse zurückzuführen. Die Arbeiterwohlfahrt in Mönchengladbach orientierte sich schon frühzeitig und stetig an den Landesaltenplänen – mit zeitgemäßen Projekten reagierte sie zumeist auf die aktuellen Empfehlungen. Seit Ende der 80er Jahre werden in der Organisation die Maximen ‚Selbstbestimmtes Alter' sowie ‚Lebenslanges Lernen' diskutiert und die jungen Alten als neue interessante Zielgruppe entdeckt. Das Konzept Seniorenakademie versprach eine adäquate Lösung, um die Lücken des eigenen Angebotes schließen zu können. 1993, nach einer vom Wohlfahrtsverband veranstalteten Podiumsdiskussion zum Thema ‚Bildung im Alter', kristallisierten sich erste praktikable Realisierungs- und Kooperationsansätze heraus. Die Abendrealschule stellte interessierte Lehrkräfte frei, die Arbeiterwohlfahrt beschaffte die Unterrichtsräume und vermittelte die Teilnehmerklientel. So wurde ein erstes kostenloses Programm – mit Kursen zu Geschichte, Literatur, Fremdsprachen und

reihe, die in Betrieben implementiert werden soll, um sowohl die Betriebsleitung als auch die betreffenden älteren Mitarbeiter für die Chancen und Risiken des Überganges in die nachberufliche Lebensphase zu sensibilisieren. Die Akademieleitung erhofft sich von diesem Angebot eine neue Einnahmequelle und einen größeren Zulauf für das eigentliche Akademieprogramm.

75 Mit der Geschäftsführerin der Einrichtung wurde das Expertengespräch geführt. Aufgrund der komplizierten Terminierung der Fallstudie war es nicht möglich, Veranstaltungen zu hospitieren und Besucher zu befragen. Dafür konnte an der halbjährlich stattfindenden Planungskonferenz, an der alle aktiven Programmgestalter beteiligt waren, teilgenommen werden.

Computeranwendungen – für ältere Menschen in der nachberuflichen Lebensphase präsentiert. Die Resonanz auf das zielgruppenspezifische Bildungsangebot war überraschend groß: *„Wir wussten ja noch nicht, wo das hingeht, wir hatten da wohl aber was geweckt"*.[76] Noch im selben Jahr wurde der Verein Seniorenakademie von einigen Teilnehmern und von Mitarbeitern der AWO gegründet.[77] Sowohl das Veranstaltungsangebot als auch das Profil der Einrichtung fanden eine Erweiterung. Ein Modellprojekt ‚Qualifizierung von Ehrenamtlichen' konnte mit Landesmitteln finanziert und der Akademie zugeordnet werden. Damit war die Grundlage für eine selbstorganisierte Seniorenbildung geschaffen. 1996 bekam die Seniorenakademie ein eigenes Haus zur Verfügung gestellt und auf diese Weise eröffneten sich weitere Expansionsmöglichkeiten. Die Angliederung der Wissensbörse[78] und die Entwicklung weiterer Angebote erfolgte stets unter dem Gesichtspunkt der Gewinnung neuer Interessenten für die beiden Bildungsbereiche, insbesondere für den ehrenamtlich organisierten.

Trägerschaft

Die Seniorenakademie ist federführend von der Arbeiterwohlfahrt entwickelt worden und untersteht bis heute diesem Wohlfahrtsverband. In der Anfangs- bzw. Aufbauphase der Einrichtung erledigte die Kreisgeschäftsstelle der AWO die gesamten Verwaltungsaufgaben, einschließlich der Finanzierungsanträge. Von dort wurde auch die hauptamtliche Geschäftsführerin der Akademie delegiert. Deren Arbeitsplatz, der zwischenzeitlich mit den Zuwendungen für das Modellprojekt finanziert werden konnte, wird auch weiterhin von der Arbeiterwohlfahrt getragen.

---

76 Bis zu diesem Zeitpunkt gab es in Mönchengladbach keine altershomogenen Lernangebote. Andere Bildungsträger der Stadt wie z.B. die Volkshochschule, die in der Seniorenakademie eine zukünftige Konkurrenz sahen, kritisierten offenbar insbesondere diesen Aspekt: *„und die Argumente, die dann kamen, waren – ihr bildet ein Ghetto für Senioren (...) ihr zieht die aus den generativen Beziehungen heraus (...), aber das war doch der Wunsch der Senioren, wir machen das weil die Nachfrager es so wollen"*. Als die Seniorenakademie nicht mehr verhindert werden konnte und der große Anklang beim Publikum die Zielgruppenspezifik rechtfertigte, offerierten auch andere Anbieter derartige Veranstaltungen. Die Volkshochschule in Mönchengladbach hat heute sogar einen eigenen Fachbereich für Senioren.

77 Gegenwärtig sind es etwa 50 Mitglieder, die den Verein mit einem Jahresbeitrag von 60 DM unterstützen. Im Vorstand sitzen zwei Landtagsabgeordnete, eine Mitarbeiterin der AWO, der Direktor des Abendgymnasiums und zwei ehrenamtliche Mitarbeiter. Von diesem Gremium wird *„nur der wirtschaftliche Rahmen"* vorgegeben – eine Einmischung in das *„Tagesgeschäft"* der Seniorenakademie besteht nicht.

78 Die diversen Interessengruppen können die Räumlichkeiten der Seniorenakademie nutzen und partizipieren zudem von dem hohen Bekanntheitsgrad der Einrichtung.

Selbstverständlich strebt die Seniorenakademie eine kostendeckende Arbeit an. Das professionell geführte Bildungsressort,[79] das wie *„ein klassischer Wirtschaftsbetrieb"* organisiert ist, produziert geringe Überschüsse, die für die anderen Akademiebereiche genutzt werden können. Das intern bezeichnete ‚Bildungswerk' bildet die geschäftliche Basis, ist *„das Standbein, was uns viel ermöglicht"*. Allein diese Mittel sind für die Gesamtfinanzierung der Einrichtung jedoch unzureichend. Auch die Seniorenakademie in Mönchengladbach ist auf öffentliche Zuwendungen angewiesen und kann ohne solche Unterstützung offenbar nicht existieren. Für die Einrichtung hat dies zur Folge, dass permanent neue Förderungs- bzw. Projektanträge gestellt werden müssen. *„Wo wir immer Probleme haben, ist, (...) dass wir keine Regelfinanzierung haben, dass wir nicht wissen, ob wir nächstes oder übernächstes Jahr unsere Arbeit kontinuierlich machen können. Es ist immer abhängig davon, wo wir grade einen Zuschuss erhalten"*. Die entsprechenden Konzeptionen werden pragmatisch den aktuellen Richtlinien angepasst: *„Wir machen aber auch das, wo das Land Fördergelder vergibt"*.

Die Trägerschaft durch die Arbeiterwohlfahrt wird von der Geschäftsführerin der Seniorenakademie im Interview als vorteilhaft herausgestellt. So wäre der Bau des eigenen Akademiegebäudes ohne die großzügigen Hilfeleistungen des Wohlfahrtsverbandes nicht zu realisieren gewesen. Das neue Haus, das 1996 mit Mitteln der AWO, der Stadt und der Stiftung Wohlfahrtspflege errichtet wurde, ist ganz nach den Bedürfnissen und Wünschen der Nutzer konzipiert. Das zentral gelegene und mit Nahverkehrsmitteln recht gut zu erreichende Domizil der Seniorenakademie verfügt über vier Unterrichtsräume, ein großes Foyer mit einem Café und weitere Zimmer für die Verwaltung. 90 Prozent der Veranstaltungen finden derzeit in diesem Haus statt – damit sind die Ressourcen allerdings noch nicht ausgeschöpft. Der restliche Teil der Veranstaltungen findet an externen Lernorten statt, z.B. stellen die Sparkasse und das Abendschulgymnasium die Räume für Computerkurse.[80] Einige Sprachkurse werden in den Begegnungsstätten der Arbeiterwohlfahrt angeboten, um letztlich auch neue Kundschaft für die Seniorenakademie zu werben. Im Gegenzug offeriert der Wohlfahrtsverband im Gebäude der Akademie seinen Beratungsdienst.

79 Aufgrund der Erweiterung dieses Sektors ist die Seniorenakademie als Weiterbildungseinrichtung anerkannt, d.h. es werden für das Kurssystem öffentliche Zuschüsse gewährt, wie sie vergleichsweise auch eine Volkshochschule erhalten würde.

80 Im Austausch haben die Institutionen das Recht, für ihr Angebot bei den Senioren und Seniorinnen zu werben. Für die Benutzung der Schwimmhalle wird hingegen eine Miete gezahlt.

Konzept und Arbeitsweise

Streng genommen sieht das Konzept der Akademie die komplette Selbstorganisation durch ehrenamtlich Tätige vor: *„Wir wollten Menschen finden, die den Unterbau bilden, die sagen, das mach ich für mich, ich will selber davon profitieren"* – und so müsste allenfalls auf dieses Ideal zugestrebt werden.[81] Praktiziert wird jedoch eine Mischform aus haupt- und ehrenamtlicher Arbeit, und dieser bewährte Zustand soll auch perspektivisch beibehalten werden: *„das wird nie funktionieren, das wird nie ohne hauptamtliche Moderation auskommen"*. Dass das einstmalige Vorhaben quasi aufgegeben wurde, wird der mangelnden Nachfrage zugeschrieben: *„Es war eine Illusion, zu glauben, die Menschen rennen uns die Bude ein, das war nicht so (...) Die meisten Leute haben wir mit Bildungsangeboten erreicht und nicht mit der Möglichkeit, hier aktiv mitzugestalten"*. Außerdem wird dem ehrenamtlichen Engagement eine generelle Unbeständigkeit attestiert, die die kontinuierliche Arbeit der Seniorenakademie gefährdet: *„Sie haben immer die Gefahr, dass morgen niemand mehr kommt (...) ich kann nur soviel an die Ehrenamtler abgeben, dass ich sicherstellen kann, dies könnte ich wieder übernehmen (...) ich kann mich nicht entlasten zu Lasten der Ehrenamtler (...) das kann ich gar nicht für die Einrichtung verantworten"*.[82] Die ehrenamtlich organisierte Seniorenbildung, die von der hauptamtlichen Geschäftsführerin *„moderiert"* und beworben wird, beschränkt sich auf ein gesondertes Segment des Gesamtprogramms der Einrichtung. Es handelt sich dabei um derzeit drei thematische *„Fachbereiche"* (Kultur und Kunst, Literatur und Rhetorik sowie Politik und Wirtschaft), die von knapp 20 aktiven Senioren und Seniorinnen geleitet werden.[83] In deren Verantwortung liegen sowohl die inhaltliche als auch die formale Gestaltung der diversen Veranstaltungen. Meist sind einzelne Vorträge und Exkursionen unter einem speziellen Motto zu einem Semesterzyklus vereint. Die Referenten sollen vorzugsweise aus dem Besucherkreis der Seniorenakademie kom-

---

81 Dieser ursprüngliche Plan geht auf das Modellprojekt ‚Qualifizierung von Ehrenamtlichen' zurück. Er hat zum Inhalt, *„ältere Menschen zu befähigen, eine Akademie letztlich auch selbst zu organisieren und zu gestalten"*.

82 Hinter dieser Argumentation könnten auch Ängste um den eigenen Arbeitsplatz vermutet werden. Während der Fallstudien konnte wiederholt beobachtet werden, dass in den Akademien, in denen haupt- und ehrenamtlich Tätige zusammen arbeiten, ähnlich latente Konflikte bestehen.

83 Mit drei ehrenamtlich Tätigen, die zusammen für den Fachbereich Kunst und Kultur zuständig sind, konnte ein Interview geführt werden. Seit 1994 arbeiten sie in dieser Konstellation und zu diesen Inhalten. Für das Thema erachten sie sich aufgrund der ehemaligen Berufstätigkeit als *„prädestiniert"*, und sie sind *„froh darüber, eine Aufgabe zu haben"*. Zu ihrer Tätigkeit zählen u.a. die Konzeption von Veranstaltungsreihen, die Auswahl der Vortragenden, Terminabsprachen und bisweilen die Begleitung von Exkursionen oder Reisen. Der wöchentliche Zeitaufwand beträgt etwa 20 Stunden.

men – es werden allerdings auch häufig externe Fachkräfte engagiert, denen gegebenenfalls auch Honorare gezahlt werden können. Die Anwerbung von neuen ehrenamtlichen Kräften erfordert *„viel Mühe, Öffentlichkeitsarbeit und intensive Gespräche"*. Sie obliegt hauptsächlich der Akademieleiterin: *„Mit tollen Veranstaltungen des Bildungswerkes zieht man Leute, die dann vielleicht auch ehrenamtlich weiter arbeiten (...) es gibt natürlich Leute, und das ist völlig legitim, die wollen nur ihre Kurse besuchen, aber es gibt auch Leute, da lohnt es sich mit denen eine Stunde über unseren Auftrag zu reden"*.

Das Bildungswerk – der andere, eher konventionelle Bildungsbereich der Seniorenakademie – wird ausschließlich hauptamtlich koordiniert und arbeitet mit bezahlten Lehrkräften. Neben der fest angestellten Geschäftsführerin gibt es – in Abhängigkeit von der jährlichen Bezuschussung der Seniorenakademie – ein oder zwei ABM-Kräfte. Für diese Stellen existieren keine strikt eingrenzbaren Arbeitsressorts, es wird vielmehr *„übergreifend"* gearbeitet. Der mit dem Finanzierungsmodus verbundene permanente Wechsel des Personals verhindert tendenziell eine kontinuierliche Tätigkeit und setzt voraus, dass die Leiterin für alle Belange der Akademie zuständig ist – dies bewertet sie als *„ein hartes Geschäft"*.

Insbesondere zu den Themen Fremdsprachen, Sport, Gesundheit, Kreativität, Computer und Internet werden halbjährliche Kurse angeboten, die von Honorarkräften angeleitet sind. Bei den Dozenten handelt es sich zumeist um Referenten der Volkshochschule oder der Familienbildungsstätten sowie um ehemalige Pädagogen. Personen im Alter der Teilnehmenden werden bevorzugt. In den *„Einstellungsgesprächen"* mit neuen Kursleitern wird über die zu berücksichtigenden Leitsätze informiert: *„Lernstress"* oder *„Leistungsdruck"* gilt es prinzipiell im Unterricht zu vermeiden. *„Wir wollen keine Teilnehmer, die vielleicht aufgeben, weil sie denken, sie kommen nicht mit"*. Abschlüsse bzw. Zertifikate werden entsprechend dieser Maxime nicht vergeben – altershomogene Gruppenzusammensetzungen sind dezidiert vorgesehen. Orientierung geben sollen nicht Lehrpläne sondern die Bedürfnisse der Besucher – *„entscheidend sind die Teilnehmer und nicht die Lektionen"*. Darüber hinaus wird von den Lehrenden eingefordert, die privaten Beziehungen zwischen den Mitgliedern der Lerngruppe zu fördern: *„Wenn die Gruppe motiviert ist, Spaß daran hat und auch noch soziale Kontakte pflegt (...) ist das viel, viel wichtiger"*. Da der Gruppenzusammenhalt oberste Priorität hat, existieren im Fremdsprachenbereich z.B. 20 Englischkurse.

Zu den methodisch-didaktischen Grundsätzen der Einrichtung zählt auch die Angebotszeit: Vorzugsweise am Vormittag, zur *„besten Leistungsfähigkeit"*, werden die Kurse – und im Übrigen auch die Veranstaltungen des ehrenamtlichen Bildungsbereiches – angesetzt. Erfahrungsgemäß findet ein Abendprogramm nur wenig Resonanz, Wochenendveranstaltungen werden eher zögerlich angenommen. Das Jahresprogramm der Seniorenakademie ist in Sommer- und Wintersemester unterteilt. Im Sommer wird die Einrichtung wegen Betriebsferien zwei Monate geschlossen. In der letzten Zeit ist das Interesse speziell an den Themen Ernährung, Computer und Internet gewachsen – das Veranstaltungsangebot wurde entsprechend ausgebaut. Fremdsprachenkurse werden ebenfalls vermehrt nachgefragt. Auch der Bedarf an Reisen und Exkursionen nimmt stetig zu – interessanter Weise sind es jedoch nicht die anspruchsvollen *„Studienfahrten"* oder *„Bildungsreisen"*, die stark frequentiert werden. Insofern soll dieser Sektor nur bescheiden expandieren: *„Wir sind kein Reisebüro bzw. machen wir keine Kaffeefahrten (...) davor möchte ich uns bewahren. Nur weil es Geld bringt, weite ich den Bereich nicht aus"*. Außerdem besteht die Gefahr, mit dem Träger in Konflikt zu geraten: *„in zwei, drei Jahren bieten wir dann quasi einen Reisedienst an und da muss ich gucken, wir bieten das als AWO an (...) wir werden damit eine Konkurrenz innerhalb der AWO"*.

Die Preisgestaltung erfolgt in Absprache mit den anerkannten Weiterbildungseinrichtungen der Stadt Mönchengladbach. Die Seniorenakademie verlangt für die Unterrichtseinheit 3 DM – damit liegt die Gebühr 20 Pfennig unter dem Preis der Volkshochschule. Für Einzelveranstaltungen und Vorträge des ehrenamtlichen Bildungsbereiches werden in der Regel 6 DM veranschlagt; die Kosten für die Reisen und Exkursionen variieren. Vergünstigungen werden *„in Fällen sozialer Härte"* gewährt und sind individuell mit der Akademieleitung auszuhandeln.

Die Werbung erfolgt hauptsächlich über das halbjährliche Programmheft, das *„flächendeckend"* ausgelegt wird – z.B. in Apotheken und bei Ärzten. Diese Broschüre, die kostenlos erhältlich ist, wird in einer Auflage von derzeit 7.000 Exemplaren gedruckt. 50 Prozent der Druckkosten sind mit Anzeigeninseraten finanziert. Dafür Partner zu finden, kostet Zeit – gelingt jedoch *„ohne wirklich große Mühe"*. Sonstige Werbung läuft über einen zentralen Veranstaltungskalender der Stadt, die Bürgerfunkgruppe der Wissensbörse und über Pressemitteilungen. Die Seniorenakademie hat sich in der Stadt Mönchengladbach als gewichtige Einrichtung etabliert und wird auch von anderen Bildungsanbietern *„anerkannt"*. Die Akademie ist in die regional bestehenden Netzwerke der Senioren- und Bildungsarbeit integriert. An einer bundesweiten Vernetzung der Seniorenakademien ist die Geschäftsführerin sehr stark interessiert. Von einer überregionalen Kooperation verspricht sie sich vor allem neue Impulse und Anregungen, um das eigene Programm sinnvoll erweitern zu können.

Teilnehmende

Die anvisierte Zielgruppe der Seniorenakademie sind die jungen Alten, d.h. aktive Senioren und Seniorinnen, die bestenfalls das Programm selbst gestalten. *„Wir holen keinen von zu Hause ab (...) Wir schließen Hochaltrige nicht aus, aber wir können niemanden bzw. wollen wir niemanden betreuen (...) die Leute müssen den ersten Schritt auf uns zu machen"*. Die Nachfrage bzw. Teilnahme dieser Zielgruppe ist bislang aber nicht so hoch wie erwartet – nur etwa 20 Engagierte sind kontinuierlich in die Arbeit eingebunden. Von den ehrenamtlich Aktiven sind fast 60 Prozent Männer – bei den konsumierenden Teilnehmern, d.h. den Besuchern der Kurse, Vorträge und Reisen, liegt der Anteil bei knapp 25 Prozent. Auch bei den Lehrkräften überwiegen die Frauen. Die untere Altersgrenze bei den Teilnehmenden liegt bei etwa 50 Jahren – *„wobei auch mal jemand mit 46 genommen wird"*. Die ältesten Besucher sind nur unwesentlich älter als 70 Jahre. Im gesamten Bildungsbereich sind gegenwärtig pro Semester etwa 700 Teilnahmen zu verzeichnen. Das Stammpublikum, das unter Umständen auch mehrere Kurse parallel belegt, wird auf ca. 100 Personen geschätzt.

Dass es Besucher gibt, die alle Akademiebereiche (Wissensbörse, ehrenamtlicher und hauptamtlicher Bildungssektor[84]) frequentieren, wird vermutet. Wie viele dazu zählen, kann jedoch nicht verlässlich angegeben werden, da keine weiterführenden Daten über die Teilnehmenden erhoben werden. Ebenso wenig lässt sich mit Bestimmtheit sagen, wie viele Personen aus den nahegelegenen Städten kommen und ob tatsächlich überproportional viele Besucher *„bildungsungewohnt"* sind – es gehört zu den Annahmen, dass die Einrichtung aufgrund der AWO-Trägerschaft *„natürlich auch bestimmtes Klientel"* anspricht. Insgesamt hat die Seniorenakademie in Mönchengladbach offenbar einen *„sehr, sehr guten Ruf"*, u.a. wohl auch *„weil wir alles für die Teilnehmer machen"*.

4.4.7 Die Seniorenakademie Otto Brenner e.V. (Akademie der Generationen) in Hannover

Das Programm dieser selbstorganisierten Bildungseinrichtung zeigt deutlich die Handschrift der Initiatoren, die vornehmlich Gewerkschafter sind bzw. waren. Die überwiegend politisch orientierten Inhalte werden bevorzugt in Form von projektbezogenen Arbeitskreisen behandelt.

84 Für das Projekt ‚Vorbereitung auf den Ruhestand', das sich noch in der Aufbauphase befindet, gibt es noch keine Teilnehmenden.

Akademieprofil	
Beginn:	1995
Bildungsangebot:	Politik, Kunst
Angebotsformen:	Einzelveranstaltungen, Arbeitskreise, Blockseminare, Exkursionen, Studienfahrten
Sonstige Angebote:	Projektgruppen für Stadtteilarbeit
Größe:	ca. 200 Mitglieder
Besonderheit:	gewerkschaftlich-politisches Profil; Bildungsarbeit generationsübergreifend

Entstehungsgeschichte

Im November 1995 wurde die Seniorenakademie im Beisein des Oberbürgermeisters von Hannover und hochrangiger Gewerkschaftsfunktionäre offiziell eröffnet. Die konzeptionellen und organisatorischen Vorbereitungen liefen allerdings schon seit Anfang der 90er Jahre, die Gründung des Vereins der Seniorenakademie erfolgte bereits im November 1994. Die Idee zu dieser Akademie ist eng mit der Tradition der Seniorenarbeit des Freizeitheimes Linden verbunden.[85] Der langjährige Akademieleiter dieser Einrichtung – mit ihm wurde das Expertengespräch geführt – ging 1991 in den Ruhestand und suchte für sich und einige Mitstreiter aus der Gewerkschaft, der SPD und anderer politisch links orientierter Organisationen ein neues ehrenamtliches Betätigungsfeld. Ein Initiativkreis von etwa 20 Interessenten, der sich seit 1993 regelmäßig traf und jährliche Sommerschulen durchführte, entwickelte konzeptionelle Leitsätze für ein entsprechendes Projekt, das bald den Titel Seniorenakademie trug. Politisches Engagement, Selbstorganisation, altersübergreifende Bildungsarbeit und Stadtteilarbeit galten als programmatische Orientierungen. Die Namensgebung bzw. Berufung auf Otto Brenner akzentuierte nachdrücklich das politische Profil der Einrichtung.[86]

Das Freizeitheim Linden stellt die Räumlichkeiten und verwaltungstechnische Hilfe zur Verfügung. Darüber hinaus konnte die Bildungsver-

85 Linden ist ein traditioneller Arbeiterstadtteil von Hannover mit einer regen Vereinskultur. Das Freizeitheim Linden, das 1961 erbaut wurde, verstand sich von Anfang an *„als soziokulturelles Zentrum. Die Voraussetzungen für diese Arbeit waren sehr günstig, zumal gestandene Vereine der ehemaligen Arbeiterbewegung und Arbeiterkultur in Linden die Grundlage für diese Arbeit leisten konnten. Die ersten Seniorenklubs wurden bereits 1961 im Freizeitheim entwickelt"* (Landeshauptstadt Hannover/Oberstadtdirektor 1992: 16).

86 *„Otto Brenners Bedeutung für die Arbeiterbewegung ging und geht weit über die Positionen des Vorsitzenden einer großen Gewerkschaft bzw. Gewerkschaftsinternationale hinaus. In diesem Sinne bedeutet die Berufung auf Otto Brenner für die Akademie die Verpflichtung auf bestimmte Prinzipien und Orientierungen, nicht aber die Bindung an einzelne Organisationen der Arbeiterbewegung"* (zitiert aus dem ersten Tätigkeitsbericht der Seniorenakademie Otto Brenner in Hannover über das Programmjahr 1995/96: 6). Das Signet der Seniorenakademie ziert eine rote Nelke.

einigung ARBEIT UND LEBEN Niedersachsens für eine Zusammenarbeit geworben werden, die vor allem organisatorische Unterstützung gewährt. Die Anschubfinanzierung der Seniorenakademie erfolgte über private Spenden, kommunale Zuschüsse und Zuwendungen des Bundesministeriums für Familie, Senioren, Frauen und Jugend. Damit konnten erste Projekte initiiert werden, die zum Teil noch heute bestehen. Mittlerweile haben sich weitere Gesprächs- und Arbeitskreise etabliert, die Mitgliedszahlen des Vereins sind deutlich angestiegen und der Austausch mit Einrichtungen des Stadtteiles wurde erweitert.

Konzept und Arbeitsweise

Die Seniorenakademie, die ausschließlich ehrenamtlich organisiert und geleitet wird, soll ohne großen Verwaltungsaufwand und bürokratische Formalia funktionieren. Die Selbstorganisation ist das leitende Arbeitsprinzip, d.h. die Ideen, Vorschläge und Aktivitäten der Mitglieder sollen maßgeblich die Entwicklung der Einrichtung bestimmen. Damit ist die Seniorenakademie *„gestaltungsoffen"* und versteht sich selbst *„als Lernprozess"*. Die formale Arbeitsstruktur des Vereins der Seniorenakademie ist per Satzung geregelt und fixiert. Drei Gremien bzw. *„Organe"* leisten die notwendigen Tätigkeiten: Der *„Programmausschuss"*, der aus dem anfänglichen Initiativkreis hervorgegangen ist, erstellt – in Absprache mit dem Vorstand – das Gesamtprogramm der Akademie. Die Treffen dieser knapp 20 Personen erfolgen vier bis fünf Mal im Jahr. Der Vorstand ist das satzungsmäßige Führungsorgan, ordnet sich jedoch den inhaltlichen Empfehlungen des Programmausschusses unter. Der Vorstandsvorsitzende ist gewissermaßen der Leiter der Akademie. Die Einrichtung hat sich ein Kuratorium gegeben, das mit prominenten Personen aus Politik, Gewerkschaft und Wissenschaft besetzt ist. Zu deren Aufgaben zählen die sachverständige Beratung und Unterstützung sowie Öffentlichkeitsarbeit. Die jährlichen Sitzungen dieses Beirates sind zumeist schlecht besucht. Die durchaus komplexe Verantwortungsverteilung darf allerdings nicht darüber hinwegtäuschen, dass der Großteil der Arbeit von einigen wenigen Personen, insbesondere dem Akademieleiter, geleistet wird.[87] Auch im Falle der hannoverschen Einrichtung lässt sich beobachten, dass es überwiegend Einzelpersonen sind, die mit ihrem herausragenden Engagement und ihrer außerordentlichen Aktivität sowohl den Aufbau als auch den Fortbestand einer Seniorenakademie überhaupt erst ermöglichen. Damit verbunden ist indessen häufig der Mangel an eben-

87 Dieser Umstand wurde von dem Akademieleiter im Interview gar nicht direkt angesprochen oder hervorgehoben. Die vielfältigen Aufgaben und Ämter, die im Zusammenhang mit der Leitungstätigkeit stehen, lassen aber den Schluss zu, dass es sich dabei nahezu um einen Full-Time-Job handelt.

bürtigem Nachwuchs. Auch wenn der Leiter der Seniorenakademie Otto Brenner momentan sein Amt nicht niederlegen möchte, so ist jetzt schon absehbar, dass nur schwer eine adäquate Nachfolge zu finden sein wird.

Seit der Gründung der Einrichtung hat sich das Bildungsangebot weder inhaltlich noch formal verändert, lediglich eine Ausweitung des Programms wurde vorgenommen. Dominierend sind politische Themen, die vorzugsweise in Form von beständigen Arbeitskreisen, aber auch Einzelveranstaltungen, Blockseminaren und Studienfahrten angeboten werden. Die Veranstaltungen firmieren z.B. unter Titeln wie ‚40 Jahre cubanische Revolution', ‚Otto Brenner Forum', ‚Internationale Arbeiterbewegung und sprachliche Verständigung', ‚Politik aktuell', ‚Leben und arbeiten mit der Gewerkschaft' u.ä. Nur ein Bruchteil des Angebotes widmet sich konventionell-beschaulichen Bildungsthemen, wie Literatur und Kunst. Fremdsprachen- oder Computerkurse werden absichtlich nicht angeboten. Es besteht das Bestreben, *„kein Volkshochschulniveau"* zu entwickeln.

Die verschiedenen Arbeitskreise, die in der Regel alle vier bis sechs Wochen stattfinden, sind von den Teilnehmenden selbst vorbereitet und geleitet.[88] Das Prinzip der Selbstorganisation ist auf dieser Ebene konsequent umgesetzt – auch die anderen Veranstaltungen werden in erster Linie von Mitgliedern der Akademie bestritten. Bei Bedarf können externe Experten geladen und branchenübliche Honorare gezahlt werden. Derzeit existieren knapp zehn verschiedene Arbeitskreise. Etwa fünf Blockseminare und ebenso viele Studienreisen finden pro Jahr statt – etliche Einzelveranstaltungen kommen noch hinzu. Unter dem Dach der Seniorenakademie haben sich auch einige Projektgruppen zusammengefunden, die insbesondere stadtteilnahe Arbeit praktizieren. So gibt es z.B. ein Wohnprojekt für ältere Menschen und eine Projektgruppe zu *„stadtteilorientierter Gewerkschaftsarbeit"*. Diese unmittelbaren Beteiligungsprozesse sind ganz im Sinne der Grundsätze der Akademie. Nicht nur eine Bildungsteilnahme, sondern auch die direkte Teilhabe am politischen Geschehen soll ermöglicht werden.

Die Veranstaltungen finden sowohl vormittags und nachmittags als auch am Abend statt. Zu den Lernorten zählen neben den Räumlichkeiten des Freizeitzentrums Linden drei weitere bekannte Veranstaltungsstätten der Stadt. Die Teilnahme an den diversen Veranstaltungen, die in Hanno-

---

88 An einer Veranstaltung des Arbeitskreises mit dem Titel ‚Leben und arbeiten mit der Gewerkschaft am Beginn eines neuen Jahrhundert' konnte während der Erhebung teilgenommen werden. Zu Gast war ein Volkswirt der Nord LB, der über die gegenwärtige Fusionswelle von Großkonzernen referierte. Der Vortrag war in eine einführende Moderation und eine thematische Diskussion eingebettet. Viele der 20 Teilnehmenden hatten sich offenbar vorbereitet und zitierten aus diversen Wirtschafts- und Gewerkschaftszeitungen zum Thema. Alle Wortmeldungen wurden in einem Protokoll aufgenommen. Zum Abschluss der Veranstaltung wurden gemeinsam das nächste Thema und entsprechende Referenten ausgewählt.

ver angeboten werden, ist kostenlos und beschränkt sich üblicherweise auf die Mitglieder der Seniorenakademie, die einen Jahresbeitrag von 24 DM zahlen. Die Studienfahrten und die Blockseminare hingegen sind kostenpflichtig, umfassen aber nur den Selbstkostenpreis. Mit den Mitgliedsbeiträgen können die erforderlichen Ausgaben der Seniorenakademie nicht bestritten werden. Auch wenn bislang keine Mieten oder Pachten anfallen, sind mehrere Posten zu kalkulieren – z.B. für den Druck von 2.000 Jahresprogrammen, die Verschickung von etwa 500 Exemplaren, Honorare und Spesen für Fremdreferenten. Da die Seniorenakademie keine weiteren regelmäßigen Zuschüsse erhält, sind ständig neue Finanzierungsquellen zu erschließen. Neben eingeworbenen Spendengeldern sind es hauptsächlich kommunale Projektmittel, die immer neu beantragt werden müssen. Im auffälligen Kontrast zu den anderen Seniorenakademien, beurteilt die hannoversche Einrichtung diesen Umstand als Positivum: *„Wir müssen deshalb kreativ sein, das ist gut so"*. Es wurde sogar die Vermutung geäußert, dass eine konstante Bezuschussung eine derartige Organisationsstruktur nur unbeweglich und *„träge"* mache: *„Wenn wir 100.000 DM hätten, würde die Seniorenakademie den Bach runtergehen"*.

Die Öffentlichkeitsarbeit und die Werbung neuer Mitglieder erfolgt über das Programmheft und regionale sowie überregionale Pressemitteilungen. Ein Teil der Programmankündigungen wird an Interessenten direkt versandt. Die meisten Exemplare liegen an den bevorzugten Veranstaltungsorten aus. Neben Inseraten in lokalen Tageszeitungen und Wochenblättern sind es vor allem die Zeitschriften der Gewerkschaften, die auf das Angebot der Seniorenakademie aufmerksam machen. Die persönliche Werbung, die Mundpropaganda, spielt ebenfalls eine wichtige Rolle.

Die Seniorenakademie wird anscheinend als Konkurrenzunternehmen von Einrichtungen der Arbeiterwohlfahrt und einzelnen soziokulturellen Zentren in Hannover wahrgenommen. Dies entspricht wahrscheinlich nicht der Intension der Akademie, bemüht sie sich doch seit Anbeginn um ein breites Kooperationsnetz auf allen Ebenen. Mit Institutionen des Stadtteils Linden und lokalen Gewerkschaftskreisen konnten bereits fruchtbare Bündnisse eingegangen werden, aber auch mit einigen städtischen Trägern und Gremien gibt es einen wechselseitigen Austausch. Die Seniorenakademie ist insbesondere an einem Erfahrungsaustausch und einer Zusammenarbeit mit ähnlich profilierten Einrichtungen interessiert. Derzeit unterstützt sie eine Projektgruppe in Lüneburg, die eine Akademie mit entsprechend politisch-gewerkschaftlichen Schwerpunkten ins Leben rufen möchte.

Teilnehmende

Bei den Teilnehmenden handelt es sich vor allem um Mitglieder des Vereins der Seniorenakademie. Eher selten kommen Besucher von außen dazu – wenn, dann sind es zumeist potentielle Neumitglieder. Die Mitgliedszahlen sind über die Zeit gestiegen. 1996 waren es etwa 85 Personen, heute gibt es knapp 200 Beitragszahler – davon sind ungefähr 150 aktive Teilnehmer. Etwa zwei Drittel der Besucher sind gewerkschaftlich organisiert, nicht wenige waren ehemals hohe Gewerkschaftsfunktionäre. Der Anteil von Frauen, auf 35 Prozent geschätzt, ist sehr gering. Eventuell liegt er sogar noch niedriger – bei einer besuchten Veranstaltung gab es nur eine Teilnehmerin. Dieser Umstand ist sicherlich nicht überraschend, da sowohl die Zugangshürden – aufgrund der Gewerkschafts- und Parteinähe – für Frauen hoch sind als auch die inhaltliche Ausrichtung nicht unbedingt deren typischen Interessensschwerpunkten entspricht.

Die Mitgliedschaft ist nicht an ein bestimmtes Alter gebunden: die jüngsten sind Mitte 30, der Älteste ist 86 Jahre alt, die Mehrheit ist Anfang 60. Es gehört zu den erklärten Zielen, den generationsübergreifenden Austausch zu fördern, was sich auch im Untertitel der Einrichtung – ‚Akademie der Generationen' – widerspiegelt. *„Die Senioren der Akademie betrachten es als eine wichtige Aufgabe, ihre historischen Erkenntnisse und politischen Erfahrungen auch jüngeren Menschen zu vermitteln. Gerade angesichts vielfach vorhandener Sprach- und Verständigungslosigkeit zwischen den Generationen müssen hier gezielte Versuche der Vermittlung unternommen werden"*.[89] So wurden planmäßig Arbeitskreise initiiert, die die Beziehungen zwischen den Generationen thematisieren. Die Seniorenakademie hat dennoch Nachwuchssorgen und ringt mittlerweile um jedes neue Mitglied. Ob tatsächlich die *„Entpolitisierung der Gesellschaft"* der Grund für die mangelnde Nachfrage ist, lässt sich nicht erschöpfend klären.

4.4.8 Die Friedrich-Spee-Akademie (Akademie der zweiten Lebenshälfte) in Düsseldorf

Akademieprofil	
Beginn:	1996
Bildungsangebot:	breites Themenspektrum
Angebotsformen:	Einzelveranstaltungen, Veranstaltungsreihen, Exkursionen
Größe:	ca. 1.250 Teilnahmen pro Jahr, etwa 200 Personen Stammpublikum
Besonderheit:	Sponsoring; Vielfalt der Lernorte

89 Auszug aus dem ersten Tätigkeitsbericht der Seniorenakademie Otto Brenner in Hannover über das Programmjahr 1995/96: 6.

Entstehungsgeschichte

Die Gründung der Friedrich-Spee-Akademie in Düsseldorf ist Ergebnis und Konsequenz der berufspraktischen Erfahrungen ihres ersten Leiters.[90] Dessen langjährige Tätigkeit als Dozent in der Erwachsenenbildung, die ihn besonders häufig in Kontakt mit älteren Menschen brachte, war sowohl Anlass als auch Voraussetzung für die Entwicklung maßgeschneiderter Bildungsangebote für diese Zielgruppe. Schon Anfang der 90er Jahre hatte er in Zusammenarbeit mit einigen Volkshochschulen in Nordrhein-Westfalen Modellveranstaltungen für Senioren *„mit großem Erfolg"* durchgeführt. Aufgrund der anhaltenden Resonanz bei den Teilnehmenden, aber auch der ideellen Unterstützung von politischer Seite kristallisierte sich das Konzept einer eigenständigen, selbstorganisierten Seniorenakademie heraus. Von Anbeginn wurde mit freiwilligem Engagement gerechnet. Angebotsgestaltung sowie -organisation sollten ausschließlich ehrenamtlich Tätigen obliegen, vorzugsweise den Senioren, d.h. den Teilnehmenden selbst: *„das hat den Vorteil, dass die Leute im Programm das vorfinden, was sie dann wollen."* Öffentliche Zuschüsse wurden – aufgrund der hinlänglich bekannten Haushaltsdefizite – nicht in Erwägung gezogen, dafür aber auf Sponsoren- und Spendengelder spekuliert.

1996 wurde der Verein der Seniorenakademie gegründet und ein erstes Veranstaltungsprogramm offeriert. Die meisten ehrenamtlichen Mitarbeiter der ersten Stunde waren aus dem privaten oder beruflichen Umfeld des damaligen Leiters geworben worden.[91] In den folgenden zwei Jahren profilierte und etablierte sich das Angebot. Sowohl der Kreis der Ehrenamtlichen als auch die Anzahl der Besucher wuchsen rasch an. Anfang 1999, mit dem planmäßigen Weggang des Leiters, wurde die massive Wachstumsphase der Einrichtung vorerst beendet. Die neue Leiterin und der mittlerweile dritte amtierende Vereinsvorstand – *„Personen, die früher in wichtigen Positionen waren und das Metier gut kennen"* – brachten nicht nur einen eigenen Führungsstil, sondern auch andere Beziehungsnetzwerke ein. Insofern veränderten sich – wenn auch geringfügig – Arbeits-

90 Die Experteninterviews wurden mit ihm und der derzeitigen Akademieleiterin sowie deren Stellvertreter geführt.

91 Der ehemalige Leiter der Düsseldorfer Akademie versteht sich selbst als Initiator und Anstifter derartiger Projekte: *„Ich schiebe das an und stehe noch zur Beratung zur Verfügung (...) ich biete etwas an."* Zu seinen ehrgeizigen Zielen zählt, in allen Bundesländern Dependancen der Friedrich-Spee-Akademie aufzubauen und in einem überregionalen Verband zusammenzufassen. Bereits im Sommer 1999 konnte in Mönchengladbach eine *„Zweigstelle"* eröffnet werden. Es handelt sich dabei um eine kleine *„etwas elitäre"* Gruppe von bildungsinteressierten Senioren. Momentan wird in Berlin im großen Rahmen eine Friedrich-Spee-Akademie organisiert. Im Herbst wurden dort die ersten Veranstaltungen durchgeführt.

organisation und -schwerpunkte der Akademie: *„das hat natürlich viel mit Personen zu tun"*. Gegenwärtig wird z.B. nur eine allmähliche Erweiterung des Akademieangebotes favorisiert – *„langsam, aber auf sehr solider und menschlicher Basis"*. Auf verpflichtende Kooperationsverträge oder bezahlte Arbeitskräfte soll deshalb auch weiterhin verzichtet werden: *„Das langsame Wachsen ist für alle Beteiligten das beste, finde ich (...) besser als eine große Struktur, mit viel Geld, vielleicht noch mit Angestellten und Sekretärinnen, es würde vieles auseinander klaffen."*

Die Friedrich-Spee-Akademie gehört in Düsseldorf sicherlich nicht zu den größten bzw. bekanntesten Bildungs- und Senioreneinrichtungen – *„hier gibt es Angebote wie Sand am Meer"*. Mit dem speziellen Format konnte aber eine wichtige Nische besetzt werden: *„Wir hören immer wieder, dass hier etwas besonderes stattfindet (...) die Harmonie und Menschlichkeit und auch die ungewöhnlichen Themen, die sie anderswo nicht finden (...) dass sie hier auch etwas gestalten können, das können sie in keiner anderen Einrichtung machen."*

Konzept und Arbeitsweise

Die Friedrich-Spee-Akademie ist eine komplett ehrenamtlich organisierte Einrichtung, *„wo man aktiv oder passiv als Senior mitmachen kann."* Sowohl die Verwaltung und die Öffentlichkeitsarbeit, als auch das Management und die Lehrtätigkeit basieren auf freiwilligem Engagement. Zurzeit gestalten etwa 40 bis 50 Lehrkräfte das jeweilige Semesterprogramm. Weitere ca. 20 Personen sind für das Tagesgeschäft zuständig – bestreiten den Telefondienst, pflegen Kontakte zu Sponsoren, organisieren das Anmeldeverfahren und die Werbung. *„Es ist eine Teamarbeit und wir beraten fast alles gemeinsam."* Monatliche Treffen der ehrenamtlichen Tätigen sichern die komplikationsfreie Zusammenarbeit. Aufwandsentschädigungen werden nicht gezahlt. Bislang konnte noch keine angemessene Form der Anerkennung gefunden werden, so dass die ehrenamtliche Arbeit einzig *„auf primärer Motivation"* beruht. Aufgrund von *„Krankheit oder Umzug"* vollzog sich schon mancher Mitarbeiterwechsel – *„es gibt aber immer wieder Zuwachs und neue Leute."* Die meisten *„Zuläufe"* von ehrenamtlich Engagierten erfolgen über *„Mundpropaganda"*. *„Ich halte immer Ausschau, und wenn ich einen frisch Pensionierten rumlaufen sehe, aber dann!"* Die Entscheidung für ehrenamtliche Lehrende – auch in dieser Einrichtung sind dies auffallend häufig ehemalige Pädagogen – hat zur Folge, dass hauptsächlich Einzelveranstaltungen oder Themenreihen angeboten werden können. Für ein kontinuierliches Kurssystem, das einen hohen und beständigen Einsatz von Seiten der Lehrkräfte fordert, lassen sich nur selten ehrenamtlich Tätige gewinnen. Üblicherweise werden zwischen ein und vier Veranstaltungen pro Semester von den einzelnen Dozenten übernommen. Für arbeitsintensive Themengebiete, wie z.B. Computeranwendungen und Fremdsprachen, muss deshalb gelegentlich auf Honorarkräfte zurückgegriffen werden. In diesen Fällen werden Hochschulabsolventen, die noch keine Anstellung gefunden haben, bevorzugt. Neben der Vergütung erhalten sie einen *„Startschub"*, d.h. die Chance und den Nachweis erster berufspraktischer Erfahrungen. Für die Teilnehmenden sind diese Veranstaltungen allerdings entsprechend teurer.

Mit dem Leitungswechsel 1999 wurde eine neue Preispolitik eingeführt. Bis dahin waren die Veranstaltungen weitgehend kostenfrei bzw. mussten nur die Selbstkosten von den Teilnehmenden getragen werden. Das Prinzip der Gebührenfreiheit wurde aufgegeben – zum einen aus der Notwendigkeit heraus, als Verein über eine Barschaft verfügen zu können – *„Wir brauchen kleine Summen."* – und zum anderen aus der Beobachtung, dass vielfach bei den Besuchern die Einstellung *„gratis ist ja nichts wert"* vorherrscht. Die Einführung des Teilnehmerbeitrages von 3 DM pro Veranstaltung wurde ebenso *„akzeptiert"* wie die spätere Erhöhung auf 5 DM. Somit konnte auch das Anmeldeverfahren *„verbindlicher"* gestaltet werden.

Wie bereits erwähnt erhält die Friedrich-Spee-Akademie bislang keine öffentlichen Zuwendungen, sondern finanziert sich – neben den Einnahmen aus Teilnahmegebühren – über Spenden und Sponsoring. Mit dieser Form der Unterstützung – zumeist handelt es sich dabei um Sachspenden – konnte die Düsseldorfer Einrichtung überraschend gute Erfahrungen machen. Von Anbeginn fanden sich Geschäftspartner, wie z.B. eine Werbeagentur, eine Versicherung und ein Modehaus, die kostenlos Räumlichkeiten zur Verfügung stellten, gratis Programmhefte druckten und verschickten. *„Überall waren Leute da, um uns zu unterstützen."* Das Gros der Förderung ergab bzw. ergibt sich über den persönlichen Kontakt: *„Ein schöner Effekt, der nicht geplant war, ist, dass die Älteren auch Kinder haben, zum Teil in führenden Positionen und die unterstützen die Akademie."* Gelegentlich haben Geldgeber ein ureigenes Interesse *„am Klientel"*, d.h. die Senioren können maßgebliche Kundenzielgruppe der entsprechenden Firmen sein. Entscheidend für die Gewinnung von Sponsoren ist jedoch offenbar die Begeisterung für das Akademieprojekt selbst: *„Aber eigentlich liegt es an den Menschen (...) es klappt, weil wir so eine Überzeugungsarbeit leisten."*

Die ausgesprochen positive Darstellung und Bewertung dieses praktizierten Sponsoringsystems durch die Akademieleitung kann nicht darüber hinwegtäuschen, dass die Einrichtung bisweilen folgenschwere Probleme hat. So wurden 1999 die zentral gelegenen Räumlichkeiten der Akademie, die von einem Unternehmen unentgeltlich zur Verfügung gestellt waren, alternativlos gekündigt. Die Suche nach einem neuen kostenfreien Domizil war langwierig und kompliziert. Momentan ist die

Akademie provisorisch untergekommen – *„Hier ist das etwas abseits, und wir hatten die Bedenken, dass niemand mehr herfindet, aber das ist wohl nicht so."* Es ist jedoch absehbar, dass sich in einiger Zeit das Mietproblem erneut abzeichnet. Eine ständige Bleibe für die Geschäftsräume wäre deshalb ein *„Wunschtraum"*. In diesem Zusammenhang wird auch erstmals eine öffentliche Förderung in Erwägung gezogen.

Zum Konzept der Friedrich-Spee-Akademie gehört eine angestrebte Vielfalt von Lernorten, d.h. möglichst viele Veranstaltungen sollen in einem thematisch passenden Rahmen durchgeführt werden. Zu diesem Zwecke werden diverse Orte sowie öffentliche Gebäude der Stadt Düsseldorf genutzt.[92] Zahlreiche Einzelvorträge könnten deshalb auch als ‚Mini-Exkursionen' firmieren. Die Universität stellt gratis adäquat ausgestattete Räume für die Computerkurse zur Verfügung, eine Schwimmhalle kann ebenfalls kostenlos benutzt werden und einige Kursreihen sind sogar privat untergebracht. *„Diese Privatatmosphäre ist besonders nett."* In der Akademie selbst finden nur wenige Angebote statt: *„Wir brauchen nicht soviel diesen Raum, weil wir nach außen gehen (...) es geht darum, auch draußen zu erleben."* Wohl aus diesem Grunde spiegelt sich das Gepräge der Stadt – *„Düsseldorf ist eine Kunst- und Modestadt"* – in besonderer Weise im Akademieprogramm wider. Diese Inhalte werden verstärkt nachgefragt. *„Experimentelle Dinge"* erfahren von Seiten der Akademieleitung große Unterstützung. *„Wenn jemand eine gute Idee hat und es passt sonst in kein Programm, kann er machen (...) wir geben allen eine Chance und entweder kommt jemand oder nicht (...) es gab da schon Überraschungen."* Es gibt auch besondere Bemühungen um Themen, welche hauptsächlich Männer – die als Teilnehmende stark unterrepräsentiert sind – interessieren könnten. Mit Erfolg wurde für diese Zielgruppe z.B. die Veranstaltungsreihe ‚Banken im Gespräch' durchgeführt. Reisen erfreuen sich großer Beliebtheit und können künftig häufiger offeriert werden, *„weil wir dafür eine Dame neu haben"*. Die Programmgestaltung der Friedrich-Spee-Akademie ist prinzipiell abhängig von den ehrenamtlichen Lehrenden und deren speziellen Themenofferten. D.h. zuerst existiert das Angebot, das anschließend von den Nachfragenden ‚angenommen' werden kann. Nur in Ausnahmefällen bestimmen die Teilnehmenden direkt das Themenangebot bzw. werden Dozenten aufgrund von Nachfragewünschen gezielt gesucht.

Wöchentlich finden mehrere Einzelveranstaltungen statt; feste Wochentermine sind den wenigen Kursen vorbehalten. Veranstaltungen am Wochenende oder am Abend sind kein *„Tabu"*, werden aber nur sporadisch angeboten. In den Zeiträumen von März bis Juni und von Oktober

92 Die Vielfalt der städtischen Möglichkeiten – zum Teil handelt es sich um sogenannte „unentdeckte Lernorte", wie z.B. diverse Kultur- und Stadtteileinrichtungen (Steffen 1999: 280) – wird hier also gezielt genutzt.

bis Ende Dezember hat die Friedrich-Spee-Akademie geöffnet und bietet Veranstaltungen an. Für erweiterte Öffnungszeiten reichen die personellen Kapazitäten bislang nicht aus. Jedes Semester[93] beginnt mit *„einer großen Einführungsveranstaltung"*, die in der Presse angekündigt wird. In diesem Rahmen werden die neuen Halbjahresangebote – teils von den entsprechenden Lehrkräften – vorgestellt. Besucher können sich bereits unverbindlich für bestimmte Programmpunkte anmelden. An dieser Semestereröffnung nehmen in der Regel 300 bis 400 Interessenten teil.

2.500 Programmhefte werden pro Semester gedruckt und davon etwa 1.000 Stück verschickt. Die restlichen Exemplare werden über Netzwerke verteilt und z.B. in Apotheken, Arztpraxen und Kirchen ausgelegt. Ansonsten erfolgt die Werbung über Veröffentlichungen in verschiedenen Veranstaltungs- und Seniorenzeitschriften der Stadt. Das kostenlose Inserieren in Tageszeitungen gestaltet sich jedoch *„äußerst schwierig (...) da die Konkurrenz sehr groß ist."*

Der Titel der Akademie resultiert aus einem intensiven Diskussionsprozess der ehrenamtlich Aktiven. Auf der Suche nach einer attraktiven Alternative zur herkömmlichen Bezeichnung Seniorenakademie fiel die Wahl auf eine Namenspatronatschaft, um damit auch bestimmten Wertorientierungen Ausdruck verleihen zu können. Die Entscheidung für den Namen Friedrich Spee[94] wird bis heute von Akademieleitung und Publikum als gelungen bewertet. Der Untertitel Akademie der zweiten Lebenshälfte stellt wohl ebenfalls kein Hindernis oder indirektes Ausschlusskriterium für speziell ‚junge Alte' dar.

Teilnehmende

Entsprechend ihrer Ankündigung steht die Akademie der zweiten Lebenshälfte Teilnehmenden ab 40 Jahren offen. Erfahrungsgemäß ist die *„Hauptgruppe"* der Besucher zwischen 50 und 70 Jahre alt. Einige sind noch älter, jüngere nur äußerst selten. Nach den Schätzungen nehmen etwa 80 Prozent Frauen an den Veranstaltungen teil. Bei speziellen Männerthemen kann der Frauenanteil auf 60 Prozent sinken. Ehrenamtliche Mitarbeiter sind zu etwa 30 Prozent Männer. Das Publikum wird als *„bildungsgewohnt"* beschrieben und der *„Mittel- bis Oberschicht"* zugeordnet. Auf die Frage nach der Anzahl der jährlichen Besucher wurde nur

93 Auch die Friedrich-Spee-Akademie verwendet diesen universitären Terminus ohne weitere Konsequenzen. Es können keine Studienabschlüsse o.ä. erzielt werden.

94 Der in Kaiserwerth geborene Theologe und Jesuitenpater Friedrich Spee gilt als einer der bedeutendsten Barock- und Kirchenlieddichter des 17. Jahrhunderts. Mit seiner Schrift ‚cautio criminalis' sprach er sich scharf gegen die Praxis der Hexenprozesse aus und trug damit entscheidend zur ihrer Abschaffung bei.

ausweichend und vage geantwortet: *„Wir wollen das statistisch aufarbeiten (...) 2.500 Teilnahmen im Jahr ist die Richtlinie und das haben wir momentan noch nicht (...) es ist steigend, aber wir haben das noch nicht (...) bislang die Hälfte ungefähr."* Hintergrund dieser Zurückhaltung ist vermutlich der Umstand, dass mit dem Leitungswechsel vor zwei Jahren die Teilnehmerzahlen zurückgegangen sind, was aber nicht öffentlich gemacht werden soll.[95] Das Stammpublikum – *„Es gibt immer wieder die gleichen Gesichter."* – wird auf ca. 200 Personen beziffert. Nach Auskunft der Akademieleitung wollen die Besucher nicht nur *„außergewöhnliche"* Bildungsinhalte, sondern *„die Leute möchten persönlich betreut werden, sich unterhalten und ein bisschen Kontakt finden."* Dies Kombination aus interessanten Themen, kommunikativen Aspekten und der Möglichkeit zu ehrenamtlichen Engagement zeichnet die Friedrich-Spee-Akademie aus und wird offenbar von den Teilnehmenden geschätzt.

4.4.9 Die Senioren-Akademie an der Berufsakademie Erfurt

Die Senioren-Akademie Erfurt wurde für eine Fallstudie ausgewählt, obwohl sie den verschiedenen Kriterien der Selbstorganisation nicht entspricht. Die Entscheidung wurde aufgrund von Aspekten getroffen, die typisch für die neuen Bundesländer zu sein schienen: die Finanzierung über den zweiten Arbeitsmarkt und die damit verbundene permanente Bestandsgefährdung der Einrichtung. Dass es sich dabei keineswegs um ein spezifisch ostdeutsches Problem handelt, wurde erst im Feld festgestellt und kann mit anderen Fallstudien belegt werden. Hier erwies sich die private Trägerschaft dieser Senioren-Akademie als Besonderheit.

Akademieprofil	
Beginn:	1997
Bildungsangebot:	Computeranwendungen, Fremdsprachen, Rechtsfragen, Geschichte/ Kunst/Kultur
Angebotsformen:	vorwiegend Kurse sowie einige Exkursionen, Reisen und Einzelveranstaltungen
Sonstige Angebote:	Betreuung und Beratung, Telefon des Vertrauens, individuelle Hilfen
Größe:	ca. 80 Kursteilnahmen pro Semester
Besonderheit:	private Trägerschaft

95 Im gesamten Interviewverlauf mit der jetzigen Leiterin wurde immer wieder von ihr hervorgehoben, dass die Akademie nicht größer werden sollte oder müsste. Erst im Zusammenhang mit den Teilnehmerzahlen zeigte sich, dass es seit geraumer Zeit verstärkt Bemühungen um mehr Besucher gibt. Neue Teilnehmende sollen vorzugsweise mit *„knackigen Tagesfahrten"* gewonnen werden.

Entstehungsgeschichte

Als offizielles Gründungsdatum der Senioren-Akademie Erfurt wird der 23.12.1996 angegeben. In dem Monat begann auch die finanzielle Förderung durch das Arbeitsamt. Seit 1995 liefen jedoch schon die Vorbereitungen, der eigentliche Veranstaltungsbetrieb wurde erst im Frühjahr 1997 aufgenommen. Die Initiative zur Schaffung eines derartigen Angebotes ging ausschließlich von dem späteren Träger aus, der Berufsakademie Erfurt GmbH. Diese private Weiterbildungseinrichtung, die 1990 von ehemaligen Hochschullehrern der TU Ilmenau gegründet wurde, verfolgte mit dem Aufbau der Senioren-Akademie überwiegend institutionsinterne Ziele: Der Bekanntheitsgrad sowie das Image des Unternehmens sollten verbessert werden, über mittel- bis langfristige Zeiträume wurde mit zusätzlichen Gewinnen gerechnet und für einen ehemaligen, mittlerweile arbeitslosen Kollegen sollte ein Arbeitsplatz geschaffen werden. Vor diesem Hintergrund wirkt das Bildungsangebot für ältere Menschen wie zufällig entstanden: Es gab weder einen konkret angemeldeten Bedarf noch unmittelbare Erfahrungen mit der spezifischen Zielgruppe und ebenso wenig einen direkten bildungs- oder sozialpolitischen Auftrag.

Das konkrete Vorgehen sah folgendermaßen aus: 1995 wurde dem Arbeitsamt erstmals die Idee der Seniorenakademie – verbunden mit der Bitte um Bewilligung von mehreren Arbeitsbeschaffungsmaßnahmen (ABM) – vorgetragen. Bei den verschiedenen Besprechungen war neben dem Inhaber und Geschäftsführer der Berufsakademie immer auch der zukünftige Leiter der Seniorenakademie zugegen. Das Arbeitsamt sicherte Unterstützung unter der Bedingung zu, dass Volkshochschule und Seniorenbüro der Stadt dieses Vorhaben billigen. Vorsprachen in den jeweiligen Einrichtungen führten jedoch nicht zu dem gewünschten Ergebnis, der schriftlichen Bestätigung der Zustimmung. Einige Bedenken ließen sich nicht gänzlich ausräumen. So sah die Volkshochschule eine aufkommende Konkurrenz, insbesondere in den Bereichen Computer sowie Sprachen, und das Seniorenbüro hegte Vorbehalte aufgrund des fehlenden Einbezugs von Seniorenausschüssen.

Fast sechs Monate zogen sich diese Gespräche hin, bis telefonisch und somit inoffiziell doch ein Einverständnis gegeben wurde. Damit war im Frühjahr 1996 die erste Hürde bewältigt. Im Anschluss daran wurde die Akademie für Ältere in Heidelberg mehrfach konsultiert. Dort holte man sich weitere Impulse, praktischen Rat und letztlich auch theoretisches Rüstzeug für die eigene Gründungskonzeption, die bis dato nur grob umrissen war. Mit der erweiterten und verbesserten Fassung wurde beim Sozialministerium des Landes Thüringen eine Strukturanpassungsmaßnahme (SAM) beantragt. Diese Förderungsmöglichkeit war indessen für die Leitungsstelle als günstiger erachtet worden, da die Finanzierung länger als eine ABM währt und demzufolge eine größere Kontinuität der Arbeit gewährleistet. Das Landesministerium konnte jedoch zu diesem Zeitpunkt keine ausschließliche Weiterbildung fördern und dies bedingte eine erneute Modifizierung des Konzeptes. Das geplante Bildungsangebot für ältere Menschen wurde um zusätzliche Service- bzw. Dienstleistungen – Betreuung und Beratung – ausgeweitet.

Im Dezember 1996 setzten die Förderungsmaßnahmen für die ersten zwei Stellen ein. Eine SAM und eine ABM wurden für organisatorische, beratende und betreuende Aufgaben bewilligt. Im Februar 1997 kamen drei weitere ABM für die Lehrtätigkeit dazu. Bei den Stellenbesetzungen ließ das Arbeitsamt der Trägereinrichtung relativ freie Hand, wobei weitere ehemalige Arbeitskollegen aus dem universitären Umfeld berücksichtigt wurden. Mit diesen Mittelzuweisungen waren alle Voraussetzungen gegeben, um mit der eigentlichen Bildungsarbeit zu beginnen. Was allerdings bis zu diesem Zeitpunkt fehlte, war die Klientel. Mit Unterstützung des Stadtbüros des Oberbürgermeisters, des Deutschen Gewerkschaftsbundes und einiger Zeitungsredaktionen wurde eine groß angelegte Werbekampagne gestartet. Mit der Verteilung von Handzetteln, dem Schalten von Anzeigen und der Durchführung einer einmaligen Informationsveranstaltung konnten etliche Interessenten gefunden werden, so dass die Senioren-Akademie Erfurt noch im Sommersemester 1997 erste Kurse offerierte.

Trägerschaft

Die Senioren-Akademie ist keine eigenständige Arbeits- und Organisationseinheit, sondern ein untergeordneter Bereich der Berufsakademie Erfurt GmbH. Das entwickelte Bildungsangebot für ältere Menschen ist in vielerlei Hinsicht auf die Interessen der Trägereinrichtung abgestimmt. Wurde in dem gemeinsamen Interview mit dem Geschäftsführer der Berufsakademie und dem Leiter der Senioren-Akademie häufig betont, welche *„hervorragende Symbiose"* diese Konstellation darstellen würde, so blieb doch der Eindruck bestehen, dass der Nutzen für die Senioren-Akademie in der gegenwärtigen Arbeits- und Entwicklungsphase eher bescheiden ist.

Die Senioren-Akademie ist in den Räumlichkeiten der Trägereinrichtung untergebracht. Die Berufsakademie befindet sich im Gebäude einer ehemaligen Berufsschule auf einem großen Werksgelände im äußeren ‚inneren' Ring von Erfurt. Diese Lage ist nicht sonderlich attraktiv, was die Teilnehmenden in den Interviews bestätigten. Im Gegensatz zur zentralen Innenstadtlage der Volkshochschule gibt es hier zwar gute Parkplatzmöglichkeiten, aber die Anbindung mit den Nahverkehrsmitteln ist mangelhaft. Der Bus fährt nur ein bis zwei Mal in der Stunde, knapp die Hälfte der Teilnehmenden ist offenbar darauf angewiesen.

Der Senioren-Akademie steht ein Büro- und Aufenthaltsraum permanent zur Verfügung, ein *„besonders hochwertiger Doppelraum"* ist hauptsächlich für sie reserviert. Darüber hinaus werden auch andere Unterrichtsräume, wie z.B. ein hochmoderner Computerraum, genutzt.[96] Für die Raumbelegungen wird Miete berechnet. Da die Unterrichtsstunden des Trägers Priorität haben, kann es durchaus vorkommen, dass die Kurse für Senioren in den Abend verlegt werden müssen. Die Trägereinrichtung übernimmt einen Teil der Personalkosten[97] und einige Sachmittel der Senioren-Akademie. Diese Aufwendungen werden mit Pflichtstunden in der Berufsakademie verrechnet, d.h. die für die Seniorenbildung angestellten Mitarbeiter unterrichten auch für den Träger. Damit dieses Arrangement reibungslos funktionieren kann, ist es notwendig, dass die Qualifikation der Lehrkräfte in das thematische Angebotsspektrum des Trägers passt. Bei den Personaleinstellungen wurde dies bislang berücksichtigt. Dass die inhaltlichen Schwerpunkte größtenteils deckungsgleich mit denen der Trägereinrichtung sind, war in den ersten Semestern unproblematisch, da mit fünf bis sechs verschiedenen Kursen eine Angebotsvielfalt gewährleistet war. Inzwischen hat die Senioren-Akademie jedoch ein festes Stammpublikum, dem neue Themen offeriert werden mussten: *„Natürlich haben wir uns immer gefragt, können wir unser Angebot, unsere Palette ausdehnen, in welcher Form und in welcher Weise, im Prinzip können wir es nur, was die Fachgebiete betrifft – und das ist ja unsere Hauptsäule – auf die Bereiche, die auch da drüben relevant sind, weil der Träger nur mitspielt, wenn dort ein Teil des Unterrichtes mit abgedeckt wird, er finanziert nicht für nass".*

Für die Senioren-Akademie ist es in mehrerer Hinsicht von Nachteil, dass es sich bei der Trägereinrichtung um ein privates Unternehmen handelt. Zum einen wird sie – aufgrund der Gewinnorientierung ihres Trägers – von öffentlichen Stellen und anderen Geldgebern mit gewisser Skepsis betrachtet und insofern nicht problemlos mit weiteren finanziellen Förderungen bedacht.[98] Infolge der rechtlichen Konstruktion ist sie

---

96 Nur der Gymnastikkurs findet außerhalb statt. Das Schulamt stellt der Senioren-Akademie eine Turnhalle kostenlos zur Verfügung.

97 Es handelt sich dabei um etwa zehn Prozent der Gehälter – das ist der Eigenanteil, den der Träger ab dem zweiten Jahr der Förderungsmaßnahmen aufwenden muss.

98 Auch die Bemühungen um Sponsoren sind bislang erfolglos geblieben. Weder die Krankenkassen noch die BfA ließen sich als Partner werben. Im Übrigen ist es eher unwahrscheinlich, dass der Träger mit der Senioren-Akademie tatsächliche Gewinne erzielt. Die sehr geringen Einnahmen aus Teilnahmebeiträgen können sicherlich nur die Unkosten abdecken. An diesem Punkt wird vielmehr deutlich, dass sich auch für die Trägereinrichtung nicht alle Erwartungen erfüllt haben. So konnten mit der Senioren-Akademie zwar Arbeitsplätze geschaffen und das Re-

aber auch automatisch von Zuwendungsmöglichkeiten ausgeschlossen, die gemeinnützigen Einrichtungen zur Verfügung stehen. Zum anderen ist der Bestand der Berufsakademie Erfurt GmbH angesichts der geringen Nachfrage bzw. Auftragslage in den nächsten Jahren nicht gesichert. Bislang werden Qualifizierungsmaßnahmen hauptsächlich für das Arbeitsamt durchgeführt, und diese können jederzeit wegen Mittelkürzungen eingestellt werden: *„Wie es in zwei, drei Jahren weitergeht, weiß keiner – das Arbeitsamt hatte ja schon mal den Hahn zugedreht und die Leute haben die Kündigung bekommen (...) dann ist die Senioren-Akademie auch tot"*. Der Umstand, dass der Eigentümer der Einrichtung kurz vor dem 60. Lebensjahr steht und folglich auch in Rente gehen könnte, trägt zur weiteren perspektivischen Unsicherheit bei. Trotz der Loyalität gegenüber dem Inhaber der Berufsakademie kommt auch der Leiter der Senioren-Akademie zu der persönlichen Einschätzung, dass die Verbindung mit dem Träger nicht von Vorteil ist: *„Die Frage ist deshalb sehr berechtigt, ob ein Träger dieser Art eine Seniorenakademie machen muss (...) es sollte eine Dauereinrichtung werden, was bei dem privaten Träger nicht gegeben ist"*. Nach seinen Erfahrungen besteht die Alternative nur in der Anbindung an eine kommunale Einrichtung: *„So eine Konstellation über die Stadt, über die Volkshochschule, wie das in Heidelberg ist, könnte ich mir durchaus vorstellen, doch da müssen sie mitspielen"*.

Konzept und Arbeitsweise

Der anfängliche Plan, mit der Senioren-Akademie *„Lehrveranstaltungen auf Hochschulniveau"* für ältere Erwachsene anzubieten, musste schon in der Antragsphase verworfen werden. Ebenso wenig konnte das Vorhaben, *„akademische Abschlüsse"* zu ermöglichen, realisiert werden. Stattdessen wurde ein kombiniertes Bildungs-, Beratungs- und Betreuungsangebot für Menschen in der nachberuflichen Lebensphase etabliert.[99] Dieses spezifische Arbeitsprofil ist ein Kompromiss, der aus den differenten Wünschen der Initiatoren und der Zuwendungsgeber resultiert. Potentielle Teilnehmer und Teilnehmerinnen waren nicht in den Prozess der Konzeptionalisierung involviert. Dass dieses Angebot gleichwohl erfolgreich ist, zeigt die konstant bleibende Nachfrage.

Von Anfang an wurde die scharfe Trennung zwischen Anbieter- und Nachfrageseite beibehalten. Nie war die direkte Einbeziehung oder Mitarbeit von den Senioren erwogen, auf ehrenamtliches Engagement

---

nommee der Berufsakademie gefestigt werden, aber Profite lassen sich auch auf längere Sicht nicht erzielen.

99 Der akademische Anspruch rechtfertigt sich nun aus der Tatsache, dass *„es für Menschen dieses Alters nun nicht mehr gerade zum Alltag gehört, sich über einen Zeitraum von ein oder zwei Semestern wöchentlich vier Stunden dem Unterricht zu stellen"*.

wird bislang verzichtet. Das Selbstverständnis der ‚Macher' der Seniorenakademie ist das von Experten, die gegen Bezahlung Dienst- und Serviceleistungen anbieten: *„Man braucht Fachleute für die Weiterbildung (...) ich brauche fachlich kompetente Leute, die das theoretisch drauf haben"*. Die Möglichkeit, dass Teilnehmende die Rolle von Lehrenden übernehmen könnten, wird als *„totale Überforderung"* eingeschätzt. Die Kurse werden in eher klassisch-verschulter Weise durchgeführt. Die Teilnehmenden befinden sich in einer deutlich konsumierenden Haltung – dies entspricht aber auch ihren Erwartungen, wie die Interviews ergaben.

Die Personalsituation der Senioren-Akademie war in den ersten vier Semestern stabil. Neben der Leitungsstelle (SAM) gab es eine ABM für betreuende und beratende Tätigkeiten sowie drei weitere ABM für die Unterrichtsgestaltung. Wegen der finanziellen Knappheit des Trägers konnte keine der ABM-Kräfte nach der regulären Laufzeit übernommen werden. So entstand nach zwei Jahren eine prekäre Arbeitssituation, *„war der Knick drinnen"*. Mit Honorarverträgen, vielen Improvisationen und der quasi ehrenamtlichen Arbeit des Akademieleiters und einiger Lehrkräfte konnte das Service- und Bildungsprogramm bis Ende 1999 aufrechterhalten werden. Als zu diesem Zeitpunkt auch die Förderung der SAM auslief, wurde das allgemein zugängliche Beratungs- und Betreuungsangebot eingestellt (und nur noch dem Stammpublikum offengehalten), das Kursprogramm aber beibehalten. Die Phase bis zum Beginn der erneuten zweijährigen Bezuschussung bzw. Förderung der Senioren-Akademie dauerte bis zum April 2000.[100]

Das Themenspektrum hat sich im Laufe der Zeit geringfügig verändert. Computeranwendungen wurden zwar von Anbeginn angeboten, dass eine derart große, nicht abreißende Nachfrage besteht, zählte aber zu den Überraschungen. Beinah jedes Semester wird ein Anfängerkurs angeboten, zurzeit läuft ein dritter Aufbaukurs. Ähnlich verhält es sich mit dem Englischunterricht – hier hat sich eine feste Gruppe gefunden, die seit zwei Jahren besteht. Französischer Sprachunterricht wurde hingegen nicht abgefragt und deshalb eingestellt. Auch das Fachgebiet Soziologie musste wegen zu geringer Beteiligung nach einem Jahr aufgegeben werden. Einzelveranstaltungen zu typischen Seniorenthemen, wie z.B. Osteoporose, werden ebenso wenig angenommen, wie Bastel- und Handarbeitskurse. Großen Anklang finden hingegen 'Rechtsfragen im Alltag' und ‚Geschichte/Kunst/Kultur in Thüringen', die jedes Semester – soweit Dozenten vorhanden sind – angeboten werden. Zum Gesamtprogramm zählen auch die wöchentlich stattfindende Gymnastik, die Skatrunde,

100 Die entsprechenden Anträge wurden schon 1999 bei der Bundesanstalt für Arbeit und der Landesregierung gestellt. Verzögerungen bei der Bewilligung ergaben sich vor allem aus dem Wechsel der Zuständigkeit vom Ministerium für Soziales hin zum Ministerium für Wirtschaft.

Tagesfahrten und diverse Feste. Intern werden diese Veranstaltungen dem Sektor Betreuung zugeordnet. Auch die vielfältigen Hilfestellungen bis hin zu Hausbesuchen gehören dazu. Unter den Bereich Beratung fallen die kostenlose Rechtsauskunft sowie das Telefon des Vertrauens, über das wochentags Informationen, Ratschläge und Hinweise abgefragt werden können.

Die Unterscheidung von Sommer- und Wintersemester, die die Senioren-Akademie vornimmt, ist etwas unpassend, da es kein in sich geschlossenes und zeitlich einzugrenzendes Studienangebot gibt. Der sogenannte Semesterabschluss ist die unbenotete Zeugnisvergabe in *„feierliche Form"* zur letzten Unterrichtsstunde eines Kurses. Im Sommer pausiert die Einrichtung für zwei Monate, zu Weihnachten für zwei Wochen. Gewöhnlich finden die Veranstaltungen bzw. Kurse tagsüber und unter der Woche statt.

Das Ausmaß der Werbung wurde über die Jahre reduziert, da mit den derzeitigen Teilnehmerzahlen die räumlichen, zeitlichen und personellen Ressourcen im Grunde genommen ausgeschöpft sind. Gegenwärtig wird einmal im Semester in den Tageszeitungen kostenlos inseriert. Das Semesterprogramm wird an alle Personen versandt, die in der Kartei sind. Ansonsten verlässt man sich auf Mundpropaganda, *„die doch die beste ist"*.

Die Senioren-Akademie kooperiert mit keiner weiteren Bildungs- oder Senioreneinrichtung. Mit potentiellen Partnern, wie dem örtlichen Seniorenbüro oder der Volkshochschule, waren negative Erfahrungen gemacht worden, andere Institutionen oder Projekte zeigten nicht den Wunsch nach Zusammenarbeit. Der überregionale Kontakt zur Akademie für Ältere in Heidelberg, der in der Gründungsphase sehr fruchtbar war, sollte beibehalten und ausgebaut werden. Dass diese Beziehung letztlich abbrach, ist wohl auf die stark wahrgenommene Diskrepanz zwischen den Akademietypen zurückzuführen: Als Partner seien sie für die Heidelberger *„zu klein und* (hätten) *nichts zu bieten"*. Prinzipiell wird aber ein Interesse an regionalen und überregionalen Zusammenschlüssen bekundet.

Das Verhältnis zu den Mitbewerbern im lokalen Umfeld ist bislang nicht von unmittelbarer Konkurrenz geprägt. Allerdings besteht eine sehr genaue Kenntnis der Programme anderer Anbieter, vermutlich sind diese eine gewisse Orientierung für die eigene Arbeit. So wird z.B. die Festlegung der Teilnahmegebühren in engem Bezug zur Preisgestaltung anderer Anbieter vorgenommen. Sowohl für die Kurse als auch für die Einzelveranstaltungen werden *„seniorenfreundliche Teilnahmegebühren"* erhoben, die Preise wurden sukzessive erhöht. Zu Beginn handelte es sich um eine DM, derzeit sind es zwischen 2,50 und 4 DM pro Unterrichtseinheit. Mit dieser Betragshöhe liegt die Senioren-Akademie unter den Gebühren, die die Mitbewerber verlangen. Ursprünglich war geplant, das Modell von

Heidelberg zu kopieren. Mit einem einmaligen Mitgliedsbeitrag und permanenten Spenden sollten nicht nur die laufenden Kosten gedeckt, sondern auch Gewinne erzielt werden. Dieses Vorhaben, das den Teilnehmer und Teilnehmerinnen als Vorschlag unterbreitet wurde, scheiterte an deren Ablehnung. Es bestand und besteht bei den Teilnehmenden weder die Bereitschaft noch das Vermögen, die Kosten komplett zu tragen. Dieser Überzeugung sind die Anbieter nunmehr selbst: *„Es kann nicht zu Lasten der Senioren gehen, das ist nicht so wie in den alten Bundesländern, da ist Geld da, bei uns nicht"*. Dass der künftige Bestand der Erfurter Senioren-Akademie nur durch öffentliche Bezuschussung gesichert ist, wird inzwischen illusionslos konstatiert und mündet in einen Appell an politische Entscheidungsträger: *„Solche Einrichtungen können eigenständig nicht oder nur ganz schlecht existieren (...) hier sollte bei Bund und Land die Erkenntnis kommen, dass so was der Förderung bedarf"*.

Teilnehmende

Im ersten Semester wurden 65 Kursteilnahmen verzeichnet, später steigerte sich dies auf etwa 80 und nach drei Jahren wurde von insgesamt 462 Teilnahmen gesprochen. Dies deckt sich mit der Anzahl der Kurse: Pro Semester werden meist fünf oder sechs Kurse für je zehn bis 15 Personen angeboten. Wie viele Personen sich hinter diesen Teilnahmezahlen verbergen, ist allerdings nicht aufgeschlüsselt. Es kann jedoch davon ausgegangen werden, dass einige Personen verschiedene Angebote pro Semester wahrnehmen. Der Frauenteil wird mit 65 Prozent angegeben. In den besuchten Veranstaltungen, einem Englisch- und einem Computerkurs, waren Frauen in viel höherer Anzahl (etwa 80 Prozent) anwesend.[101] Wie so häufig werden auch in dieser Einrichtung außer den Adressen keine weiteren Daten der Nachfragenden erfasst. So sind die Angaben zu Alter, Bildungserfahrungen und Einkommen bloße Schätzwerte. An sich sollten die Teilnehmenden nicht unter 55 Jahren sein. Die meisten werden der Altersgruppe ‚65 Jahre und jünger' zugeordnet – einige wenige sind vermutlich auch älter, jedoch nicht über 75 Jahre alt. Zur anfänglich anvisierten Zielgruppe gehörten die *„akademisch vorgebildeten Senioren"* aus ganz Thüringen und den angrenzenden Bundesländern. Dies ließ sich nicht realisieren. Die Teilnehmer und Teilnehmerinnen kommen aus dem engeren Einzugsgebiet von Erfurt und es ist fraglich, ob es sich dabei um ausschließlich bildungsgewohnte Personen handelt. Die Teilnehmer werden als *„gut situierte Leute mit guten Renten"* und als *„aktive, geistig rege Rentner"* beschrieben. Als vordringliches Teilnahmemotiv wird vermutet,

101 Es entstand bei einigen der besuchten Seniorenakademien den Eindruck, dass der Männeranteil bei den Teilnehmenden statistisch nach oben ‚geschönt' wird.

„dass die Leute mal ihre grauen Zellen bewegen und ihren Kindern und Enkelkindern zeigen können, dass sie so was schon mal gemacht haben".

Die Senioren-Akademie bemüht sich um einen sehr persönlichen Kontakt zu ihrer Kundschaft. Dass dies auch gelingt, bestätigten die Interviews mit den Teilnehmenden. Viele sind von Anfang an dabei und haben in der Einrichtung einen *„festen Bekanntschaftskreis"* gefunden. Besonders geschätzt werden die *„individuelle Betreuung"* und die *„private Atmosphäre"*. Die Teilnehmenden werden persönlich angesprochen und über die jeweils neusten Veranstaltungen informiert. In den Pausen werden gegen geringes Entgelt Getränke angeboten, die Organisatoren und Dozenten zeigen sich jederzeit hilfs- und gesprächsbereit. Zu bestimmten Anlässen – z.B. Semesterabschluss und Weihnachten – werden kleine Feiern arrangiert. Diese Serviceleistungen werden von den Teilnehmern und Teilnehmerinnen sehr geschätzt und wiederholt wurde formuliert, dass die Senioren-Akademie *„erste Wahl"* sei. Dass die Kurse besonders preisgünstig sind – nämlich eine DM billiger als die der Volkshochschule – spielt bei dieser Bewertung möglicherweise auch eine Rolle. Zudem wurde geäußert, dass in der Volkshochschule *„kein schnelles Rankommen"* möglich ist, und es bestünde auch die Angst, dass die dort existierenden Gruppen nicht stabil seien. Insgesamt zeigten sich die befragten Teilnehmenden mit dem generellen Bildungsangebot in der Stadt zufrieden. Alternativ könnten nicht nur die Veranstaltungen der Volkshochschule, sondern auch die des Seniorenbüros und des Frauenzentrums besucht werden.

4.4.10 Die Seniorenakademie in Schlieben

	Akademieprofil
Beginn:	1999
Bildungsangebot:	Vorträge zu diversen Themen (z.B. Gesundheit, Recht, Politik)
Angebotsformen:	Einzelveranstaltungen
Größe:	Zwischen 25 und 80 Teilnehmende pro Veranstaltung
Besonderheit:	Angebot im ländlichen Bereich

Schlieben ist ein ländliches Siedlungszentrum im nordöstlichen Gebiet des 1994 neu gebildeten Elbe-Elster-Kreises in Brandenburg. Es ist verwaltungspolitisches Zentrum des Amtes Schlieben, dem neben der Stadt Schlieben 15 weitere Gemeinden angehören. Gegenwärtig leben etwa 7.000 Einwohner im gesamten Amtsbereich, der jeweils ca. 100 km von den Großstädten Berlin, Leipzig, Cottbus und Dresden entfernt liegt. In der Region gibt es – nach Auskunft der Interviewten – eine traditionell rege Vereinstätigkeit. Die derzeitige Seniorenarbeit in Schlieben, die überwiegend ehrenamtlich organisiert ist, macht einen geradezu mustergültigen Eindruck.[102]

Entstehungsgeschichte

Die Seniorenakademie in Schlieben ist jüngeren Datums – die erste Veranstaltung wurde im September 1999 durchgeführt. Ihre Entstehung ist zum einen auf das Engagement für Senioren politischer Entscheidungsträger des Landkreises und zum anderen auf das Engagement von Senioren des Amtsbereiches Schlieben zurückzuführen.[103] Der Impuls für die Gründung einer Seniorenakademie kam 1997 als *„Abschiedsgruß"* von einem aus dem Amt scheidenden Kreisdezernenten. Noch im selben Jahr konnte dieses Vorhaben in Zusammenarbeit mit der Kreisvolkshochschule (KVHS) realisiert werden. In Form einer Vortragsreihe wurde ein Bildungsangebot für ältere Menschen entwickelt, das von Interessenten der Region je nach Bedarf abgerufen werden kann. Diese Seniorenakademie ist Teil der kommunalen Altenhilfe. Es handelt sich dabei nicht um eine eigene Institution oder um einen institutionalisierten Bereich der Volkshochschule, sondern quasi um ein Wanderprogramm, welches zum Großteil mit finanziellen und personellen Mitteln der KVHS bestritten wird und in unterschiedlichen Settings durchgeführt werden kann.

Im Herbst 1997 wurde das Programm erstmalig in einer nahegelegenen Kleinstadt veranstaltet und dann peu à peu an andere Orte weitergereicht. Auch den Schliebener Senioren stand dieses Angebot offen. Dass sie nicht zu den ersten Nutzern gehörten, ist paradoxerweise auf deren besonders engagierte Seniorenarbeit zurückzuführen: Das von außen herangetragene Angebot schaffte gewissermaßen den Anreiz, ein eigenes Programm – die Seniorenakademie in Schlieben – zu kreieren. Federführend war dabei der Amtsseniorenbeirat von Schlieben, der seit 1993

---

102 Bereits das große Interesse an dem vereinbarten Interview war beeindruckend. Neben der Vorsitzenden des Bundes der Ruhestandsbeamten, Rentner und Hinterbliebenen (BRH) – die zugleich der ‚Kopf' des Amtsseniorenbeirates und der Seniorenakademie ist –, mit der das Expertengespräch geführt werden sollte, waren weitere sechs Personen anwesend. Dazu gehörten die Leiterin des Sozialamtes des Landkreises, die Vorsitzende des Schliebener Seniorenvereins, der Stellvertreter des BRH und gleichzeitige Vertreter des Kreisseniorenbeirates, die Leiterin des Schliebener Seniorensportvereins, eine Mitarbeiterin und Vertreterin der Amtsdirektorin von Schlieben und ein weiteres Mitglied des Amtsseniorenbeirates. Das Experteninterview hatte insofern eher den Charakter einer Gruppendiskussion.

103 Die beiden Entwicklungsstränge wurden von den jeweils zuständigen Ansprechpartnerinnen geschildert. Die Leiterin des Sozialamtes beschrieb zuerst den Prozess von politisch-administrativer Seite, die Vorsitzende des Amtsseniorenbeirates schilderte anschließend den Verlauf aus der Perspektive der Senioren, die aktiv an der Gestaltung der Seniorenakademie beteiligt waren bzw. sind. Ihre einleitenden Worte waren bezeichnender Weise: *„Jetzt erzähle ich von unserer Seniorenakademie"*.

besteht.[104] In diesem Ausschuss sind nicht nur Vertreter und Vertreterinnen aus den 15 Gemeinden, sondern auch Beauftragte aus den unterschiedlichen Seniorengruppen und -vereinen zusammengefasst. Die monatlichen Beratungen werden reihum in den verschiedenen Orten durchgeführt. Der ehrenamtliche Amtsseniorenbeirat koordiniert und bündelt die gesamte Seniorenarbeit. Zudem organisiert dieses Gremium mit beträchtlichem Erfolg zentrale Veranstaltungen für die Senioren der Region, z.B. Vorträge, Fahrten und Feste.[105] Der Amtsseniorenbeirat genießt sowohl bei den Senioren als auch bei der Verwaltung großes Ansehen und seine Mitglieder sind bemüht, das hohe Niveau ihrer *„vorbildlichen"* Arbeit zu halten. Konfrontiert mit dem KVHS-Modell der Seniorenakademie wurde aus einem Teil des eigenen – eher sporadischen – Angebotes das Programm der Seniorenakademie für Schlieben gebildet. Die Einzelveranstaltungen bekamen deshalb einen anderen zeitlichen und örtlichen Rahmen, die Planung wurde nun für ein gesamtes Jahr vorgenommen.

Konzept und Arbeitsweise

Das Profil der Seniorenakademie in Schlieben ist nicht von ausgefeilten konzeptionellen Überlegungen geprägt. Stattdessen wurde – mit Blick auf das Akademiemodell der KVHS – das eigene Angebot erweitert und mit trendgerechten Etiketten versehen: *„Seniorenakademie klingt gut (...) vielleicht etwas hochtrabend, aber zum Lernen ist es ja gut"*. Auch sonst wird – nicht immer ganz treffend – universitäres Vokabular verwendet, um der Veranstaltungsserie den entsprechenden Nimbus zu verleihen, z.B. gibt es *„Diplome"* statt Teilnahmebescheinigungen vor den *„Semesterferien"*.

Das Programm der Seniorenakademie beschränkt sich auf eine Vortragsreihe, die in regelmäßigen Abständen von sechs Wochen stattfindet. Es handelt sich dabei nicht um einen inhaltlich stringenten Zyklus, sondern um ein Potpourri von typischen Seniorenthemen, wie z.B. Gesundheit, Ernährung, Erbschaft, Rechts- und Rentenfragen. Dieses Angebot soll einerseits den Bedürfnissen der Teilnehmenden entsprechen – *„Wir machen Themen, die doch alle interessieren"* –, andererseits müssen sich dafür kostenlose Referenten und Referentinnen finden lassen. Bislang konnten als Vortragende überwiegend Personen aus öffentlichen Institutionen und

---

104 Die Gründerin des Amtsseniorenbeirates war die ehemalige – seit der Wende pensionierte – Bürgermeisterin des Ortes. Sie ist auch die Vorsitzende des BRH und trägt maßgebliche Verantwortung für die Seniorenakademie in Schlieben.

105 Im Sommer 1999 fand in Schlieben die Seniorenwoche des Elbe-Elster-Kreises statt. Mehr als 6.500 Senioren nahmen an diesem Pilotprojekt teil. Die organisatorischen und finanziellen Aufwendungen wurden zwar überwiegend vom Landkreis getragen, dennoch waren die ehrenamtlichen Leistungen des Amtsseniorenbeirates erheblich.

privaten Unternehmen des Amtsbereiches geworben werden. Dass dieses Vorgehen bei der Programmgestaltung perspektivisch an ihre Grenzen stößt, weil der Pool an Referenten erschöpft ist, lässt sich denken, wird bislang allerdings nicht direkt problematisiert: *„Wir haben Themen bis Ende nächsten Jahres (...) ohne die Volkshochschule zu strapazieren"*.[106]

Das Akademieprogramm der KVHS, das bislang nicht genutzt wurde, bleibt als Option auch zukünftig bestehen. *„Für unsere Wünsche spannen wir die Volkshochschule ein"*. Das derzeitige Verhältnis zwischen KVHS und der Seniorenakademie in Schlieben ist frei von *„Streitereien"* und durch wechselseitigen Informationsaustausch gekennzeichnet. Die KVHS gibt gelegentlich Auskünfte über spezielle Referenten, die Veranstaltungen der Seniorenakademie in Schlieben werden regelmäßig bei der KVHS angemeldet bzw. vorgestellt. Es ist nicht auszuschließen, dass die KVHS von der Arbeit der Seniorenakademie partizipiert. So wird vermutet, dass die Vorträge, die von Schlieben organisiert und angeboten werden, auch anderswo Verwendung finden: *„einiges wird möglicherweise weitergereicht, was in Schlieben läuft"*. Und zudem besteht die berechtigte Annahme, dass die KVHS Kosten spart: *„durch solche Veranstaltungen entlasten wir die Volkshochschule, weil ja nicht alle Referenten bezahlt werden müssen"*.

Die komplette Organisation der Seniorenakademie in Schlieben liegt in den Händen des Amtsseniorenbeirates. Allerdings sind es Einzelpersonen des Gremiums, die sich in besonderem Maße verantwortlich zeigen. Dazu zählt vor allem die bereits erwähnte ehemalige Bürgermeisterin des Ortes, die momentan die Vorsitzende des BRH ist. Sie hat die Veranstaltungsleitung übernommen, d.h. sie stellt die Referenten vor und moderiert die anschließende Diskussion. Auch zeigt sie sich zuständig für den Tätigkeitsbericht der Seniorenakademie, neue Programmvorschläge werden überwiegend von ihr angeregt. Daneben gewährt die Amtsdirektorin, die inzwischen selbst Mitglied des Amtsseniorenbeirates ist (*„das beste was passieren konnte"*), großzügige Hilfe- und Unterstützungsleistungen. So ist eine Mitarbeiterin von ihr (eine ABM-Kraft) beauftragt, die Sitzungsprotokolle zu schreiben, die Werbung zu organisieren und weitere verwaltungstechnische Aufgaben für die Seniorenakademie zu übernehmen. Neben diesen drei Frauen – *„das ist die halbe Miete"* – sind es die vielen Mitglieder des Amtsseniorenbeirates, die die Seniorenakademie in Schlieben mit Leben erfüllen: *„alle leisten hervorragende Arbeit und sind aktiv"*. Bleibt der inhaltlich-konzeptionelle Wert dieser Seniorenakademie eher bescheiden, so ist das ehrenamtliche Engagement dieser Senioren un-

106 Eine im Rahmen der Fallstudie besuchte Veranstaltung *„In Würde sterben – Vorbereitung auf den Tod"* wurde zum ersten Mal in der Seniorenakademie angeboten. Allerdings handelte es sich dabei um einen Vortrag, den die meisten Besucher kannten, da dieser in anderen Zusammenhängen schon zweimal stattgefunden hatte.

bestritten von herausragender Qualität.[107] Einerseits wird in hohem Maße das Prinzip der Selbstorganisation verwirklicht, andererseits sind die zeitlichen Aufwendungen immens – so erbrachten die Mitglieder des Amtsseniorenbeirates im Jahr 1999 nach eigener Aussage insgesamt 1.357 ehrenamtliche Arbeitsstunden.[108]

Das Programm der Seniorenakademie ist auf die Aktivitäten der diversen Seniorengruppen des Amtsbereiches abgestimmt. So ist z.B. der Veranstaltungsturnus von sechs Wochen ein entsprechender Kompromiss: *„die Vereine wollen ja auch noch Freiraum haben"*. Dies bestätigten die Teilnehmenden in den Interviews: *„Alle sechs Wochen ist genug (...) man braucht auch noch Zeit für anderes"*. Die Seniorenakademie ist kein Konkurrenzunternehmen zu den übrigen Betätigungsfeldern älterer Menschen, sondern wird vielmehr als zentrales Integrationsangebot für alle Senioren verstanden.[109]

Die Vorträge der Seniorenakademie finden immer Donnerstag nachmittags im Schafstall des Drandorfhofes[110] in Schlieben statt. Für die Nutzung des Mehrzweckgebäudes muss keine Miete gezahlt werden. Die Verkehrsanbindung ist allerdings unzulänglich, öffentliche Nahverkehrsmittel fahren nur eingeschränkt. Besucher aus dem weiteren Umland sind auf persönliche Kraftfahrzeuge angewiesen. Für dieses Problem gibt es bislang keine Lösung, ein Bring- und Abholservice ist momentan nicht zu finanzieren. Die Veranstaltungen dauern üblicherweise zwei Stunden. Es wird eine Teilnahmeliste geführt und eine Gebühr von 2 DM verlangt. Mit diesen Einnahmen sind die Fahrtkosten der Referenten finanziert. Kaffee und Kuchen werden zu moderaten Preisen von der angeschlossenen Gastronomie angeboten. Die Werbung für die Veranstaltungen der Seniorenakademie erfolgt über das Amtsblatt, die örtlichen Tageszeitungen und das Regionalradio. Zusätzlich werden für jeden Vortrag Handzettel gedruckt und an öffentlichen Treffpunkten ausgelegt,

---

107 Als kleiner und überschaubarer Wohnort bietet Schlieben anscheinend besonders günstige Vorraussetzungen für ehrenamtliche Tätigkeiten. Dies steht in Einklang mit dem Befund einer aktuellen Untersuchung: Die Engagementquote von Senioren ist in kleineren Kommunen, *„wo persönliche Bekanntheit und der soziale Kontakt noch gewährleistet sind"* besonders hoch (Brendgens/Braun 2000: 38).

108 Wie viele Stunden davon nur für die Organisation der Seniorenakademie berechnet werden müssen, ließ sich nicht feststellen.

109 Dass dies in einem ganz alltäglichen Sinn gelingt, zeigte die hospitierte Veranstaltung. Die Seniorenakademie hat auch die Funktion des Dorftratsches: Nicht nur vor dem Vortrag im kleinen Kreis, sondern auch in der anschließenden allgemeinen Diskussion wurden Neuigkeiten ausgetauscht.

110 Der Drandorfhof, ein ehemaliges Rittergut, wird seit 1993 – u.a. mit finanziellen Förderungen durch die Europäische Union – aufwendig rekonstruiert. Schon heute, vor der eigentlichen Fertigstellung, ist der Hof touristischer und kultureller Mittelpunkt Schliebens.

z.B. im Amt, beim Bäcker und beim Arzt. Sämtliche Werbung wird über das Amt organisiert und ist kostenlos.

Die Seniorenakademie in Schlieben erfährt vielfältige Unterstützung – nicht nur von Seiten der Verwaltung, sondern auch von Privatpersonen. So gibt es gute Erfahrungen mit Sponsoren, z.B. Handwerkern und Kleinstunternehmern des Ortes. Dieser Bereich soll künftig weiter ausgebaut und gepflegt werden. Das Interesse an einer Kooperation mit anderen Seniorenakademien ist dagegen gering. Es besteht die begründete Vermutung, als Anbieter nicht ernst genommen zu werden: *„Wir sind der Meinung, wir helfen unseren Menschen mit den Vorträgen der Seniorenakademie, (...) aber vielleicht werden wir nur belächelt?"* Bei einem überregionalen Erfahrungsaustausch mit anderen Seniorenbildungsanbietern wurde ihr Angebot offenbar massiv kritisiert: *„Es wurde gesagt, unsere Akademie – das entspricht nicht dem Niveau einer solchen. Aber wieso denn nicht? Und der Herr Dr. X sagte, ‚Ich hatte mir vorgestellt, ihr sprecht über Gene, über Genforschung.' Aber wen interessiert denn das? Vielleicht mich und noch ein paar, aber doch nicht die Masse (...) Wir machen die Akademie so, wie wir denken und wie unsere Besucher es wollen, wir muten unseren Teilnehmern nicht zu, wie in der Schule zu sitzen, kein Wort zu sagen (...) da gibt es Gemütlichkeit und Kuchen".*

Teilnehmende

An der ersten Veranstaltung der Seniorenakademie nahmen 24 Personen teil. Die Besucherzahlen stiegen dann von Mal zu Mal und erreichten im Januar 2000 den Rekord von knapp 80 Teilnehmenden. Medizinische Themen wurden bislang bevorzugt besucht. Die Teilnehmer und Teilnehmerinnen kommen aus allen 15 Gemeinden des Amtsbereiches Schlieben. Etwa 70 Prozent der Teilnehmenden gehören einem Seniorenverein an, die restlichen 30 Prozent sind nicht organisiert. Bei einer im Rahmen der Fallstudie besuchten Veranstaltung zeigte sich, dass die Sitz- bzw. Tischordnung nach Vereinszugehörigkeit streng gegliedert ist. Der Männeranteil wurde im Fragebogen mit 30 Prozent angegeben. An der genannten Veranstaltung nahmen jedoch nur drei Männer teil – etwa zehn Prozent der Anwesenden. Das Alter der Teilnehmenden weist eine große Spannweite auf: die jüngsten sind knapp 60, die ältesten über 90 Jahre. Die Teilnehmer und Teilnehmerinnen kennen sich alle untereinander, häufig sind offenbar auch die Referenten persönlich bekannt. Viele der befragten Teilnehmenden sind *„immer schon dabei"*. Es besteht eine große Zufriedenheit mit dem Angebot, andere Themenwünsche wurden nicht formuliert. Nur ein Interviewter zeigte Interesse an einem Kursprogramm, verwies jedoch gleich auf das Angebot der KVHS, das ja jederzeit in Anspruch genommen werden könnte.

4.5 Die Seniorenakademien im Vergleich

Der Aspekt der Selbstorganisation von Seniorenakademien ist ein wesentliches Untersuchungsmoment und findet insofern besondere Berücksichtigung. Selbstorganisierte Bildungsarbeit von bzw. mit älteren Menschen gilt derzeit als bedeutsame Innovation in der Altersbildung. Sowohl Begriff als auch Konzept der Selbstorganisation sind populär, jedoch auch unscharf und vage (vgl. z.B. Dohmen 1999; Malwitz-Schütte 2000). In der Bildungspraxis können verschiedene Komponenten selbstorganisiert sein – von den Teilnehmenden selbst können z.B. Form, Inhalt oder Methode initiiert und organisiert werden; Ausmaß und Intensität der aktiven Beteiligung sind dabei variabel. Insofern wird keinem strikten Modell von Selbstorganisation gefolgt – die verschiedenartigen Ausgestaltungen können auch als „sehr spezifische Antworten auf unterschiedliche Problemlagen" verstanden werden (Kade 2001: 57). Die selbstorganisierten Einzelaspekte der Akademiearbeit werden im Rahmen der nachfolgenden Analyse detailliert beschrieben.

Tabelle 4.3: Honorarkräfte und hauptamtlich Tätige nach Arbeitsbereich

	Name	Leitung	Organisation	Lehre
1	Seniorenakademie Lübecker Bucht e.V.	–	–	Ja
2	Akademie für Ältere in Heidelberg	–	Ja	–
3	LÖWENakademie in Leipzig	–	Ja	Ja
4	Alten-Akademie Nürnberg e.V. (AAK)	–	–	–
5	Förderverein Akademie 2. Lebenshälfte in Teltow	Ja	Ja	Ja
6	Seniorenakademie e.V. Linker Niederrhein in Mönchengladbach	Ja	Ja	Ja
7	Seniorenakademie Otto Brenner e.V. in Hannover	–	–	Ja
8	Friedrich-Spee-Akademie e.V. in Düsseldorf	–	–	–
9	Senioren-Akademie an der Berufsakademie Erfurt	Ja	Ja	Ja
10	Seniorenakademie in Schlieben	–	–	Ja

Außer der Erfurter Einrichtung weisen alle untersuchten Seniorenakademien – in unterschiedlicher Stärke und Ausprägung – Elemente von Selbstorganisation auf. Ein Kennzeichen selbstorganisierter Projekte ist der hohe Anteil ehrenamtlicher Arbeit, insbesondere von den betreffenden Nutzern bzw. Teilnehmenden selbst. In Hinblick auf die Seniorenakademien lassen sich schematisch drei markante Tätigkeitsbereiche identifizieren, die sowohl von ehrenamtlichen als auch von hauptamtlichen Kräften bestritten werden können. Dazu zählen die Leitung bzw. die

Geschäftsführung der Einrichtung, die allgemeine Organisation einschließlich verwaltungstechnischer Belange und die Gestaltung der Bildungsprozesse bzw. die Durchführung der ‚Lehre' (vgl. Tabelle 4.3).

Die Mehrheit der untersuchten Seniorenakademien wird ehrenamtlich geleitet und fast immer tragen Einzelpersonen die Verantwortung. Nur die Einrichtungen in Mönchengladbach und Teltow haben eine fest angestellte Leitung. Der allgemeine Organisationsbereich wird noch in zwei weiteren Akademien von hauptamtlich Mitarbeitenden unterstützt. Neben Mönchengladbach und Teltow wurde auch in Heidelberg und Leipzig Personal für diverse Tätigkeiten eingestellt. Zu den übertragenen Aufgaben zählen z.B. Verwaltung, Koordination, Öffentlichkeitsarbeit und Werbung. Vorzugsweise sind diese Stellen über Arbeitsbeschaffungsmaßnahmen (ABM) finanziert. In allen übrigen Seniorenakademien wird dieses Ressort ausschließlich durch freiwilliges Engagement realisiert.

Im Bereich der Lehre hingegen, d.h. für die Umsetzung des eigentlichen Bildungsprogramms, können nur wenige Einrichtungen auf externe Lehrkräfte verzichten. Obwohl in nahezu allen Fällen eine ehrenamtliche Dozententätigkeit möglich ist und zumeist um entsprechend interessierte Personen gerungen wird, können nur drei der befragten Akademien ihr Angebot mit ehrenamtlich aktiven Personen verwirklichen. Und selbst die Einrichtungen in Heidelberg, Düsseldorf und Nürnberg müssen mitunter Ausnahmen machen. Sofern von den Teilnehmenden spezielle Inhalte bzw. Themen gewünscht und erwartet werden, ist die Verpflichtung von Honorarkräften auch dort zeitweilig unumgänglich.

Insbesondere für kontinuierliche Lehrverpflichtungen lassen sich offenbar nur sehr schwer ehrenamtlich Tätige werben. Dieser Umstand wurde oftmals als Begründung der Entscheidung für bezahlte Lehrkräfte angegeben. Das intensive Arbeitspensum und die strikten Termine, die mit einer Kursleitung verbunden sein können, stellen möglicherweise eine Barriere für das Übernehmen einer solchen ehrenamtlichen Tätigkeit dar.[111] Eine praktikable Alternative ist die Entwicklung von Themenreihen, in die mehrere Lehrkräfte eingebunden werden können. Damit wird ein beständiges Angebot gewährleistet, ohne die freiwillig Engagierten zu überlasten. Spezielle Weiterbildungsangebote für ehrenamtliche Dozenten und Dozentinnen sind im Übrigen überraschend selten vorzufinden. Dieses Manko ist vermutlich zweierlei Umständen geschuldet: Zum einen verpflichten sich für eine Lehrtätigkeit überproportional viele ehemals in der Erwachsenenbildung tätige Personen, die per se hinreichend qualifi-

111 Vermutlich sind es deshalb auch so häufig ehemalige Pädagogen, die eine ehrenamtliche Lehrtätigkeit übernehmen. Aufgrund ihrer Professionalität verfügen sie über Routinen, die den Zeit- und Arbeitsaufwand für ein derartiges Ehrenamt verhältnismäßig gering halten.

ziert sein sollten. Zum anderen besteht die Gefahr, dass derartige Schulungsangebote als indirekte Kritik missverstanden werden könnten und ehrenamtlich Tätige verprellen.

Generelle Schwierigkeiten mit der Anwerbung von ehrenamtlich Tätigen haben vor allem die Akademien in Mönchengladbach und in Teltow. Trotz großer Bemühungen um ehrenamtliche Mitarbeiter ist der Anteil der Aktiven eher gering. Es ist auffallend, dass es sich dabei um die beiden hauptamtlich geleiteten Einrichtungen handelt. Es hat den Anschein, als bestünde diesbezüglich ein Zusammenhang, als verhindere die berufliche Geschäftsführung ungewollt das freiwillige Engagement. Solche Bedenken wurden von der Teltower Akademieleiterin formuliert. Womöglich forciert eine hauptamtlich getragene Verantwortung die eher konsumierende Haltung bei den Teilnehmenden. Es ist jedoch auch denkbar, dass Personen, die sich für ein Ehrenamt interessieren, ganz bewusst professionalisierte Einrichtungen – und damit gewissermaßen hauptamtliche Vorgesetzte – meiden. Allerdings beklagt auch die LÖWENakademie in Leipzig die fehlende Beständigkeit des ehrenamtlichen Engagements. Als Erklärung wird die besondere Situation in den neuen Bundesländern bemüht: Aufgrund der unfreiwilligen Frühverrentung vieler älterer Beschäftigter sei eine Bereitschaft für ein ‚Senior-' Ehrenamt nicht zu erwarten. Diese Aussage erscheint plausibel und stimmt in gewisser Weise mit empirischen Befunden überein, die eine geringere ehrenamtliche Beteiligung in Ostdeutschland konstatieren (vgl. z.B. Brendgens/Braun 2000). Im Kontext unserer Untersuchung lässt sich dies jedoch nicht hinreichend prüfen. Überhaupt ist die Frage nach ostdeutschen Besonderheiten von Seniorenakademien nur schwerlich zu beantworten. Abgesehen von der schlichten Tatsache, dass keine dieser Einrichtungen vor der Wende gegründet wurde, lassen sich ausgeprägte Unterschiede zwischen ‚Ost – West' nicht feststellen. Weder andere Themen oder Formen noch abweichende Organisationsstrukturen oder Förderungen finden sich bei den untersuchten Einrichtungen.

In der Düsseldorfer und der Nürnberger Seniorenakademie werden alle Tätigkeitsbereiche ehrenamtlich absolviert. Damit weisen die beiden Einrichtungen die meisten Elemente von Selbstorganisation auf. Hauptamtliche Mitarbeit bzw. Unterstützung widerspricht durchaus nicht der Idee der Selbstorganisation (Becker/Rudolph 1994; Nuissl 1997; Kade 2001). Gelegentlich wird sogar die Meinung vertreten, dass auf professionelle Kräfte in der Bildungsarbeit unter keinen Umständen verzichtet werden darf (Naegele 1994; Köster 1998). Die Zusammenarbeit von haupt- und ehrenamtlichem Personal in den Seniorenakademien verläuft allem Anschein nach nicht immer problemlos.[112] Die jeweils unterschiedlichen Tätigkeitsmotivationen und -kompetenzen bergen ein nicht zu unterschätzendes Konfliktpotential und können sich kontraproduktiv auf die Akademiearbeit auswirken. Indessen sind Berufstätige – insbesondere im Bereich der allgemeinen Organisation – eine Entlastung und bisweilen auch Gewähr für Stabilität. Die Ambivalenz dieser Konstellation zeigt sich deutlich am Beispiel der Heidelberger Akademie.

Entgegen den Erwartungen handelt es sich bei den ehrenamtlich Tätigen in den Seniorenakademien nicht immer um ältere Menschen in der nachberuflichen Lebensphase. Sowohl die Akademie Lübecker Bucht als auch die Friedrich-Spee-Akademie sind von wesentlich jüngeren Personen gegründet worden, die Düsseldorfer sowie die Heidelberger Einrichtung werden momentan sogar von ‚erwerbstätigen' Ehrenamtlichen geleitet. Auch die freiwillig Engagierten, die dem Alter der Zielgruppe entsprechen, sind nur sporadisch Nutznießende im Sinne einer Teilnahme an den Angeboten. Vielfach werden ‚feine Unterschiede' von Seiten der aktiven Senioren gemacht, d.h. es gibt eine unartikulierte, aber unverkennbare Abgrenzung zu den eher konsumierenden Senioren. Das Selbstverständnis der Ehrenamtlichen ist häufig das von Experten oder ‚Machern', den ‚bloß' Teilnehmenden wird die Rolle von Laien zugedacht. Insbesondere in jenen Seniorenakademien, wo ehrenamtliche Lehrkräfte tätig sind, lässt sich diese Abgrenzung beobachten: Trotz Vergünstigungen nehmen diese Personen fast nie an dem regulären Akademieprogramm teil. Diese Tendenz der Gruppenseparierung entspricht sicherlich nicht den programmatischen Vorsätzen, wird doch gewöhnlich der permanente Rollenwechsel des aktiv Teilnehmenden propagiert. Die Akademiepraxis ist indessen meist den unterschiedlichen Bedürfnislagen der älteren Menschen angepasst. So versteht sich z.B. die Friedrich-Spee-Akademie als eine Einrichtung, *„wo man aktiv oder passiv teilnehmen kann"* und hält damit den Besuchern verschiedene Optionen offen.

In der Gruppe der ehrenamtlich Tätigen befinden sich in der Regel profilierte Einzelpersonen, die als ‚Kopf' der Einrichtung die Hauptverantwortung tragen. Oftmals handelt es sich dabei um die Ideenlieferanten oder Initiatoren des jeweiligen Angebotes, meist leisten sie sogar das Gros der notwendigen Arbeit. Ohne deren herausragende und auch im wörtlichen Sinne ausgezeichnete[113] Aktivitäten wäre mancherorts die Seniorenakademie undenkbar und undurchführbar geblieben. Individueller Enthusiasmus sowie persönliches Engagement wirken vielfach entschei-

---

112 Diese Problematik ist natürlich nicht typisch für die Seniorenakademien, sondern kann generell dort bestehen, wo beide Statusgruppen gemeinsam tätig sind (vgl. z.B. Appel/Betzler 2000).

113 Mehrere Akademieleiter wurden bereits mit dem Bundesverdienstorden geehrt.

dend und nachhaltig auf sämtliche Entwicklungsphasen der Einrichtung. Insofern ist es nicht verwunderlich, dass einige Angebote eine augenfällig persönliche Handschrift tragen. Organisationsstrukturen, Tätigkeitsbereiche und Programmschwerpunkte, aber auch Gruppenzusammensetzungen bzw. Gemeinschaftsbildungen können maßgeblich durch jene Einzelpersönlichkeiten geprägt sein.

So verdienstvoll diese individuellen Leistungen sind – in Einzelfällen handelt es sich geradezu um nachberufliche Karrieren –, so verhängnisvolle Auswirkungen kann das letztlich für die Akademie haben.[114] Am Heidelberger Beispiel werden Vorteile und Gefahren einer dominanten Führungsperson für die Entwicklung einer Seniorenakademie deutlich: Die krankheitsbedingte Amtsniederlegung des ursprünglichen Leiters stellte für die Einrichtung fast eine Zäsur dar. Viele unmittelbar an die Person gebundene Privilegien und Gestaltungsmöglichkeiten, aber auch Kontakte zu Ämtern, Gremien und potentiellen Unterstützungspersonen fielen mit dem Ausscheiden fort und hinterließen Lücken. Die Kontinuität der Akademiearbeit war empfindlich gestört. Den Einrichtungen in Nürnberg, Lübecker Bucht und Leipzig könnte in absehbarer Zeit ähnliches widerfahren. Auch dort ist die Akademiepraxis in starkem Maße auf die jeweiligen Führungskräfte zugeschnitten, im Falle ihres Ausscheidens ist vermutlich ebenso mit Einschnitten zu rechnen. Die Nachfolger solcher Personen haben es höchstwahrscheinlich nicht einfach: Konfrontiert mit großen Erwartungen, besteht leicht die Gefahr der Überforderung. Die Verteilung der Funktionen und Tätigkeitsfelder auf mehrere Personen scheint deshalb zweckmäßig zu sein, könnte die Arbeit der Seniorenakademien langfristig stabilisieren und in gewisser Weise auch demokratisieren.

Auch jenseits dieser Aspekte der Selbstorganisation haben die untersuchten Einrichtungen auf einen ersten Blick bis auf den Titel wenig gemeinsam, und selbst die Bezeichnung Akademie ist aufgrund der jeweiligen Ergänzungen oder Zusammensetzungen unterschiedlich konnotiert. Zumeist in Verbindung mit ‚Alte', ‚Ältere' oder ‚Senioren' wird mit dem Namen eine deutliche Zielgruppenspezifik angezeigt, was nicht immer unproblematisch ist, wie die Erfahrungen in Heidelberg, Nürnberg und Lübecker Bucht zeigen. Dem Zeitgeist entsprechend meidet das Gros der ‚jungen Alten' – die heftig umworbene Zielgruppe vieler Akademien – solche Einrichtungen, die vordergründig auf die späten Lebensjahre anspielen. Findiger sind wohl Akademiennamen, die gar nicht oder nur sehr dezent auf die zweite Lebenshälfte hinweisen, wie etwa in Teltow, Düsseldorf oder Hannover. Ungeachtet dessen handelt es sich bei dem Titel ‚Seniorenakademie' – in jedweder Form und Abwand-

114 Ähnliches zeigte sich in unseren Fallstudien zur gewerkschaftlichen Seniorenarbeit (Wolf et al. 1994).

lung – um einen anscheinend trendgerechten und wohlklingenden Namen, der auch bei Zuwendungsgebern ein sogenannter Türöffner sein kann. Als Ausdruck eines boomenden Bildungsmarktes für Senioren ist er gleichermaßen ein Etikett, das durchaus instrumentell eingesetzt wird, wie das Leipziger Beispiel beweist.

Die Namensgebung ist nicht zwangsläufig an bestimmte Kriterien oder Qualitätsstandards gebunden. Die simple Frage – was ist eine Seniorenakademie? – lässt sich empirisch somit nicht einfach beantworten. Handelt es sich üblicherweise um eine feste institutionalisierte Einrichtung, kann es ebenso ein separates Zielgruppenangebot eines Bildungsträgers sein oder eine Art Wanderprogramm umfassen. Auch sonst ist die Variationsbreite immens und bezieht sich auf mannigfaltige Aspekte. Auffällige Unterschiede oder feine Nuancen lassen sich sowohl hinsichtlich der Konzepte, Inhalte und Formen des Angebotes als auch bezüglich der Teilnehmenden, Tätigen und Organisationsstrukturen beobachten. Einzig auf die Differenzen fixiert, bliebe als kleinster gemeinsamer Nenner der Seniorenakademien eigentlich nur die triviale Aussage, dass vorzugsweise Bildung für ältere Menschen offeriert wird. Insofern muss der Blick geweitet werden, um Typisches und Gemeinsames zu entdecken.

Eine auffällige Gemeinsamkeit scheint etwa das Finanzierungsproblem der Angebote. Noch immer erschwert die ‚Ökonomisierung der Bildung' die „kontinuierliche und damit selbstverständlich mit finanziellem und personellem Aufwand verbundene Bildung für Menschen in der nachberuflichen Lebensphase, bei denen der sozio-ökonomische Nutzeffekt nicht direkt nachweisbar ist" (Eierdanz 1992: 170). Davon sind die Seniorenakademien nicht ausgenommen. Alle untersuchten Einrichtungen können allein mit den Teilnahmegebühren nicht kostendeckend arbeiten. Vielmehr sind sie auf finanzielle bzw. anderweitige Unterstützungsleistungen angewiesen, um das entsprechende Programm aufrecht zu erhalten oder zu erweitern. Selbst die ausschließlich ehrenamtlich arbeitenden Akademien benötigen Zuwendungen, um Mieten, Werbung oder Referenten bezahlen zu können. Nur wenige Einrichtungen können mit kontinuierlichen Zuschüssen rechnen. Aufgrund der engen Kooperation mit der örtlichen Volkshochschule genießen die Nürnberger diesen Vorzug, aber auch das Schliebener Angebot wird beständig von der dortigen Amtsverwaltung unterstützt. Die Akademien in Heidelberg und Mönchengladbach erhalten Sockelfinanzierungen von der Kommune bzw. vom Träger, die jedoch nicht ausreichen, was zur Folge hat, dass permanent nach neuen Geldgebern und Förderungsmöglichkeiten gefahndet werden muss. Üblicherweise sind dann ‚förderungswürdige' Konzepte bzw. Anträge zu entwickeln, was zeit- und arbeitsaufwendig ist und oft eine empfindliche Störung der eigentlichen Akademietätigkeit darstellt. Dies gilt in vollem Umfang für die restlichen Akademien, die keine dauerhaften Finanzierungen erhalten.

Die wirtschaftliche Unsicherheit kann durchaus eine existentielle Gefährdung sein, wie am Erfurter Angebot – das ausschließlich von hauptberuflichen Kräften geleitet ist – deutlich wird. Interessanterweise erlebt die Hannoversche Akademie die finanziellen Engpässe als Herausforderung und beanstandet als einzige Einrichtung diese schwierige Situation nicht. Auch hat es den Anschein, dass sich nach geraumer Zeit eine gewisse Routine in der Antragsformulierung einstellen kann, wie das Beispiel Lübecker Bucht zeigt.

Um den Etat zu sichern bzw. aufzustocken, wird viel improvisiert. Sponsorengelder und Spenden zählen häufig zu den weiteren Einnahmen der Akademien, die Summen sind jedoch meistens bescheiden. Nur die Friedrich-Spee-Akademie verfügt über ein ausgebautes Sponsoringsystem, das verhältnismäßig gut funktioniert. Bislang können die Belastungen der Düsseldorfer Einrichtung hauptsächlich mit Sachspenden beglichen werden. Dass diese Form der materiellen Basis dennoch anfällig ist und keine uneingeschränkte Sicherheit gewährt, offenbart das konkrete Problem mit Raum- bzw. Mietsponsoren.

Die Finanzmisere der Akademien macht manchmal die drastische Maßnahme der Beitragserhöhung unumgänglich. In diesem Zusammenhang sei allerdings darauf hingewiesen, dass die Gebühren zumeist noch immer sehr moderat gehalten sind und keine direkten Ausschlusskriterien darstellen. Oftmals werden die Beträge niedriger als die der anderen lokalen Bildungsanbieter gehalten. Lediglich die Teilnahmekosten der Senioren Akademie Lübecker Bucht sind aufgrund der einkalkulierten Übernachtungspausschalen relativ hoch und können vermutlich nicht von allen potentiellen Interessenten aufgebracht werden.

Explizit formulierte Zugangsvoraussetzungen für die Teilnehmenden gibt es ansonsten nicht. Zunächst sind sämtliche Veranstaltungen der Einrichtungen öffentlich, und es bedarf nicht zwangsläufig einer Mitgliedschaft oder Vereinszugehörigkeit. Eine strikte Altersbegrenzung – wie anfänglich in Heidelberg und Nürnberg praktiziert, mittlerweile aber auch dort gelockert – wird von keiner Akademie angewendet. Gewöhnlich sollten sich die Nachfragenden in der nachberuflichen Lebensphase befinden, es gibt diesbezüglich jedoch Toleranzen. Nur die Hannoversche Einrichtung versteht sich als generationsübergreifende Akademie, und die Friedrich-Spee-Akademie nimmt ihr Motto ‚für Menschen der zweiten Lebenshälfte' wortwörtlich, d.h. Interessenten sind ab dem 40. Lebensjahr willkommen. Faktisch wirkt sich das jedoch kaum auf das Besucherspektrum aus – zumeist sind es doch ältere Menschen, die an den Veranstaltungen teilnehmen.

Überhaupt werden nur vereinzelt altersheterogene Kurse oder Veranstaltungen offeriert. Offenbar besteht dafür recht wenig Interesse. Entgegen den Erwartungen der ehrgeizigen Konzepte des ‚intergenerationellen Lernens' findet sich in der Angebotspraxis der Akademien keine entsprechende Nachfrage. Um die jüngeren Alten – die etwa 55 bis 65jährigen – bemühen sich einige der befragten Akademien. Wie bereits erwähnt, nutzt diese Altersgruppe die Angebote jedoch nicht so stark, wie von den Einrichtungen erhofft. Insbesondere die schon länger existierenden Akademien, wie Heidelberg, Nürnberg und auch Lübecker Bucht, streben einen Generationswechsel an, woraus zu schließen ist, das die Einrichtungen gelegentlich zusammen mit ihrem Besucherstamm altern.

Interessanterweise sind Teilnehmerbefragungen kaum verbreitet, die Akademieleitungen wissen relativ wenig über ihr Publikum.[115] Außer der Teltower Einrichtung, die aufgrund der regionalen Besonderheit einen Männeranteil von etwa 40 Prozent aufweist, und der hannoverschen Akademie, die vor allem wegen des inhaltlichen Profils kaum Frauen erreicht, sind es gewöhnlich zwischen 75 und 90 Prozent Frauen, die die Seniorenakademien besuchen, mit Schwankungen je nach speziellem Themenangebot.

Weitere Charakterisierungen der Teilnehmenden sind nur vereinzelt möglich. In einigen Fällen spiegeln sich aber regionale Besonderheiten merklich in der Teilnehmerschaft wider. So besuchen die Schliebener Akademie – ein Angebot im ländlichen Bereich – vorzugsweise ehemals in der Landwirtschaft Tätige, in Teltow hingegen, einem ehemaligen Elektronikzentrum, sind die Akademiebesucher vielfach Angehörige der ehemaligen technischen Intelligenz. Trägerschaft und besonders das inhaltliche Profil sind ebenfalls prägend für eine bestimmte Klientel. Die gewerkschaftlich orientierte Akademie in Hannover zieht vorzugsweise ehemals aktive Gewerkschaftsmitglieder und -funktionäre an – was für die gewerkschaftliche Seniorenarbeit generell kennzeichnend scheint (Wolf et al. 1994) –, und in Mönchengladbach wird vermutet, dass die AWO-Trägerschaft der Akademie einen besonderen Interessentenkreis anspricht.

---

115 Einschränkend sei angemerkt, dass derartiges Wissen eventuell zu jenen Interna gehört, die nicht transparent gemacht werden sollen. Beispielsweise sind Teilnahmequoten gelegentlich hochsensibles Material, da sie in direkter Verbindung zu Abrechnungsverfahren stehen können. Finanzielle Zuwendungen sind zudem häufig nach Anzahl der Besucher gestaffelt. Dass der Männeranteil von einigen Einrichtungen nach oben ‚hochgerechnet' wurde – wie die Hospitationen vermuten ließen – hat vermutlich wenig mit potentiellen Förderungen zu tun, sondern ist vielmehr ein Imageproblem. Schon seit einigen Jahren bemühen sich Theorie und Praxis der Altersbildung verstärkt um männliche Teilnehmer. Eine hohe Männerquote wird vielfach als Indikator einer besonders innovativen Bildungsarbeit gewertet.

Wie viele Besucher die jeweiligen Einrichtungen haben, lässt sich größtenteils nicht bestimmen, weil dies entweder nicht im Detail erhoben oder möglicherweise vertraulich behandelt wird. Vielfach werden Mitglieder- oder Kundenkarteien aufgrund von Jahresbeiträgen geführt, die jedoch für die tatsächlichen Teilnahmen wenig aussagekräftig sind. Die überwiegend eher vagen Aussagen hierzu sollen daher nicht detailliert miteinander verglichen werden. Allgemein kann davon ausgegangen werden, dass Heidelberg nach wie vor die größte Akademie hat, doch auch die Akademien in Nürnberg und Lübecker Bucht erreichen ein breites Publikum. Dagegen könnte das kleine und eingeschränkte Angebot in Schlieben – in Abhängigkeit von der regionalen Lage – auch zukünftig nur begrenzt expandieren. Insgesamt lässt sich sagen, dass alle untersuchten Akademieangebote überwiegend ausgelastet sind und im Rahmen der jeweiligen lokalen Bedingungen fast immer das profilierteste Bildungsprogramm für Senioren offerieren.

Die Konzepte der Akademien sind nur schwerlich vergleichbar, da sie entweder gar nicht explizit formuliert wurden oder sich die Schwerpunktsetzung auf völlig verschiedenartige Aspekte bezieht. So hat z.B. die Einrichtung in Hannover eine thematisch stringente Ausrichtung. Mit der Orientierung an gewerkschaftlichen und politischen Inhalten unterscheidet sie sich von all den anderen Einrichtungen, die zumeist ein breites Themenspektrum anstreben und für aktuelle Trends offen sind.[116] Zum Konzept der Senioren Akademie Lübecker Bucht gehört hingegen die besondere Form, die Tagungsstruktur des Angebotes. Dagegen kann die Beschränkung des Angebotes auf eine Vortagsreihe, wie dies in Schlieben und Leipzig geschieht, sicherlich nicht als konzeptionelles Gestaltungsmoment gewertet werden, sondern ist den vorhandenen Bedingungen und Ressourcen geschuldet. Oftmals ist das Profil nicht zuletzt durch die Bedingungen des Förderers geprägt. So musste in Erfurt ein Beratungs- und Betreuungsservice integriert werden, um entsprechende Zuschüsse zu erhalten. Auch die Mönchengladbacher Akademieleiterin macht keinen Hehl daraus, dass die Projekte auf die jeweils geltenden Richtlinien der Zuwendungsgeber zugeschnitten werden.

Trägereinrichtungen können ebenfalls das Programmformat dominieren. Zuweilen ergeben sich Einflussnahme sowie Abhängigkeit vom Träger zwangsläufig aus der Organisationsstruktur, z.B. wenn eine Akademie als nachgeordnetes Angebot vom Träger selbst kreiert wurde. So sind die spezifischen Seniorenbildungsofferten der Erfurter sowie der Teltower Einrichtung als Ableger der eigentlichen Arbeitschwerpunkte entstanden, was sich maßgeblich auf die realisierbaren Inhalte und For-

116 So haben z.B. viele Akademien, die über entsprechende Mittel verfügen, in jüngster Vergangenheit Computer- und Internetanwendungen in das Programm aufgenommen.

men auswirkt. Die Gefahr von potentiellen Einschränkungen durch eine Trägerinstitution besteht zweifellos. Unter diesem Blickwinkel erklärt sich auch die Ablehnung der angetragenen Trägerschaft der Senioren Akademie Lübecker Bucht – die konzeptionelle Unabhängigkeit wird der finanziellen Sicherheit vorgezogen. An dieser Entscheidung zeigt sich auch die Ambivalenz einer solchen Trägerschaft. Es ist nicht zu verkennen, welche erheblichen Vorteile ein potenter Partner bieten kann. Neben finanziellen bzw. materiellen Unterstützungsleistungen sind organisationstechnische sowie personelle Hilfen vorstellbar. In diesem Zusammenhang sei nochmals darauf hingewiesen, dass nur drei der untersuchten Akademien in einer derartigen Allianz eingebunden sind. Alle anderen Einrichtungen – bis auf das Schliebener Angebot – sind juristisch zwar ebenfalls in der Trägerschaft, es handelt sich dabei allerdings um den jeweiligen gemeinnützigen Akademieverein.

Der lokale Einfluss sowohl auf die Konzeption als auch auf deren Modifikation in der Praxis ist nicht zu unterschätzen. Häufig sind es latente Konkurrenzen oder direkte Absprachen mit Mitbewerbern, die das konkrete Angebot bestimmen. So konnte wiederholt beobachtet werden, dass das Programm der örtlichen Volkshochschule als Gradmesser der Akademieangebote fungiert – weniger zum Zwecke der simplen Imitation, wie Eierdanz (1992) vermutet, sondern um ganz bewusst ein alternatives Angebot zu etablieren.

Das Gros der Akademien berücksichtigt – bisweilen ohne dies sonderlich zu betonen – altersspezifische Besonderheiten des Lernens. Fast alle Einrichtungen offerieren ihre Veranstaltungen tagsüber. Zu den allgemein praktizierten Regeln zählt die Vermeidung von Lernstress, und der Gruppenzusammenhalt hat vielfach oberste Priorität. Zeugnisse im Sinne von Leistungsnachweisen werden nicht ausgestellt. Obwohl viele Akademien universitäre Termini in ihre Programmbeschreibungen einfließen lassen – z.B. sind Halbjahresangebote gewöhnlich als Semester tituliert –, gibt es keinen Bezug zu regulären Studiengängen oder einer in sich geschlossenen Ausbildung. Die Sprachreglung ist vermutlich weniger akademischen Ambitionen sondern vielmehr „Prestigegründen" geschuldet (Schnücker 2000: 192). Im Unterschied zum Seniorenstudium sind die Angebote der Seniorenakademien ohne stringente Curricula und nicht abschlussorientiert.

Das thematische Angebot der Akademien kann – wie bereits erwähnt – von Konzept, Ressourcen, Nachfrageverhalten, regionalem Setting und/oder gängigen Trends beeinflusst sein. Es erscheint daher schwierig, ‚typische' Inhalte der Seniorenakademien zu bestimmen. Die große Bandbreite der inhaltlichen Angebote, die in der Akademiepraxis zu beobachten ist, widersetzt sich engmaschigen Klassifikationen. Ebenso wenig lassen sich bevorzugte Angebotsformen definieren; auch diesbezüglich kann kein generell geltendes Schema entschlüsselt werden. Indessen steckt in diesem Variantenreichtum der ‚good practice' ein immenses Potential, das extensiver genutzt werden könnte. Die einzelnen Ansätze der Seniorenakademien sind in vielerlei Hinsicht beispielgebend und nachahmenswert. Um das kreative Vermögen der verschiedenen Angebote auch für andere fruchtbar zu machen, bedürfte es eines öffentlichen Forums. Überregionale Vernetzung und Kooperationsmöglichkeiten wären praktikable Modi eines zweckmäßigen Austausches. Nahezu alle befragten Einrichtungen sind gegenüber einem Erfahrungs- und Wissenstransfer aufgeschlossen und versprechen sich von einem solchen Vorhaben neue Ideen und Anregungen. Durch gezielte Fortbildungsangebote für die ehrenamtlich Tätigen der verschiedenen Arbeitsbereiche (Leitung, Organisation, Lehre) könnten auch verstärkt neue Konzepte und Methoden Eingang in die Akademiepraxis finden.

Literatur

Akademie für Ältere Heidelberg (1995): 10 Jahre Akademie für Ältere. 1985-1995. Heidelberg: Akademie für Ältere.

Akademie für Ältere Heidelberg (2000): Akademie-Schrift. Mit Programm von Januar bis Juni 2000. Von der Kunst des Älterwerdens und den Möglichkeiten aktiv zu bleiben. Heidelberg: Akademie für Ältere.

Appel, Doris & Irmgard Betzler (2000): Bürgerschaftliches Engagement in gemeinnützigen Einrichtungen – Wer profitiert von wem? In: Institut für Soziale Infrastruktur (Hrsg.): Managementaufgaben und neue Projekte in der Seniorenarbeit. Dokumentation von Fortbildungsveranstaltungen der Bundesarbeitsgemeinschaft Seniorenbüros. Praxisbeiträge zum bürgerschaftlichen Engagement im Dritten Lebensalter, Band 7. Stuttgart: Wiehl, 91-100.

Baltes, Margret M. (1987): Erfolgreiches Altern als Ausdruck von Verhaltenskompetenz und Umweltqualität. In: Niemitz, Carsten (Hrsg.): Erbe und Umwelt. Zur Natur von Anlage und Selbstbestimmung des Menschen. Frankfurt/M.: Suhrkamp, 353-376.

Baltes, Paul B. (1997): Altern in Leidenschaft: Ein schwieriges viertes Lebensalter? In: Berlin-Brandenburgische Akademie der Wissenschaften: Berichte und Abhandlungen, Band 3. Berlin: Akademie Verlag, 159-193.

Baur, Rita, Heidrun Czock, Angelika Scheuerl & Ulrich Schirowski (1996): Gerontologische Untersuchung zur motivationalen und institutionellen Förderung nachberuflicher Tätigkeitsfelder. Die Aktion 55. Schriftenreihe des Bundesministeriums für Familie, Senioren, Frauen und Jugend, Band 130.2. Stuttgart: Kohlhammer.

Becker, Hellmut (1989): Alter und Bildung. In: Baltzer, Johannes, Jürgen Eierdanz. & Günter Kohlhaas (Hrsg.): Wissenschaftliche Weiterbildung älterer Erwachsener. Gegenwarts- und Zukunftsaufgabe der Hochschulen. 4. Internationale Arbeitstagung „Öffnung der Hochschulen für ältere Erwachsene" 23.-25.März 1987 in Marburg. Kassel: Prolog, 67-85.

Becker, Susanne & Werner Rudolph (1994): Handlungsorientierte Seniorenbildung – Modellprojekte: Konzeptionelle Überlegungen, Praktische Beispiele. Opladen: Leske + Budrich.

Becker, Susanne & Werner Rudolph (1995): „Selbstorganisation" in der Seniorenbildung. Fragen und Thesen. In: Soziale Arbeit, 44, 117-122.

Becker, Susanne, Ludger Veelken & Klaus Peter Wallraven (Hrsg.) (2000): Handbuch Altenbildung. Theorien und Konzepte für Gegenwart und Zukunft. Opladen: Leske + Budrich.

BIK Aschpurwis + Behrens GmbH (1992): BIK-Stadtregionen in den neuen Bundesländern. Hamburg: BIK Aschpurwis + Behrens GmbH (Ms.).

BIK Aschpurwis + Behrens GmbH (1993): Die Abgrenzung von Stadtregionen in der Bundesrepublik Deutschland (Boustedt-Revision) auf Basis des Zensus von 1987. Hamburg: BIK Aschpurwis + Behrens GmbH (Ms.).

Böhm, Winfried (1994): Wörterbuch der Pädagogik (14. Auflage). Stuttgart: Kröner.

Böhme, Günther (1997): Bildung für ältere Menschen: Generationenbeziehungen und erfahrungsspezifisches Lernen. In: Hessische Blätter für Volksbildung, 2, 97-99.
Böhme, Gernot (1999): Bildung als Widerstand. Was sollen die Schulen und Hochschulen lehren? Ein Versuch über die Zukunft des Wissens. In: DIE ZEIT, 38, 51.
Breloer, Gerhard (1997): Die Bildung älterer Erwachsener als kulturelle Modernisierung. In: Brödel, Rainer (Hrsg.): Erwachsenenbildung in der Moderne: Diagnose, Ansätze, Konsequenzen. Opladen: Leske + Budrich, 192-204.
Breloer, Anni & Gerhard Breloer (1994): Abwehrmechanismen im Lernprozess „Altwerden"? In: Evangelische Impulse, 2, 9-12.
Brendgens, Ulrich & Joachim Braun (2000): Freiwilliges Engagement älterer Menschen. In: BAGSO-Nachrichten, 2, 37-41.
Browning, Colette J. (1995): Late-life education and learning: The role of cognitive factors. In: Educational Gerontology, 21, 401-413.
Bubolz-Lutz, Elisabeth (2000): Bildung im Alter – eine Chance zu persönlicher, sozialer und gesellschaftlicher Entwicklung. In: BAGSO-Nachrichten, 2, 6-11.
DeMaris, Alfred (1992): Logit modelling. Newbury Park: Sage.
Dettbarn-Reggentin, Jürgen (1992): Altenselbsthilfe als Bildungsstätte. In: Dettbarn-Reggentin, Jürgen & Heike Reggentin (Hrsg.): Neue Wege in der Bildung Älterer. Band 2: Praktische Modelle und Projekte. Freiburg i. B.: Lambertus, 162-175.
Dettbarn-Reggentin, Jürgen & Heike Reggentin (1992): Neue Wege in der Altenbildung. In: Dettbarn-Reggentin, Jürgen & Heike Reggentin (Hrsg.): Neue Wege in der Bildung Älterer. Band 1: Theoretische Grundlagen und praktische Konzepte. Freiburg i. B.: Lambertus, 10-23.
Dieckmann, Heinrich (1998): Bildungswende statt Bildungsende. In: Dieckmann, Heinrich & Bernd Schachtsiek (Hrsg.): Lernkonzepte im Wandel. Die Zukunft der Bildung. Stuttgart: Klett-Cotta, 5-9.
Dittmann-Kohli, Freya (1984): Weisheit als mögliches Ergebnis der Intelligenzentwicklung im Erwachsenenalter. In: Sprache & Kognition, 3,112-132.
Dittmann-Kohli, Freya, Martin Kohli, Harald Künemund, Andreas Motel, Christina Steinleitner, Gerben J. Westerhof, in Zusammenarbeit mit infas-Sozialforschung (1997a): Lebenszusammenhänge, Selbst- und Lebenskonzeptionen – Erhebungsdesign und Instrumente des Alters-Survey. Forschungsgruppe Altern und Lebenslauf (FALL), Forschungsbericht 61. Berlin: Freie Universität.
Dittmann-Kohli, Freya, Doris Sowarka & Erika Timmer (1997b): Beruf und Alltag: Leistungsprobleme und Lernaufgaben im mittleren und höheren Erwachsenenalter. In: Weinert, Franz E. & Heinz Mandl (Hrsg.): Psychologie der Erwachsenbildung. Göttingen: Hogrefe, 197-235.
Dittmann-Kohli, Freya, Christina Bode & Gerben J. Westerhof (2001): Die zweite Lebenshälfte – Psychologische Perspektiven. Ergebnisse des Alters-Survey. Stuttgart: Kohlhammer.
Dohmen, Günther (1997): Das Jahr des lebenslangen Lernens – was hat es gebracht? In: Literatur- und Forschungsreport Weiterbildung 39, 10-26.
Dohmen, Günther (1999): Die Unterstützung des selbstgesteuerten Lernens durch die Weiterbildungsinstitutionen. In: Bundesministerium für Bildung und For-

schung (Hrsg.): Weiterbildungsinstitutionen, Medien, Lernumwelten. Bonn, 39-94.
Donicht-Fluck, Brigitte (1998): Entwicklungslinien und Tendenzen der wissenschaftlichen Weiterbildung für Ältere in den USA. In: Malwitz-Schütte, Magdalene (Hrsg.): Lernen im Alter. Wissenschaftliche Weiterbildung für ältere Erwachsene. Münster: Waxmann, 1-27.
Drinck, Barbara (1990): Lernhilfen für ältere Lerner: Erfahrungen mit einem Seniorenhilfsprogramm der VHS. In: Geißler, Erich E. (Hrsg.): Bildung für das Alter – Bildung im Alter. Expertisensammlung. Bonn: Bouvier, 149-162.
Eierdanz, Jürgen (1992): Bildung für das Alter oder gegen das Altern? Zum aktuellen Stand und zu den Perspektiven einer Altenbildung. In: Glaser, Hermann & Thomas Röbke (Hrsg.): Dem Alter einen Sinn geben. Wie Senioren kulturell aktiv sein können. Heidelberg: Hüthing, 167-197.
Eirmbter, Eva (1979): Altenbildung: zur Theorie und Praxis. Paderborn: Schöningh.
Eirmbter, Eva (1992): Zur Lebensweltorientierung in der Bildung Älterer. In: Schlutz, Erhard, Hans Peter Tews u.a.: Perspektiven zur Bildung Älterer. Frankfurt/M.: Pädagogische Arbeitsstelle des Deutscher Volkshochschulverbandes, 149-156.
Eirmbter-Stolbrink, Eva (1992): Diskussionsstand gegenwärtiger Altenbildung. In: Grundlagen der Weiterbildung, 3, 336-339.
Eirmbter-Stolbrink, Eva (1994): Neues Alter – Neue Bildung? In: Bistum Aachen (Hrsg.): Weiterbildung im Alter. Neuwied: Luchterhand, 99-106.
Faulstich, Peter (1997): Transformationsprozesse im Institutionenspektrum der Erwachsenenbildung. In: Derichs-Kunstmann, Karin, Peter Faulstich & Rudolf Tippelt (Hrsg.): Enttraditionalisierung der Erwachsenenbildung. Frankfurt/M.: Deutsches Institut für Erwachsenenbildung, 60-70.
Faure, Edgar, Felipe Herrera, Abdul-Razzak Kaddura, Henri Lopes, Artur V. Petrovski, Majid Rahnema & Frederick Champion Ward (1973): Wie wir leben lernen. Der Unesco-Bericht über Ziele und Zukunft unserer Erziehungsprogramme. Reinbek: Rowohlt.
Fleischmann, Ulrich M. & Thomas Gunzelmann (1992): Die Entwicklung der Intelligenz – Grundlage eines Alterns in Kompetenz? In: Dettbarn-Reggentin, Jürgen & Heike Reggentin (Hrsg.): Neue Wege in der Bildung Älterer. Band 1: Theoretische Grundlagen und praktische Konzepte. Freiburg i. B.: Lambertus, 36-52.
Frankenstein, Günter (1990): Bildungsarbeit für ältere Menschen in der Industrie- und Dienstleistungsgesellschaft. Pfaffenweiler: Centaurus.
Fries, James F. (1989): Erfolgreiches Altern: Medizinische und demographische Perspektiven. In: Baltes, Margret M., Martin Kohli & Karl Sames (Hrsg.): Erfolgreiches Altern. Bedingungen und Variationen. Bern: Huber, 19-26.
Fürstenberg, Friedrich (1990): Bildungsprobleme der „jungen Alten“. In: Geißler, Erich E. (Hrsg.): Bildung für das Alter – Bildung im Alter. Expertisensammlung. Bonn: Bouvier, 41-73.
Geißler, Erich E. (1990): Bildung für das Alter im Rahmen einer lebensbegleitenden Fort- und Weiterbildung. In: Geißler, Erich E. (Hrsg.): Bildung für das Alter – Bildung im Alter. Expertisensammlung. Bonn: Bouvier, 7-27.

Geißler, Karlheinz A. (1999): Das Lernen löst die Arbeit ab. In: DER TAGESSPIEGEL, 16 817, 8.
Gösken, Eva, Matthias Pfaff & Ludger Veelken (1998): Lernen im Alter – Erfahrungen und Perspektiven. In: Malwitz-Schütte, Magdalene (Hrsg.): Lernen im Alter. Wissenschaftliche Weiterbildung für ältere Erwachsene. Münster: Waxmann, 137-147.
Graeßner, Gernot (1998): Die Zukunft der Seniorenstudien. In: Malwitz-Schütte, Magdalene (Hrsg.): Lernen im Alter. Wissenschaftliche Weiterbildung für ältere Erwachsene. Münster: Waxmann, 265-290.
Gronemeyer, Reimer & Wolfgang Buff (1992): Bildungskonzepte oder Orientierung der Älteren? In: Dettbarn-Reggentin, Jürgen & Heike Reggentin (Hrsg.): Neue Wege in der Bildung Älterer. Band 2: Praktische Modelle und Projekte. Freiburg i. B.: Lambertus, 21-29.
Gukenbiehl, Hermann L. (1998): Bildung und Bildungssystem. In: Schäfers, Bernhard & Wolfgang Zapf (Hrsg.): Handwörterbuch zur Gesellschaft Deutschlands. Opladen: Leske + Budrich, 85-100.
Hacker, Johann & Günter Olzog (1998): Deutsches Handbuch der Erwachsenenbildung. München: Olzog.
Hoffmeyer-Zlotnik, Jürgen H.P. (1994): Regionalisierung von Umfragen. In: ZUMA-Nachrichten 34, 35-57.
Hörster, Reinhard (1998): Bildung. In: Krüger, Heinz-Hermann & Werner Helsper (Hrsg.): Einführung in die Grundbegriffe und Grundfragen der Erziehungswissenschaft. Opladen: Leske + Budrich, 43-52.
Hosmer, David W. & Stanley Lemeshow (1989): Applied logistic regression. New York: Wiley.
Humboldt, Wilhelm von (1960): Theorie der Bildung des Menschen. In: ders.: Schriften zur Anthropologie und Geschichte. Gesammelte Werke, Band 1. Darmstadt: Wissenschaftliche Buchgesellschaft, 234-240.
Infratest Sozialforschung, Sinus & Horst Becker (1991): Die Älteren. Zur Lebenssituation der 55- bis 70jährigen. Bonn: Dietz.
Kade, Jochen (1989): Erwachsenbildung und Identität. Eine empirische Studie zur Aneignung von Bildungsangeboten. Weinheim: Deutscher Studienverlag.
Kade, Jochen (1997): Riskante Biographien und die Risiken lebenslangen Lernens. In: Literatur- und Forschungsreport Weiterbildung 39, 112-124.
Kade, Jochen & Dieter Nittel (1998): Erwachsenenbildung/Weiterbildung. In: Krüger, Heinz-Hermann & Werner Helsper (Hrsg.): Einführung in die Grundbegriffe und Grundfragen der Erziehungswissenschaft. Opladen: Leske + Budrich, 195-206.
Kade, Sylvia (1994a): Altersbildung. Lebenssituation und Lernbedarf. Frankfurt/M.: Deutsches Institut für Erwachsenenbildung.
Kade, Sylvia (1994b): Altersbildung. Ziele und Konzepte. Frankfurt/M.: Deutsches Institut für Erwachsenenbildung.
Kade, Sylvia (1997): Älterwerden lernen – eine Bildungsaufgabe in der alternden Gesellschaft: In: Hessische Blätter für Volksbildung, 2, 100-108.
Kade, Sylvia (2001): Selbstorganisiertes Alter: Lernen in „reflexiven Milieus". DIE, Bielefeld: Bertelsmann.

Kaiser, Arnim (1994): Bildung und Lebenswelt. Lebensweltorientierung als Modell für die Bildungsarbeit mit älteren Erwachsenen. In: Bistum Aachen (Hrsg.): Weiterbildung im Alter. Neuwied: Luchterhand, 51-62.
Kaiser, Mechthild (1997): Bildung durch ein Studium im Alter. Auswirkungen der Teilnahme an einem allgemeinbildenden wissenschaftlichen Weiterbildungsangebot für ältere Studierende. Münster: Waxmann.
Kaiser, Heinz Jürgen (2000): Erlernen von Sicherheits- (und Kontroll)bewußsein. In: Becker, Susanne, Ludger Veelken & Klaus Peter Wallraven (Hrsg.): Handbuch Altenbildung. Theorien und Konzepte für Gegenwart und Zukunft. Opladen: Leske + Budrich, 435-443.
Kalbermatten, Urs (1996): Wir bilden uns weiter – Bildungsprojekte für ältere Menschen. In: Der Platz älterer Menschen in der Gesellschaft – Altern als Chance und Herausforderung. Kongreß Dokument – Teil II, XV. Internationaler EURAG-Kongress Berlin, 12.-16. Juni 1996, 192-201.
Karl, Fred (1988): Altenbildung im Wohngebiet – Motivierung zur Teilnahme „Bildungsungewohnter" im Rahmen einer „Bring"-Struktur. In: Zeitschrift für Gerontologie, 21, 222-224.
Karl, Fred (1992a): Beratung und Bildung im Rahmen einer „Bring-Struktur". Die Stellung der zugehenden Beratung hinsichtlich von Bildungsangeboten für ältere Menschen. In: Niederfranke, Annette, Ursula Lehr, Frank Oswald, & Gabriele Maier (Hrsg.): Altern in unserer Zeit. Beiträge der IV. und V. Gerontologischen Woche am Institut für Gerontologie Heidelberg. Heidelberg: Quelle & Meyer, 164-171.
Karl, Fred (1992b): Die Öffnung der Gerontologie in den Lebenslauf als Beitrag zur Bildung im Alternsprozess: In: Schlutz, Erhard, Hans Peter Tews u.a.: Perspektiven zur Bildung Älterer. Frankfurt/M.: Pädagogische Arbeitsstelle des Deutscher Volkshochschulverbandes, 44-52.
Karl, Fred & Walter Tokarski (Hrsg.) (1992): Bildung und Freizeit im Alter. Bern: Huber.
Kavsek, Michael J. (2000): Intelligenz und Kompetenz im höheren Erwachsenenalter. In: BAGSO-Nachrichten, 1, 37-40.
Köster, Dietmar (1998): Strukturwandel und Weiterbildung älterer Menschen. Eine Studie des neuen alters im Auftrag der Hans-Böckler-Stiftung und des Ministeriums für Arbeit, Gesundheit und Soziales NRW. Münster: Lit.
Knoll, Joachim H. (1997): „Lebenslanges Lernen" im Kontext internationaler Bildungspolitik und Bildungsreform. In: Literatur- und Forschungsreport Weiterbildung 39, 27-40.
Knopf, Detlef (1987): Verstehen, anknüpfen, entwickeln: animatorische Bildungsarbeit mit sozial- und bildungsbenachteiligten älteren Menschen. Berlin: Deutsches Zentrum für Altersfragen.
Knopf, Detlef & Roland Schmidt (1992): Lernen im Projektkontext. Über die Bildsamkeit der „Ruhestandsgestaltung". In: Dettbarn-Reggentin, Jürgen & Heike Reggentin (Hrsg.): Neue Wege in der Bildung Älterer. Band 2: Praktische Modelle und Projekte. Freiburg i. B.: Lambertus, 185-198.
Koch-Straube, Ursula (1992): Bildung – ein Luxusthema? In: KDA Forum 17, 126-131.

Kohli, Martin (1984): Erwachsenensozialisation. In: Schmitz, Enno & Hans Tietgens (Hrsg.): Enzyklopädie Erziehungswissenschaft. Band 11: Erwachsenenbildung. Stuttgart: Klett-Cotta, 124-142.
Kohli, Martin (1985): Die Institutionalisierung des Lebenslaufs. In: Kölner Zeitschrift für Soziologie und Sozialpsychologie, 37, 1-29.
Kohli, Martin (1989): Das Altern der Gesellschaft: Demographische Grundlagen. In: Baltes, Margret M., Martin Kohli & Karl Sames (Hrsg.): Erfolgreiches Altern. Bedingungen und Variationen. Bern: Huber, 36-41.
Kohli, Martin (1991): Lebenslauftheoretische Ansätze in der Sozialisationsforschung. In: Hurrelmann, Klaus & Dieter Ulich (Hrsg.): Neues Handbuch der Sozialisationsforschung. Weinheim: Beltz, 303-317.
Kohli, Martin (1992): Altern in soziologischer Perspektive. In: Baltes, Paul B. & Jürgen Mittelstraß (Hrsg.): Zukunft des Alterns und gesellschaftliche Entwicklung. Berlin: de Gruyter, 231-259.
Kohli, Martin (1998): Alter und Altern der Gesellschaft. In: Schäfers, Bernhard & Wolfgang Zapf (Hrsg.): Handwörterbuch zur Gesellschaft Deutschlands. Opladen: Leske + Budrich, 1-11.
Kohli, Martin & Harald Künemund (1996): Nachberufliche Tätigkeitsfelder - Konzepte, Forschungslage, Empirie. Stuttgart: Kohlhammer.
Kohli, Martin & Harald Künemund (2000a): Alter und gesellschaftliche Partizipation als Thema der Soziologie. In: Becker, Susanne, Ludger Veelken & Klaus Peter Wallraven (Hg.): Handbuch Altenbildung. Theorien und Konzepte für Gegenwart und Zukunft. Opladen: Leske + Budrich, 94-106.
Kohli, Martin & Harald Künemund (Hrsg.) (2000b): Die zweite Lebenshälfte – Gesellschaftliche Lage und Partizipation im Spiegel des Alters-Survey. Opladen: Leske + Budrich.
Kohli, Martin, Hans-Jürgen Freter, Manfred Langehennig, Silke Roth, Gerhard Simoneit & Stephan Tregel (1993): Engagement im Ruhestand. Rentner zwischen Erwerb, Ehrenamt und Hobby. Opladen: Leske + Budrich.
Kohli, Martin, Harald Künemund, Andreas Motel & Marc Szydlik (2000): Grunddaten zur Lebenssituation der 40-85jährigen deutschen Bevölkerung. Ergebnisse des Alters-Survey. Berlin: Weißensee-Verlag.
Kolland, Franz (1992): Strukturen und Motivationen von Weiterbildung im Alter – Altenbildung in Österreich. In: Dettbarn-Reggentin, Jürgen & Heike Reggentin (Hrsg.): Neue Wege in der Bildung Älterer. Band 2: Praktische Modelle und Projekte. Freiburg i. B.: Lambertus, 29-39.
Kolland, Franz (1997): Lebenslauf und Bildung: Potentiale und Zwänge für lebenslanges Lernen. In: Hessische Blätter für Volksbildung, 2, 109-116.
Kruse, Andreas (1990): Die Endlichkeit der menschlichen Existenz als Thema einer Bildung im Alter. In: Geißler, Erich E. (Hrsg.): Bildung für das Alter – Bildung im Alter. Expertisensammlung. Bonn: Bouvier, 197-213.
Kruse, Andreas (1992a): Alter im Lebenslauf. In: Baltes, Paul B. & Jürgen Mittelstraß (Hrsg.): Zukunft des Alterns und gesellschaftliche Entwicklung. Berlin: de Gruyter, 331-352.
Kruse, Andreas (1992b): Die Bedeutung der Bildung für die Entwicklung der Kompetenz bei Krankheit und Funktionseinbußen im Alter. In: Dettbarn-Reggentin, Jürgen & Heike Reggentin (Hrsg.): Neue Wege in der Bildung Äl-

terer. Band 1: Theoretische Grundlagen und Konzepte. Freiburg i. B.: Lambertus, 141-155.
Kruse, Andreas & Georg Rudinger (1997): Lernen und Leistung im Erwachsenenalter. In: Weinert, Franz E. & Heinz Mandl (Hrsg.): Psychologie der Erwachsenenbildung. Göttingen: Hogrefe, 45-85.
Künemund, Harald (1999): Neues Alter und gesellschaftliche Partizipation. In: Wahl, Hans-Werner, Heidrun Mollenkopf & Frank Oswald (Hg.): Alte Menschen in ihrer Umwelt. Beiträge zur ökologischen Gerontologie. Opladen: Westdeutscher Verlag, 196-209.
Künemund, Harald (2001): Gesellschaftliche Partizipation und Engagement in der zweiten Lebenshälfte. Empirische Befunde zu Tätigkeitsformen im Alter und Prognosen ihrer zukünftigen Entwicklung. Berlin: Weißensee-Verlag.
Landeshauptstadt Hannover – Der Oberstadtdirektor (Hrsg.) (1992): Freizeitheim Linden. Auf den Spuren der Lindener Geschichte. Gestern und Heute. Harsum: Verlag Clemens Köhler.
Lehr, Ursula (1991): Psychologie des Alterns (7. Auflage). Heidelberg: Quelle & Meyer.
Lehr, Ursula (1992): Leben heißt lernen: Lernend altern – Altern lernen. In: Worms, Bernhard (Hrsg.) Bildung im Alter. Eine Dokumentation. Bonn: Schriftenreihe der Senioren-Union der CDU Deutschlands.
Linke, Detlef B. (1990): Kompetenz zwischen Prophylaxe und Rehabilitation. In: Geißler, Erich E. (Hrsg.): Bildung für das Alter – Bildung im Alter. Expertisensammlung. Bonn: Bouvier, 187-195.
Lischka, Irene (1997): Bildungsmöglichkeiten für ältere Erwachsen an Hochschulen in den neuen Bundesländern. In: Hessische Blätter für Volksbildung, 2, 168-176.
Maas, Ineke & Ursula M. Staudinger (1996): Lebensverlauf und Altern: Kontinuität und Diskontinuität der gesellschaftlichen Beteiligung, des Lebensinvestments und ökonomischer Ressourcen. In: Mayer, Karl U. & Paul B. Baltes (Hrsg.): Die Berliner Altersstudie. Berlin: Akademie Verlag, 543-572.
Malwitz-Schütte, Magdalene (1998): Weiterbildung für ältere Erwachsene im Spannungsfeld wissenschaftlicher Erklärungen von Alterungsprozessen. In: Malwitz-Schütte, Magdalene (Hrsg.): Lernen im Alter. Wissenschaftliche Weiterbildung für ältere Erwachsene. Münster: Waxmann, 89-115.
Malwitz-Schütte, Magdalene (2000): Selbstgesteuertes und selbstorganisiertes Lernen in der Weiterbildung älterer Erwachsener – ein Konzept macht Karriere. In: Malwitz-Schütte, Magdalene (Hrsg.): Selbstgesteuerte Lernprozesse älterer Erwachsener: im Kontext wissenschaftlicher Weiterbildung. DIE, Bielefeld: Bertelsmann, 37-64.
Malwitz-Schütte, Magdalene & Michael Werth (1998): Studieren ab 50 in Zahlen – Daten, Fakten Analysen. In: Malwitz-Schütte, Magdalene (Hrsg.): Lernen im Alter. Wissenschaftliche Weiterbildung für ältere Erwachsene. Münster: Waxmann, 247-264.
Mayer, Karl-Ulrich (1994): Bildung und Arbeit in einer alternden Bevölkerung. In: Baltes, Paul B., Jürgen Mittelstraß & Ursula Staudinger (Hrsg.): Alter und Altern: Ein interdisziplinärer Studientext zur Gerontologie. Berlin: Walter de Gruyter, 518-543.

Meuser, Michael & Ulrike Nagel (1991): ExpertInneninteviews – vielfach erprobt, wenig bedacht. Ein Beitrag zur qualitativen Methodendiskussion. In: Garz, Detlef & Klaus Kraimer (Hrsg.): Qualitativ-empirische Sozialforschung: Konzepte, Methoden, Analysen. Opladen: Westdeutscher Verlag, 441-471.

Motel, Andreas (2000): Einkommen und Vermögen. In: Kohli, Martin & Harald Künemund (Hrsg.): Die zweite Lebenshälfte. Gesellschaftliche Lage und Partizipation im Spiegel des Alters-Survey. Opladen: Leske + Budrich, 41-101.

Motel, Andreas & Harald Künemund (1996): Einkommen und materielle Absicherung älterer Menschen. Forschungsstand, Fragestellungen und das Erhebungsdesign des Deutschen Alters-Survey. Forschungsgruppe Altern und Lebenslauf (FALL), Forschungsbericht 53. Berlin: Freie Universität.

Motel, Andreas & Michael Wagner (1993): Armut im Alter? Ergebnisse der Berliner Altersstudie zur Einkommenslage alter und sehr alter Menschen. In: Zeitschrift für Soziologie, 22, 433-448.

Müller, Siegfried & Thomas Rauschenbach (Hrsg.) (1988): Das soziale Ehrenamt. Nützliche Arbeit zum Nulltarif. Weinheim: Juventa.

Nacke, Bernhard (Hrsg.) (1996): Engagement durch Bildung – Bildung durch Engagement. Materialien zum Projekt „Aktiver Ruhestand". Abschlußbericht der wissenschaftlichen Begleitforschung. Würzburg: Echter.

Naegele, Gerhard (1991): Zum Stand der gerontologischen Forschung und Altenpolitik in NRW und zu einigen Implikationen für eine auf Älterwerden und Alter bezogene Bildungsarbeit. In: Landesinstitut für Schule und Weiterbildung (Hrsg.): Sinnerfülltes Leben im Alter. Beiträge der Erwachsenenbildung. Soest: Soester Verlagskontor, 36-63.

Naegele, Gerhard (1992): Bildungs- und Freizeitmodelle für Frührentner. In: Karl, Fred & Walter Tokarski (Hrsg.): Bildung und Freizeit im Alter. Bern: Huber, 139-154.

Naegele, Gerhard (1994): Zum Stand gerontologischer Forschung. Implikationen für die Bildungsarbeit mit älteren Erwachsenen. In: Bistum Aachen (Hrsg.): Weiterbildung im Alter. Neuwied: Luchterhand, 33-47.

Neufeld, Hildegard (1995): Bildung und Weiterbildung im dritten Lebensabschnitt: Die Rolle der Universitäten und Hochschulen. In: BAGSO-Nachrichten, 2, 3-13.

Nittel, Dieter (1989): Report: Alternsforschung. Berichte – Materialien – Planungshilfen. Frankfurt/M.: Pädagogische Arbeitsstelle des Deutscher Volkshochschulverbandes.

Nittel, Dieter (1992): Die Verwendung gerontologischen Wissens in pädagogischen Handlungszusammenhängen. In: Schlutz, Erhard, Hans Peter Tews u.a.: Perspektiven zur Bildung Älterer. Frankfurt/M.: Pädagogische Arbeitsstelle des Deutscher Volkshochschulverbandes, 63-79.

Notz, Gisela (1997): Mädchen brauchen ja nichts zu lernen – sie heiraten ja doch! Die Frauen der älteren Generation und die Bildung. In: Hessische Blätter für Volksbildung, 2, 127-135.

Nuissl, Ekkehard (1997): Institutionen im lebenslangen Lernen. In: Literatur- und Forschungsreport Weiterbildung 39, 41-49.

O'Hanlon, Ann M., Cameron J. Camp & Howard J. Osofsky (1995): A multi-institutional educational program for older learners. In: Educational Gerontology, 21, 543-554.

Oberle, Bernhard & Rudolf Tippelt (1992): Modell „Wir im Ruhestand" (WIR). In: Dettbarn-Reggentin, Jürgen & Heike Reggentin (Hrsg.): Neue Wege in der Bildung Älterer. Band 2: Praktische Modelle und Projekte. Freiburg i. B.: Lambertus, 145-157.

Oeckl, Albert (1998) (Hrsg.): Taschenbuch des Öffentlichen Lebens. Deutschland 1998/99. Bonn: Festland.

Olbertz, Jan & Angela Prager (2000): Altenbildung in Ostdeutschland vor und nach der Wende. In: Becker, Susanne, Ludger Veelken & Klaus Peter Wallraven (Hrsg.): Handbuch Altenbildung. Theorien und Konzepte für Gegenwart und Zukunft. Opladen: Leske + Budrich, 125-140.

Olbrich, Erhard (1992): Das Kompetenzmodell des Alterns. In: Dettbarn-Reggentin, Jürgen & Heike Reggentin (Hrsg.): Neue Wege in der Bildung Älterer. Band 1: Theoretische Grundlagen und Konzepte. Freiburg i. B.: Lambertus, 53-61.

Opaschowski, Horst W. (2000): Bildung zwischen Muß und Muße. In: Becker, Susanne, Ludger Veelken & Klaus Peter Wallraven (Hrsg.): Handbuch Altenbildung. Theorien und Konzepte für Gegenwart und Zukunft. Opladen: Leske + Budrich, 394-405.

Oswald, Wolf D., Roland Rupprecht & Thomas Gunzelmann (1996): Das SIMA-Projekt: Effekte eines einjährigen kognitiven und psychomotorischen Trainings der Hirnleistungsfähigkeit im höheren Lebensalter. In: Tews, Hans Peter, Thomas Klie & Rudolf M. Schütz (Hrsg.): Altern und Politik. Melsungen: Bibliomed, 277-290.

Pehl, Klaus & Gerhard Reitz (1996): Statistische Mitteilungen des Deutschen Volkshochschulverbandes, 34. Folge (Arbeitsjahr 1995). Frankfurt/M.: Deutsches Institut für Erwachsenenbildung.

Percy, Keith & Alexandra Withnall (1996): Good Practice bei der Weiterbildung und Schulung älterer Erwachsener. In: Stadelhofer, C. (Hrsg.): Kompetenz und Produktivität im dritten Lebensalter. Bielefeld: Kleine, 103-116.

Pöggeler, Franz (2000): Lernen, alt zu werden: Die Zukunft der Altenbildung. In: Becker, Susanne, Ludger Veelken & Klaus Peter Wallraven (Hrsg.): Handbuch Altenbildung. Theorien und Konzepte für Gegenwart und Zukunft. Opladen: Leske + Budrich, 464-474.

Prahl, Hans-Werner & Klaus R. Schroeter (1996): Soziologie des Alterns. Eine Einführung. Paderborn: Schöningh.

Real, Simone (1996): Die „grauwerdende Welt" im Spiegel politischer Bildung. Bonn: Universität Bonn (unveröff. Diss.).

Reggentin, Heike & Jürgen Dettbarn-Reggentin (1992): Selbsthilfe – Selbstaktivität – Selbstproduktion. Soziokulturelle Dimensionen im Alter. In: Dettbarn-Reggentin, Jürgen & Heike Reggentin (Hrsg.): Neue Wege in der Bildung Älterer. Band 1: Theoretische Grundlagen und praktische Konzepte. Freiburg i. B.: Lambertus, 118-140.

Reischies, Friedel M. & Ulmann Lindenberger (1996): Grenzen und Potentiale kognitiver Leistungsfähigkeit im Alter. In: Mayer, Karl U. & Paul B. Baltes (Hrsg.): Die Berliner Altersstudie. Berlin: Akademie-Verlag, 351-377.

Riley, Mathilda W., Robert L. Kahn & Anne Foner (Hrsg.) (1994): Age and structural lag. Society´s failure to provide meaningful opportunities in work, family, and leisure. New York: Wiley.

Röhr-Sendlmeier, Una (1990): Lernen im Alter: Der neuere Forschungsstand. In: Geißler, Erich E. (Hrsg.): Bildung für das Alter – Bildung im Alter. Expertisensammlung. Bonn: Bouvier, 137-147.
Rosenmayr, Leopold & Franz Kolland (1992): Wertewandel und Bildung im Alter. In: Dettbarn-Reggentin, Jürgen & Heike Reggentin (Hrsg.): Neue Wege in der Bildung Älterer. Band 1: Theoretische Grundlagen und Konzepte. Freiburg i. B.: Lambertus, 62-81.
Sagebiel, Felizitas & Brunhilde Arnold (1998): Frauen im SeniorInnenstudium. In: Malwitz-Schütte, Magdalene (Hrsg.): Lernen im Alter. Wissenschaftliche Weiterbildung für ältere Erwachsene. Münster: Waxmann, 195-223.
Sagebiel, Felizitas (1998): Ältere Studierende forschen – Erkenntnisinteresse und Alter. In: Malwitz-Schütte, Magdalene (Hrsg.): Lernen im Alter. Wissenschaftliche Weiterbildung für ältere Erwachsene. Münster: Waxmann, 77-88.
Saup, Winfried (1997): Studienführer für Senioren. Bonn: Bundesministerium für Bildung, Wissenschaft, Forschung und Technologie.
Saup, Winfried, Birgit Schaufler & Hildegard Schröppel (1994): Universitäre (Weiter-)Bildung für ältere Erwachsene und Senioren. Augsburger Berichte zur Entwicklungspsychologie und Pädagogischen Psychologie, Nr. 64. Augsburg: Universität Augsburg.
Schäfers, Bernhard (1995): Gesellschaftlicher Wandel in Deutschland. Stuttgart: Enke.
Schäffter, Ortfried (1992): Zwischen Volkshochschule und Universität – das Berliner Studienbegleitprogramm als Leitfaden für selbstorganisiertes Lernen von Gasthörer/innen. In: Dettbarn-Reggentin, Jürgen & Heike Reggentin (Hrsg.): Neue Wege in der Bildung Älterer. Band 2: Praktische Modelle und Projekte. Freiburg i. B.: Lambertus, 90-101.
Schäffter, Ortfried (1999): Altersbildung und Didaktik. Perspektiven einer allgemeinen Didaktik lebensbegleitenden Lernens. In: Bergold, Ralph, Detlef Knopf & Annette Mörchen (Hrsg.): Altersbildung an der Schwelle des neue Jahrhunderts: Dokumentation der KBE-Fachtagung vom 14. bis 16. Dezember 1998 in Bad Honnef. EB-Buch 18, Hrsg. von der Katholischen Bundesarbeitsgemeinschaft für Erwachsenenbildung (KBE). Würzburg: Echter, 196-200.
Schäffter, Ortfried (2000): Didaktisierte Lernkontexte lebensbegleitenden Lernen. In: Becker, Susanne, Ludger Veelken & Klaus Peter Wallraven (Hrsg.): Handbuch Altenbildung. Theorien und Konzepte für Gegenwart und Zukunft. Opladen: Leske + Budrich, 74-87.
Schäuble, Gerhard (1995): Sozialisation und Bildung der jungen Alten vor und nach der Berufsaufgabe. Stuttgart: Enke.
Schiersmann, Christiane (2000): Weiterbildung älterer Arbeitskräfte angesichts einer veränderten Weiterbildungsorganisation. In: Zeitschrift für Gerontologie und Geriatrie, 33, 284-288.
Schlutz, Erhard (1992): Die Bildung Älterer als Allgemeinbildung. In: Schlutz, Erhard, Hans Peter Tews u.a.: Perspektiven zur Bildung Älterer. Frankfurt/M.: Pädagogische Arbeitsstelle des Deutscher Volkshochschulverbandes, 10-28.
Schmitz-Scherzer, Roland, Gertrud Backes, Ingrid Friedrich, Fred Karl & Andreas Kruse (1994): Ressourcen älterer und alter Menschen. Stuttgart: Kohlhammer.

Schneider, Käthe (1993): Alter und Bildung. Eine gerontagogische Studie auf allgemeindidaktischer Grundlage. Bad Heilbrunn: Klinkhardt.
Schnücker, Elmar (2000): Akademien. In: Becker, Susanne, Ludger Veelken & Klaus Peter Wallraven (Hrsg.): Handbuch Altenbildung. Theorien und Konzepte für Gegenwart und Zukunft. Opladen: Leske + Budrich, 191-193.
Schröder/Gilberg (2001): Bildung im Alter. Bildungsbeteiligung und Bildungsinteressen älterer Menschen. Abschlussbericht. Bonn-Bad Godesberg: infas Institut für angewandte Sozialwissenschaft GmbH (Ms.).
Schröder/Gilberg (2002): Bildung im Alter. Bildungsbeteiligung und Bildungsinteressen älterer Menschen. Kurzbericht. Bonn-Bad Godesberg: infas Institut für angewandte Sozialwissenschaft GmbH (Ms.).
Schütz, Rudolf M. & Hans Peter Tews (1991): Ältere Menschen in Schleswig-Holstein, Ergebnisse einer Befragung. Kiel: Minister für Soziales, Gesundheit und Energie des Landes Schleswig-Holstein.
Seidel, Eva & Horst Siebert (1998): Seniorenstudium als Konstruktion von Wirklichkeit. In: Malwitz-Schütte, Magdalene (Hrsg.): Lernen im Alter. Wissenschaftliche Weiterbildung für ältere Erwachsene. Münster: Waxmann, 57-76.
Seitter, Wolfgang (1997): Geschichte der Erwachsenenbildung. In: Harnay, Klaus & Heinz-Hermann Krüger (Hrsg.): Einführung in die Geschichte der Erziehungswissenschaft und der Erziehungswirklichkeit. Opladen: Leske + Budrich, 311-329.
Sommer, Carola (2002): Innovationen aus der Praxis? Die Offerten einer Berliner Seniorenakademie. In: Hessische Blätter für Volksbildung, 52, 354-359.
Stadelhofer, Carmen (Hrsg.) (1996): Kompetenz und Produktivität im dritten Lebensalter. Bielefeld: Kleine.
Stadié, Rolf (1987): Altsein zwischen Integration und Isolation. Empirische Ergebnisse zur Lebenssituation und Befindlichkeit alter Menschen. Melle: Knoth.
Stanjek, Paul & Elke Steven (1992): Stadtteil- und gemeinwesenorientierte Bildungsarbeit. In: Karl, Fred & Walter Tokarski (Hrsg.): Bildung und Freizeit im Alter. Bern: Huber, 155-170.
Statistisches Bundesamt (Hrsg.) (2000): Datenreport 1999. Zahlen und Fakten über die Bundesrepublik Deutschland. Bonn: Bundeszentrale für politische Bildung.
Steege, Gherie ter (1992): Bildung für Ältere: Investitionen in den Lebenslauf oder Marktentwicklung? In: Schlutz, Erhard, Hans Peter Tews u.a.: Perspektiven zur Bildung Älterer. Frankfurt/M.: Pädagogische Arbeitsstelle des Deutscher Volkshochschulverbandes, 131-148.
Steffen, Gabriele (1999): Bürger-Lernen. Die Stadt als Fundament der Lerngesellschaft. In: Bundesministerium für Bildung und Forschung (Hrsg.): Weiterbildungsinstitutionen, Medien, Lernumwelten. Bonn, 269-329.
Steinhoff, Bernd (1997): Die Beziehungen von Jung und Alt im Studium. Empirische Befunde und Fragen. In: Hessische Blätter für Volksbildung, 2, 136-153.
Steinhoff, Bernd & Roswitha Lehmann-Rommel (1998): Heterogenität und Differenzierung im Seniorenstudium. In: Malwitz-Schütte, Magdalene (Hrsg.): Lernen im Alter. Wissenschaftliche Weiterbildung für ältere Erwachsene. Münster: Waxmann, 177-194.
Tews, Hans Peter (1989): Die „neuen" Alten – Ergebnis des Strukturwandels des Alters. In: Karl, Fred & Walter Tokarski (Hrsg.): Die „neuen" Alten. Beiträge

der XVII. Jahrestagung der deutschen Gesellschaft für Gerontologie. Kassel: Gesamthochschulbibliothek, 126-143.

Tews, Hans-Peter (1993): Bildung im Strukturwandel des Alters. In: Naegele, Gerhard & Hans-Peter Tews (Hrsg.): Lebenslagen im Strukturwandel des Alters. Alternde Gesellschaft – Folgen für die Politik. Opladen: Westdeutscher Verlag, 234-247.

Tews, Hans Peter (1996): Produktivität des Alters. In: Baltes, Margret M. & Leo Montada (Hrsg.): Produktives Leben im Alter. Frankfurt/M.: Campus, 184-210.

Thomae, Hans (1988): Lebenszufriedenheit im Alter. Geschichte und Gegenwart eines gerontologischen Grundbegriffes. In: Kruse, Andreas, Ursula Lehr, Frank Oswald & Christoph Rott (Hrsg.): Gerontologie. Wissenschaftliche Erkenntnisse und Folgerungen für die Praxis. München: Bayerischer Monatsspiegel Verlagsgesellschaft, 210-233.

Tietgens, Hans (1992a): Bildung für Ältere an Volkshochschulen. In: Karl, Fred & Walter Tokarski (Hrsg.): Bildung und Freizeit im Alter. Bern: Huber, 55-72.

Tietgens, Hans (1992b): Vorbemerkungen. In: Schlutz, Erhard & Hans Peter Tews u.a.: Perspektiven zur Bildung Älterer. Frankfurt/M.: Pädagogische Arbeitsstelle des Deutschen Volkshochschulverbandes, 7-9.

Tokarski, Walter (1989): Freizeit- und Lebensstile älterer Menschen. Kassler Gerontologische Schriften 10, Kassel: Gesamthochschulbibliothek.

Trilling, Angelika (1989): Gemeinwesenorientierung in der Altenarbeit – Zauberformel gegen die Hilflosigkeit? Vortrag auf der Tagung „Altern und Altenhilfe auf dem Lande", Marburg, September 1989.

Überla, Karl (1971): Faktorenanalyse. Berlin: Springer.

Veelken, Ludger (1990): Neues Lernen im Alter. Bildungs- und Kulturarbeit mit „Jungen Alten". Heidelberg: Sauer.

Veelken, Ludger (1992a): Bildungsarbeit mit Jungen Alten und Seniorenstudium. In: Karl, Fred & Walter Tokarski (Hrsg.): Bildung und Freizeit im Alter. Bern: Huber, 73-91.

Veelken, Ludger (1992b): Gerontologie und Erziehungswissenschaft. Sozialisationstheoretische Aspekte des Lernens im Alter. In: Dettbarn-Reggentin, Jürgen & Heike Reggentin (Hrsg.): Neue Wege in der Bildung Älterer. Band 1: Theoretische Grundlagen und praktische Konzepte. Freiburg i. B.: Lambertus, 156-170.

Veelken, Ludger (1994): Geragogik/Sozialgeragogik – eine Antwort auf neue Herausforderungen an gerontologische Bildungsarbeit, Kultur- und Freizeitarbeit. In: Veelken, Ludger, Eva Gösken & Mathias Pfaff (Hrsg.): Gerontologische Bildungsarbeit – neue Ansätze und Modelle. Dortmunder Beiträge zur angewandten Gerontologie. Band 2. Hannover: Vincentz, 13-52.

Venth, Angela (1992): Älterwerden als Perspektive für die Erwachsenenbildung. In: Schlutz, Erhard, Hans Peter Tews u.a.: Perspektiven zur Bildung Älterer. Frankfurt/M.: Pädagogische Arbeitsstelle des Deutscher Volkshochschulverbandes, 157-168.

Vorstand der Senioren Akademie Lübecker Bucht e.V. (Hrsg.) (2000): Innenansichten. Scharbeutz: Senioren Akademie Lübecker Bucht e.V.

Weidenmann, Bernd (1991): Lernen im Erwachsenenalter. Empirische Befunde und Desiderata. Grundlagen der Weiterbildung, 2, 7-11.

Weinert, Franz E. (1992): Altern in psychologischer Perspektive. In: Baltes, Paul B. & Jürgen Mittelstraß (Hrsg.): Zukunft des Alterns und gesellschaftliche Entwicklung. Berlin: de Gruyter, 180-203.

Wolf, Jürgen (1988): Langeweile und immer Termine. Zeitperspektiven beim Übergang in den Ruhestand. In: Göckenjan, Gerd & Hans-Joachim von Kondratowitz (Hrsg.): Alter und Alltag. Frankfurt: Suhrkamp, 200-218.

Wolf, Jürgen, Martin Kohli & Harald Künemund (Hrsg.) (1994): Alter und gewerkschaftliche Politik. Auf dem Weg zur Rentnergewerkschaft? Köln: Bund-Verlag.

Zeman, Peter (1989): Altern in der alternden Gesellschaft – Anmerkungen zur „neuen Alterskultur". In: Kohlhaas, Günter & Jürgen Eierdanz (Hrsg.): Seniorenstudium – wofür? Bildung, Selbstfindung und Qualifizierung als Studienziele älter Erwachsener. Kassel: Prolog, 17-35.

Zeman, Peter (1997): Paradigmawechsel: Tendenzen, Konzepte und neue Aufgaben kultureller Bildungsarbeit mit älteren Menschen in der Bundesrepublik Deutschland. In: Jahrbuch des Deutschen Zentrum für Altersfragen 1996, Beiträge zur sozialen Gerontologie und Altensozialpolitik. Weiden: eurotrans, 268-290.

Zeman, Peter (2000): Selbsthilfe und Engagement im nachberuflichen Leben – Fragen und Antworten aus der sozialen Gerontologie, der Altenpolitik und der Erwachsenenbildung. In: Zeman, Peter (Hrsg.): Selbsthilfe und Engagement im nachberuflichen Leben: Weichenstellungen, Strukturen, Bildungskonzepte. Deutsches Zentrum für Altersfragen e.V., Beiträge zur sozialen Gerontologie, Sozialpolitik und Versorgungsforschung, Band 10. Regensburg: Transfer Verlag, 1-12.

Anhang: Erhebungsmaterialien der Angebotsuntersuchung

Leitfaden der telefonischen Angebotserfassung

1. Kurze Vor- bzw. Darstellung unseres Projektes: „Wir wurden vom Bundesministerium für Familie, Senioren, Frauen und Jugend beauftragt, eine repräsentative Untersuchung zum Thema Bildung im Alter durchzuführen. Wir haben 150 Städte und Gemeinden in der Bundesrepublik Deutschland ausgewählt – so auch (jeweilige Stadt bzw. Gemeinde nennen) – und möchten in Ihrer Stadt/Gemeinde das Bildungsangebot für ältere Menschen erfassen."

2. „Bieten Sie Seniorenbildungs-Veranstaltungen an bzw. gehört zu dem Aufgabenprofil Ihrer Einrichtung/Organisation (Ihres Projektes) auch Seniorenbildung?" Dabei je nach Reaktion gegebenenfalls Klärung des Bildungs- und Seniorenbegriffs in unserem Sinne (formale Anhaltspunkte: Kurse, Vorträge und Exkursionen, die regelmäßig für Menschen in der nachberuflichen Lebensphase offeriert werden).

3. Sofern Kriterien erfüllt, zuständige Ansprechperson ermitteln und mit dieser folgenden Fragen bzw. Themen abklären:
   - Art der Bildungsangebote (Inhalte, Häufigkeit des Angebotes) und Zielgruppen
   - zuständiger Träger
   - Vernetzung mit anderen Bildungs- und/oder Senioreneinrichtungen
   - Ermittlung weiterer Anbieter nach Schneeballsystem: selbstorganisierte Bildungsaktivitäten, weitere Seniorenbildungsanbieter in der jeweiligen Gemeinde
   - Vorbereitung auf den Fragebogen
   - Adressenabgleich

   Und falls weitergehende Gesprächsbereitschaft vorhanden:
   - Ist Seniorenbildung in der Einrichtung/Organisation/dem Projekt ein aktuelles Thema?
   - In der Vergangenheit?
   - Welche Perspektiven?
   - Welche Erfahrungen/Probleme bezüglich der Seniorenbildung hat die Einrichtung/Organisation/das Projekt?

Bildung im Alter

Eine Untersuchung der Forschungsgruppe Altern und Lebenslauf (FALL)
an der Freien Universität Berlin im Auftrag
des Bundesministeriums für Familie, Senioren, Frauen und Jugend

Sehr geehrte Dame, sehr geehrter Herr,

wir führen zur Zeit eine Studie zum Thema „Bildung im Alter“ durch.
Mit diesem Fragebogen sollen nun Einrichtungen bzw. Projekte, die Bildungsangebote für ältere Menschen offerieren, selbst zu Wort kommen. Die Ergebnisse dieser Befragung sollen dazu beitragen, die Bildungsarbeit von und mit älteren Menschen zu fördern.
Wir bitten Sie, durch Ihre Teilnahme unsere Forschungsarbeit zu unterstützen, und bedanken uns für Ihre Mitarbeit.

HINWEISE ZUM AUSFÜLLEN DES FRAGEBOGENS

Bei den meisten Fragen brauchen Sie lediglich eine der vorgegebenen Antwortmöglichkeiten anzukreuzen: ☐

oder Zahlen, z.B. Jahreszahlen, in die vorgesehenen Felder einzutragen: 19└─┴─┘

Bei einigen Fragen haben Sie die Möglichkeit, eine eigene Antwort zu formulieren. Bitte verwenden Sie nach Möglichkeit Blockschrift: _ _ _ _ _ _

Und bei den meisten Fragen finden Sie zusätzliche Hinweise zum Ausfüllen des Fragebogens, z.B.: *Hier können Sie mehrere Kästchen ankreuzen!*

Falls Sie einige Fragen kommentieren oder ausführlichere Antworten geben wollen, benutzen Sie bitte die Rückseite des Fragebogens oder verwenden Sie ein zusätzliches Blatt Papier.

Wenn Sie diesen Fragebogen ausgefüllt haben, senden Sie ihn bitte in dem beigelegten Freiumschlag zurück.

Herzlichen Dank für Ihre Mitarbeit.

I. Zur Einschätzung von Bildung im Alter

1. Sind Bildung und Lernen im Alter Ihrer Meinung nach wichtig oder eher unwichtig?

Bitte nur ein Kästchen ankreuzen!

Sehr wichtig ☐
Wichtig ☐
Unwichtig ☐

2. Und wie ist Ihr Eindruck von den älteren Menschen? Haben diese im großen und ganzen Interesse an Bildung und Lernen?

Bitte nur ein Kästchen ankreuzen!

Ja, viele ☐
Ja, einige ☐
Nein, nur sehr wenige ☐

3. Stimmen Sie den folgenden Aussagen eher zu oder lehnen Sie diese eher ab?

Bitte in jeder Zeile ein Kästchen ankreuzen!

	Stimme voll zu	Stimme eher zu	Weder/ noch	Lehne eher ab	Lehne voll ab
Lernen fällt im Alter häufiger schwer	☐	☐	☐	☐	☐
Lernen ist auch im Alter unerläßlich	☐	☐	☐	☐	☐
Ältere Menschen lernen besonders gut in Gruppen von Gleichaltrigen	☐	☐	☐	☐	☐
Bildungsveranstaltungen sollen nicht speziell für ältere Menschen angeboten werden	☐	☐	☐	☐	☐
Es gibt zu wenige Bildungsangebote für ältere Menschen	☐	☐	☐	☐	☐

II. Zum Profil der Einrichtung bzw. des Projektes

4. Bietet Ihre Einrichtung bzw. Ihr Projekt ausschließlich Bildungsangebote an?

Ja ☐
Nein ☐

5. Und bietet Ihre Einrichtung bzw. Ihr Projekt ausschließlich Veranstaltungen für ältere Menschen an?

Ja ☐
Nein ☐

6. Welche Aufgaben/Schwerpunkte/Ziele hat Ihre Einrichtung bzw. Ihr Projekt?

____

____

____

____

____

(Bitte kurz notieren)

III. Zur Organisation von Bildungsangeboten für ältere Menschen

7. Seit wann bietet Ihre Einrichtung bzw. Ihr Projekt Bildungsveranstaltungen für ältere Menschen an?

Seit .... 19 |_|_|

---

8. Wer hat ursprünglich das Bildungsangebot für ältere Menschen in Ihrer Einrichtung bzw. in Ihrem Projekt angeregt?

Hier können Sie mehrere Kästchen ankreuzen!

- Trägereinrichtung .... ☐
- Die Teilnehmenden selbst .... ☐
- Hauptamtlich Tätige .... ☐
- Ehrenamtlich Tätige .... ☐
- Andere, und zwar: ______________________________

(Bitte notieren)

---

9. Ist das Bildungsangebot für ältere Menschen Ihrer Einrichtung bzw. Ihres Projektes größtenteils in <u>Selbstorganisation</u> entstanden?

- Ja .... ☐
- Nein .... ☐

---

10. Welche älteren Menschen möchte Ihre Einrichtung bzw. Ihr Projekt mit den Bildungsangeboten insbesondere erreichen?

Hier können Sie mehrere Kästchen ankreuzen!

- Im Stadtteil Wohnende .... ☐
- Mitglieder einer Organisation .... ☐
- Bildungsungewohnte .... ☐
- Menschen im 3. Lebensalter (60-75jährige) .... ☐
- Menschen im 4. Lebensalter (75jährige und ältere) .... ☐
- Generell alle älteren Menschen .... ☐
- Andere Zielgruppen, und zwar: ______________________________

(Bitte notieren)

11. Zu welchen Tageszeiten bieten Sie Bildungsveranstaltungen für ältere Menschen an?

Hier können Sie mehrere Kästchen ankreuzen!

	Vormittags	Nachmittags	Abends
Wochentags	☐	☐	☐
Am Wochenende	☐	☐	☐

---

12. Wie gelangen die Teilnehmenden meist zu den Veranstaltungsorten?

Hier können Sie mehrere Kästchen ankreuzen!

Zu Fuß ☐
Mit dem Fahrrad ☐
Mit öffentlichen Verkehrsmitteln ☐
Mit Privatfahrzeugen ☐
Mit Bring- und Abholservice ☐

---

13. Wieviele Bildungsveranstaltungen für ältere Menschen hat Ihre Einrichtung bzw. Ihr Projekt in den letzten 12 Monaten durchgeführt?

Fortlaufende Kurse |_|_|_|
Blockseminare (z.B. Wochenendkurse) |_|_|_|
Einzelveranstaltungen (z.B. Vorträge) |_|_|_|
Bildungsreisen |_|_|_|
Besichtigungen |_|_|_|

---

14. Erhebt Ihre Einrichtung bzw. Ihr Projekt Teilnahmegebühren für diese Bildungsveranstaltungen?

Ja, und zwar: pro Kurs ca. |_|_|_|_| DM
pro Blockseminar ca. |_|_|_|_| DM
pro Einzelveranstaltung ca. |_|_|_|_| DM
pro Bildungsreise ca. |_|_|_|_| DM
pro Besichtigung ca. |_|_|_|_| DM
sonstige Gebühren (z.B. Semester- oder Mitgliedsbeiträge) ca. |_|_|_|_| DM
Nein ☐

---

15. Erteilt Ihre Einrichtung bzw. Ihr Projekt nach Beendigung von Bildungsveranstaltungen Abschlüsse bzw. Zertifikate?

Bitte nur ein Kästchen ankreuzen!

Immer ☐
Manchmal ☐
Nie ☐

IV. Inhalte und Formen der Bildungsangebote für ältere Menschen

16. Welche Themenschwerpunkte haben die Bildungsveranstaltungen für ältere Menschen?

Hier können Sie mehrere Kästchen ankreuzen!

1. Künstlerisches Gestalten, Basteln, Knüpfen, Töpfern ☐
2. Praktische handwerkliche Kenntnisse und Fähigkeiten (z.B. Tischlerarbeiten, Auto reparieren, Klempnerarbeiten, Löten usw.) ☐
3. Kommunikation, Konfliktbewältigung und andere Sozialkompetenzen ☐
4. Fremdsprachen ☐
5. Literatur, Theater ☐

6. Gesellschaft, Geschichte, Politik ☐
7. Erziehung, Psychologie ☐
8. Religion, Philosophie ☐
9. Astrologie, Esoterik ☐
10. Daseins-Fragen, Lebenssinn ☐

11. Sport ☐
12. Kunst, Musik, Konzerte, Museen ☐
13. Länder-, Heimatkunde ☐
14. Mathematik, Naturwissenschaft ☐
15. Technik, Computer ☐

16. Betriebswirtschaftliches, Kaufmännisches ☐
17. Hauswirtschaft, Haushaltsführung ☐
18. Gesundheit, Ernährung ☐
19. Umwelt, Ökologie ☐
20. Recht, Versicherungs-, Rentenfragen ☐

21. Vorbereitung auf bzw. Fortbildung für eine ehrenamtliche Tätigkeit ☐
22. Aspekte des Alterns, Vorbereitung auf den Ruhestand ☐
23. Gedächtnistraining ☐
24. Sonstige Themen, und zwar: ______________________

(Bitte notieren)

---

17. Wenn Sie die Themenschwerpunkte noch einmal durchsehen, welche von diesen werden Ihrer Erfahrung nach von älteren Menschen besonders nachgefragt? Bitte schreiben Sie die Nummern der Themenvorgaben in die entsprechenden Kästchen.

Starke Nachfrage: Nr. |_|_| Nr. |_|_| Nr. |_|_|

---

18. Und welche Themenschwerpunkte finden Ihrer Erfahrung nach bei den älteren Menschen nur wenig Resonanz? Bitte schreiben Sie die Nummern dieser Themenvorgaben in die entsprechenden Kästchen.

Geringe Nachfrage: Nr. |_|_| Nr. |_|_| Nr. |_|_|

19. Ist die Nachfrage eher größer oder eher geringer als Ihr Angebot?

Bitte nur ein Kästchen ankreuzen!

- Eher größere Nachfrage (nicht immer können alle Interessenten teilnehmen) ☐
- Eher geringere Nachfrage (einige Veranstaltungen müssen ausfallen) ☐
- Teils größere, teils geringere Nachfrage ☐
- Nachfrage und Angebot stimmen überwiegend überein ☐

---

20. Wer entscheidet über die Wahl der konkreten Themen bzw. Inhalte der Bildungsveranstaltungen, die von Ihrer Einrichtung bzw. Ihrem Projekt angeboten werden?

Hier können Sie mehrere Kästchen ankreuzen!

- Trägereinrichtung ☐
- Die Teilnehmenden selbst ☐
- Kursleiterinnen/Kursleiter ☐

- Hauptamtlich Tätige ☐
- Ehrenamtlich Tätige ☐
- Andere, und zwar: _______________________________________

(Bitte notieren)

---

21. Welche Aspekte werden in Ihrer Bildungsarbeit besonders berücksichtigt und prägen das Angebot Ihrer Einrichtung bzw. Ihres Projektes?

Hier können Sie mehrere Kästchen ankreuzen!

- Geselligkeit ☐
- Betreuung ☐
- Animation ☐

- Kommunikation ☐
- Beratung ☐
- Lebensweltbezug ☐

- Handlungsbezug ☐
- Produktivität ☐
- Erfahrungswissen ☐

- Aktivierung ☐
- Selbstorganisation ☐
- Selbsthilfe ☐

- Teilnehmerbezug ☐
- Biographisches Lernen ☐
- Intergeneratives Lernen ☐

- Andere, und zwar: _______________________________________

(Bitte notieren)

22. Wer leitet in Ihrer Einrichtung bzw. Ihrem Projekt die Bildungsveranstaltungen und -seminare für ältere Menschen?

Hier können Sie mehrere Kästchen ankreuzen!

Honorarkräfte ☐
Die Teilnehmenden selbst ☐
Hauptamtlich Tätige ☐
Ehrenamtlich Tätige ☐
Andere, und zwar: ______________________

(Bitte notieren)

---

23. Welche vorrangigen Aufgaben haben die Kursleiterinnen und Kursleiter der Bildungsveranstaltungen für ältere Menschen?

Hier können Sie mehrere Kästchen ankreuzen!

Wissensvermittlung ☐
Organisation ☐
Betreuung ☐
Moderation ☐
Beratung ☐
Konzeptentwicklung ☐
Andere, und zwar: ______________________

(Bitte notieren)

V. Zu den Teilnehmenden und Adressaten

24. Wieviele ältere Menschen nehmen an den Bildungsveranstaltungen teil?

In den letzten 12 Monaten insgesamt ca. |_|_|_|_| Personen
Pro Kurs ca. |_|_|_|_| Personen
Pro Blockseminar ca. |_|_|_|_| Personen
Pro Einzelveranstaltung ca. |_|_|_|_| Personen
Pro Bildungsreise ca. |_|_|_|_| Personen
Pro Besichtigung ca. |_|_|_|_| Personen

---

25. Wie hoch ist ungefähr der Anteil der Frauen bei diesen Veranstaltungen?

Insgesamt ca. |_|_|_| Prozent

---

26. Welcher Altersgruppe gehören die Teilnehmenden hauptsächlich an?

Hier können Sie mehrere Kästchen ankreuzen!

65 Jahre und jünger ☐
66 bis 75 Jahre ☐
76 Jahre und älter ☐

27. Wie informieren Sie die älteren Menschen über Ihr Bildungsangebot?

Hier können Sie mehrere Kästchen ankreuzen!

Tagesprespresse ☐
Regionale Seniorenratgeber (z.B. Seniorenwegweiser) ☐
Programmheft ☐
Internet ☐
Aushang ☐
Informationsveranstaltung ☐
Lernberatung ☐
Mund-Propaganda ☐
Anderweitig, und zwar: ______________________________

(Bitte notieren)

VI. Zur Vernetzung

28. Werden die Veranstaltungsangebote für ältere Menschen in Ihrer Stadt bzw. Gemeinde zentral erfaßt?

Bitte nur ein Kästchen ankreuzen!

Ja ☐
Nein ☐
Weiß nicht ☐

---

29. Kooperiert Ihre Einrichtung bzw. Ihr Projekt mit anderen Einrichtungen, Institutionen oder Projekten?

Hier können Sie mehrere Kästchen ankreuzen!

Ja, und zwar: mit Volkshochschulen ☐
mit Gewerkschaften ☐
mit Parteien ☐
mit Kirchen ☐
mit Wohlfahrtsverbänden ☐
mit Stiftungen ☐
mit selbstorganisierten Bildungsinitiativen ☐
mit anderen: ______________________________

(Bitte notieren)

Nein ☐

---

30. Stimmen Sie Ihr Bildungsangebot für ältere Menschen gemeinsam mit diesen Einrichtungen, Institutionen oder Projekten ab?

Bitte nur ein Kästchen ankreuzen!

Immer ☐
Manchmal ☐
Nie ☐

VII. Zur Planung der zukünftigen Bildungsarbeit mit älteren Menschen

31. Ist die Aufrechterhaltung Ihres Bildungsangebotes in Frage gestellt?

Hier können Sie mehrere Kästchen ankreuzen!

Ja, aufgrund: fehlender organisatorischer Unterstützung .... ☐
fehlender konzeptionell-inhaltlicher Unterstützung .... ☐
fehlender finanzieller Unterstützung .... ☐
fehlender anderweitiger Unterstützung, und zwar: ___________________

(Bitte notieren)

Nein .... ☐

---

32. Wird Ihre Einrichtung bzw. Ihr Projekt zukünftig mehr Bildungsangebote für ältere Menschen offerieren?

Hier können Sie mehrere Kästchen ankreuzen!

Ja, weil: eine große Nachfrage besteht .... ☐
es gute Finanzierungsmöglichkeiten gibt .... ☐
Andere Gründe, und zwar: ___________________

(Bitte notieren)

Nein, weil: ausreichend Angebote vorhanden sind .... ☐
keine Nachfrage besteht .... ☐
Finanzierungen fehlen .... ☐
Andere Gründe, und zwar: ___________________

(Bitte notieren)

---

33. Uns interessiert an dieser Stelle Ihre persönliche Meinung zur zukünftigen Entwicklung der Altersbildung. Wie beurteilen Sie die Chancen? Wo sehen Sie Probleme?

(Falls der vorgesehene Platz nicht ausreicht, verwenden Sie bitte die Rückseite des Fragebogens oder ein zusätzliches Blatt Papier.)

____
____
____
____
____
____
____
____

(Bitte notieren)

VIII. Statistische Daten zur Einrichtung bzw. zum Projekt

34. Seit wann besteht Ihre Einrichtung bzw. Ihr Projekt?

Seit .... 19 |_|_|

35. Gibt es eine Trägereinrichtung?

Ja, und zwar: ______________________________

(Bitte notieren)

Nein .... ☐

36. Wieviele Mitarbeiterinnen und Mitarbeiter sind in Ihrer Einrichtung bzw. Ihrem Projekt tätig?

Hauptamtlich Tätige .... ca. |_|_|_| Personen

Ehrenamtlich Tätige .... ca. |_|_|_| Personen

37. Und wieviele dieser Personen sind hauptsächlich mit der Bildungsarbeit für ältere Menschen beschäftigt?

Hauptamtlich Tätige .... ca. |_|_|_| Personen

Ehrenamtlich Tätige .... ca. |_|_|_| Personen

38. Wie finanziert sich Ihre Einrichtung bzw. Ihr Projekt vorwiegend?

Hier können Sie mehrere Kästchen ankreuzen!

Mittel der öffentlichen Hand .... ☐
Mittel der Trägereinrichtung .... ☐
Einnahmen aus Teilnahmegebühren .... ☐
Einnahmen aus Mitgliedsbeiträgen .... ☐
Spenden .... ☐
Anderes, und zwar: ______________________________

(Bitte notieren)

39. Uns interessiert Ihre Meinung zu diesem Fragebogen. Haben wir etwas vergessen oder übersehen? Bitte formulieren Sie Ihre Kommentare, Anregungen und Kritik.

(Falls der vorgesehene Platz nicht ausreicht, verwenden Sie bitte die Rückseite des Fragebogens oder ein zusätzliches Blatt Papier.)

____
____
____
____
____
____
____
____
____
____

(Bitte notieren)

40. Abschließend möchten wir Sie bitten, die Adresse Ihrer Einrichtung bzw. Ihres Projektes zu überprüfen und gegebenenfalls zu korrigieren oder zu ergänzen.

Wir bedanken uns sehr herzlich für Ihre Mitarbeit!

Bitte senden Sie diesen Fragebogen in dem beiliegenden Freiumschlag zurück an:

Freie Universität Berlin
Institut für Soziologie
Projekt „Bildung im Alter"
Babelsberger Str. 14-16
10715 Berlin

WeißenseeVerlag

Kohli, Martin • Künemund, Harald • Motel, Andreas • Szydlik, Marc:

Grunddaten zur Lebenssituation der 40-85jährigen deutschen Bevölkerung. Ergebnisse des Alters-Survey

Beiträge zur Alterns- und Lebenslaufforschung (Hrsg. Martin Kohli), Band 1

Grunddaten zur Lebenssituation, die eine fundierte Beurteilung der Gegenwart und Zukunft der alternden Gesellschaft erlauben, sind bisher kaum zu finden. Der Alters-Survey - gefördert vom Bundesministerium für Familie, Senioren, Frauen und Jugend - gibt erstmals die Möglichkeit dazu. Er basiert auf einer großen, anspruchsvoll angelegten Repräsentativuntersuchung der deutschen Bevölkerung von 40-85 Jahren.

Das Buch bietet eine umfassende Dokumentation der soziologischen Befunde des Alters-Survey. Es stellt die Grundlagen für eine Sozialberichterstattung zu Altersfragen bereit und trägt damit auch zur gesellschaftlichen Selbstverständigung bei. Es wendet sich daher gleichermaßen an Entscheidungsträger, Forscher und Praktiker der Sozialpolitik, Soziologie und Gerontologie als auch an alle Menschen in der zweiten Lebenshälfte, die ihre eigene Lebenslage im Spiegel der gesellschaftlichen Verhältnisse betrachten möchten.

137 Seiten, Berlin 2000
ISBN 3-934479-21-9

Motel-Klingebiel, Andreas:

Alter und Generationenvertrag im Wandel des Sozialstaats. Alterssicherung und private Generationenbeziehungen in der zweiten Lebenshälfte

Beiträge zur Alterns- und Lebenslaufforschung (Hrsg. Martin Kohli), Band 2

Das sozialstaatliche Alterssicherungsarrangement in Deutschland steht unter zunehmendem Anpassungsdruck. Das vorliegende Buch diskutiert Grundlagen, Probleme und Reformperspektiven und betont aus einer sozialpolitischen, familiensoziologischen und alter(n)swissenschaftlichen Perspektive die Verknüpfung der öffentlichen intergenerationalen Umverteilung mit den privaten Generationenbeziehungen. Beide Gefüge und ihre Verbindung werden empirisch untersucht. Hierdurch wird die ökonomisch verengte Perspektive der gegenwärtigen Debatten um Generationengerechtigkeit und die Reform der Alterssicherung erweitert - mit entscheidenden Konsequenzen für ihre Bewertung.

345 Seiten, Berlin 2000
ISBN 3-934479-39-1

Künemund, Harald:

Gesellschaftliche Partizipation und Engagement in der zweiten Lebenshälfte. Empirische Befunde zu Tätigkeitsformen im Alter und Prognosen ihrer zukünftigen Entwicklung

Beiträge zur Alterns- und Lebenslaufforschung (Hrsg. Martin Kohli), Band 3

Die steigende Lebenserwartung und das gleichzeitig sinkende Berufsaustrittsalter haben zu einer enormen Ausweitung jener Altersphase geführt, die üblicherweise als "Ruhestand" bezeichnet wird. Bald wird sich fast ein Drittel der deutschen Bevölkerung in diesem Lebensabschnitt befinden, wobei zunehmend höhere Bildung, bessere Gesundheit und wohl auch bessere materielle Absicherung das Bild vom "Alter" prägen werden. Vor diesem Hintergrund gibt das Buch auf der empirischen Grundlage des Alters-Survey einen Überblick zu den bedeutendsten Tätigkeitsfeldern in der zweiten Lebenshälfte und fragt nach ihrem Bedingungsgefüge und den zukünftigen Tendenzen gesellschaftlicher Partizipation in der nachberuflichen Lebensphase.

224 Seiten, Berlin 2001
ISBN 3-934479-56-1